Les Oiseaux
de France et d'Europe

Les Oiseaux
de France et d'Europe

NICHOLAS HAMMOND
MICHAEL EVERETT

SOLAR

Titre original de cet ouvrage :
BIRDS OF BRITAIN AND EUROPE
Traduction-adaptation de l'anglais de
Chantal LONQUEUX
Supervision : Patrice LERAUT

ISBN édition originale : 0-330-26023-5
ISBN édition française : 2-263-00969-8
Numéro d'éditeur : 1275

Composition : Nord Compo, Villeneuve-d'Ascq
Imprimé en Italie

Sommaire

Introduction

S'il est donné à chacun de voir des oiseaux, il est parfois difficile de les identifier, en dépit des nombreux ouvrages qui traitent du sujet. Car aussi excellents soient-ils pour la plupart, l'éventail d'espèces qu'ils couvrent est si large que l'observateur occasionnel a quelques difficultés à les identifier. Aussi nous sommes-nous efforcés de sélectionner les espèces les plus courantes en Europe.
Pour les illustrations, nous avons eu recours à des photographies plutôt qu'à des dessins. L'artiste, en effet, même expert en ornithologie, a tendance à produire une illustration idéalisée des créatures qu'il représente. En revanche, la photographie montre les oiseaux dans leur environnement naturel et tels que la nature les offre à notre regard. Comme il est loin de l'oiseau bien emplumé, idéal, du peintre celui que la mue a laissé partiellement déplumé à force de frottements ! Mais le photographe animalier est parfois obligé de faire un affût et d'employer des flashes, ce qui a pour effet de produire des images qui montrent les oiseaux dans des situations où nous n'avons jamais l'occasion de les observer. C'est pourquoi nous avons évité ce genre de photographies, ainsi que celles prises en captivité. A six reprises seulement y avons-nous eu recours, ce qui nous a permis de présenter des espèces qui n'auraient pu autrement figurer dans cet ouvrage.
Il serait présomptueux d'affirmer que ce guide, à l'exclusion de tout autre, suffira pour identifier les oiseaux. Nous espérons néanmoins qu'il pourra être le point de départ d'un nouveau centre d'intérêt pour l'amoureux de la nature, et sera pour l'observateur chevronné une source de références supplémentaire.

Organisation de l'ouvrage

A quelques exceptions près, propres à faciliter un rapprochement entre des espèces d'aspect semblable, nous avons adopté la classification la plus répandue, celle de Peters. Si celle-ci peut paraître au premier abord déroutante, elle n'en obéit pas moins à une logique cohérente, celle qui consiste à partir des espèces phylogénétiquement les plus anciennes pour aboutir aux plus récentes dans l'ordre de l'évolution. C'est ainsi que le livre s'ouvre sur les plongeurs pour s'achever sur les oiseaux percheurs. La liste ci-contre constitue un guide des familles présentées et l'on trouvera à la fin de l'ouvrage un index des familles et des espèces.
Chacune des espèces décrites est suivie de son nom scientifique (en latin). Le premier des termes est le nom de genre, il est associé à un certain nombre d'espèces ayant des affinités de même niveau. Le second est le nom d'espèce, il est parfois suivi d'un troisième indiquant la sous-espèce à laquelle cette dernière appartient. Ainsi le nom scientifique de la Bergeronnette printanière qui niche en Grande-Bretagne est *Motacilla flava flavissima,* tandis que celle que l'on trouve dans une grande partie de l'Europe occidentale est nommée *Motacilla flava flava.* Il s'agit cependant de la même espèce ; tandis que la Bergeronnette des ruisseaux *Motacilla cinerea,* appartenant également au genre *Motacilla,* constitue une espèce distincte.
La connaissance des noms scientifiques des familles est intéressante car ils sont généralement utilisés une fois francisés. Sulidae donnera ainsi Sulidés, Corvidae Corvidés, Hirundinidae Hirundinidés. En revanche, on emploie communément le nom de « passereaux » pour désigner les oiseaux qui appartiennent à l'ordre très vaste des Passériformes ou oiseaux percheurs, qui comprend dans la liste ci-contre toutes les familles allant des alouettes aux moineaux.

Séquence des familles selon la classification de Peters

Nom français	Nom scientifique	Page
Plongeons	Gaviidés	28-29
Grèbes	Podicipédidés	30-33
Puffins, fulmars	Procellariidés	37-38
Pétrels tempête	Hydrobatidés	39
Fous	Sulidés	36
Cormorans	Phalacrocoracidés	34-35
Hérons, aigrettes, butors	Ardéidés	40-46
Cigognes	Ciconiidés	46-47
Ibis et spatules	Threskiornithidés	48-49
Flamants	Phoenicoptéridés	48
Canards, oies, cygnes	Anatidés	51-71
Vautours, aigles, buses, etc.	Accipitridés	74-84
Faucons	Falconidés	86-89
Tétras, gélinottes, lagopèdes	Tétraonidés	95-97
Faisans, perdrix, cailles	Phasianidés	98-101
Grues	Gruidés	102
Râles	Rallidés	102-105
Outardes	Otididés	106
Huîtriers	Haematopodidés	107
Pluviers	Charadriidés	107-111
Bécassines, barges, courlis	Scolopacidés	112-124
Avocettes	Récurvirostridés	125-126
Phalaropes	Phalaropodidés	126-127
Œdicnèmes	Burhinidés	128
Glaréoles, courvites	Glaréolidés	129
Labbes	Stercorariidés	132-133
Goélands, mouettes, sternes	Laridés	132-133
Pingouins, guillemots	Alcidés	147-149
Pigeons, tourterelles	Columbidés	154-156
Coucous	Cuculidés	157
Effraies	Tytonidés	158
Chouettes, hiboux	Strigidés	159-164
Engoulevents	Caprimulgidés	165
Martinets	Apodidés	166
Martins-pêcheurs	Alcédinidés	167
Guêpiers	Méropidés	168
Rolliers	Coraciidés	169
Huppes	Upupidés	168
Pics, torcols	Picidés	169-173
Alouettes	Alaudidés	174-176
Hirondelles	Hirundinidés	177-179
Corbeaux, corneilles, geais	Corvidés	180-186
Pies-grièches	Laniidés	234-235
Cincles	Cinclidés	195
Troglodytes	Troglodytidés	194
Accenteurs	Prunellidés	225
Givres, merles, fauvettes, gobe-mouches, etc.	Muscicapidés	196-223
Mésanges	Paridés	188-192
Sittelles, tichodromes	Sittidés	194
Grimpereaux	Certhiidés	193
Étourneaux	Sturnidés	232-233
Loriots	Oriolidés	179
Jaseurs	Bombycillidés	233
Pipits, bergeronnettes	Motacillidés	226-231
Fringilles	Fringillidés	236-245
Bruants	Embérizidés	246-251
Moineaux, niverolles	Passeridés	252

Illustration

Chaque description d'espèce est accompagnée d'une carte indiquant sa distribution, ce qui permet de savoir où on peut la rencontrer à un moment donné de l'année. La silhouette de l'oiseau, reproduite par le dessinateur Rob Hume, a pour objet d'attirer l'attention sur sa forme qui, combinée à la façon dont l'oiseau se meut, est un renseignement précieux

lorsqu'on cherche à l'identifier en procédant par élimination. Sous chaque silhouette est indiquée la longueur en centimètres, de l'extrémité du bec à celle de la queue.

Nous nous sommes efforcés de présenter, autant que possible, le plumage habituel de chaque oiseau, mais il faut garder présent à l'esprit que la couleur du plumage varie d'un individu à l'autre, tout particulièrement chez les gros oiseaux, notamment chez les rapaces. Signalons également que certains défauts de pigmentation entraînent des variations dans la teinte du plumage. Tel est le cas de l'albinisme (pigmentation uniformément blanche avec coloration rosâtre des yeux), mais aussi du mélanisme (plumage excessivement sombre, voire noir), du leucisme (plumage excessivement pâle), du xanthisme (tendance au jaune), et de l'érythisme (tendance au rouge). S'il s'agit là d'exceptions, il n'en demeure pas moins que leur présence peut être source de confusion autant que d'étonnement.

La description de chaque espèce comporte les caractéristiques essentielles de son plumage, de sa voix et de son habitat, ce qui peut être d'une précieuse utilité pour son identification. Chaque oiseau ayant un biotope spécifique, il ne faut pas s'attendre, par exemple, à trouver des oiseaux sylvestres en haute montagne et inversement. Cependant, les capacités de vol d'un oiseau et les aléas météorologiques peuvent l'amener accidentellement dans n'importe quelle région. Nous connaissons un garde-chasse du Huntingdonshire (G.-B.) à qui son chien rapporta le cadavre d'un Puffin des Anglais trouvé dans un bois à 100 kilomètres de la mer, et nous avons pu voir des Macareux moines chassés par l'orage vers l'intérieur des terres à des kilomètres de leur habitat. On peut observer au printemps et à l'automne des Traquets motteux en migration, qui nichent habituellement à pas moins de 75 kilomètres de là. Cependant, lors de toute identification, il est préférable de vérifier l'habitat classique de l'espèce concernée.

Sachant que les oiseaux fréquentent un biotope précis, vous aurez plus de facilités à les identifier, car vous approcherez toujours un milieu en sachant à l'avance ce qu'il est susceptible d'héberger. Gardez cependant présent à l'esprit qu'une espèce peut toujours se trouver hors de son habitat normal. Nous avons donc introduit dans cet ouvrage des photographies de chaque milieu afin d'en faire apparaître les caractéristiques. Comme c'est en vol que l'on a l'occasion d'observer un plus grand nombre d'oiseaux, plusieurs pages de photographies de petit format présentent ceux qui offrent des ressemblances en vol. Trois pages sont également consacrées aux traces et aux indices indiquant la présence d'un oiseau que l'on ne peut voir ou entendre.

Cartes de distribution

La survie d'un oiseau dépend en premier lieu de la nourriture dont il dispose. Cette nécessité explique les mouvements et les migrations de nombreuses espèces. Peu d'oiseaux sont complètement sédentaires et demeurent à longueur d'année dans la même région. Par exemple, beaucoup descendent des montagnes pour aller se nourrir l'hiver dans les plaines, et les oiseaux sylvestres, quant à eux, regagnent les jardins des villes.

Plus dramatiques sont les grandes migrations des oiseaux qui descendent hiverner dans le Sud pour remonter nicher dans le Nord en été. D'autres encore vont se nourrir en hiver dans les zones maritimes d'Europe occidentale et retournent nicher en été dans les zones continentales, comme la Russie.

Les hirondelles quittent l'Afrique pour venir nicher chez nous ; tandis que de nombreux échassiers, hivernant dans le nord-ouest de l'Europe, vont nicher vers le nord-est dans la toundra. Tout ce qui a trait à la migration est d'une grande complexité et si l'on sait pourquoi les oiseaux migrent, le mécanisme qui leur dicte la manière et le moment de le faire reste mal connu.

Les cartes qui figurent dans cet ouvrage couvrent l'Europe, de Gibraltar aux Balkans. L'aire de nidification est indiquée en pointillé noir. L'aire d'hivernage, lorsqu'elle existe, en jaune. Ainsi un oiseau sédentaire toute l'année sera indiqué par des zones jaunes pointillées de noir, et les aires de distribution des migrateurs d'été qui hivernent en Afrique ne comporteront pas de jaune. Il est évident que les migrateurs traversent les régions situées entre leur aire de nidification et les quartiers d'hiver ; l'étendue des régions où vous avez des chances de les observer s'en trouve donc élargie. Les localisations indiquées dans cet ouvrage sont celles qui sont généralement confirmées au fil des années, mais il arrive que des individus isolés apparaissent ailleurs. D'autre part, les déplacements de certaines espèces semblent être en rapide évolution à l'heure actuelle.

Adultes et jeunes

On appelle adultes les oiseaux qui, ayant atteint la maturité, sont capables de se reproduire. Les jeunes oiseaux sont nommés juvéniles (juv.) pendant l'été qui suit l'éclosion et immatures (imm.) pendant la période qui va de l'automne suivant à leur maturité (quelques mois chez la plupart des passereaux, jusqu'à six ans chez l'Aigle royal).

Le plumage de certaines espèces passe par des phases successives jusqu'à la maturité. Ainsi le plumage d'un oiseau est-il parfois décrit comme « de premier hiver », « de second été », etc.

Description d'un oiseau

Nous nous sommes efforcés, dans la mesure du possible, d'éviter l'emploi de termes spécialisés pour décrire les différentes parties du corps de l'oiseau. Néanmoins, dans certains cas, cela se révèle impossible. Aussi, les illustrations ci-contre et ci-dessous aideront-elles le lecteur à apprendre les principaux termes utilisés dans cet ouvrage.

Comment se servir de cet ouvrage

S'il existe d'excellents guides de terrain, leur format, conçu pour aller dans une poche d'anorak, ne permet jamais de faire autant de place aux illustrations qu'un album du format de celui-ci. Par ailleurs, tenter d'identifier un oiseau à l'aide d'un livre nous est apparu comme d'une efficacité douteuse : feuilleter un ouvrage page par page fait perdre de précieuses secondes, sinon des minutes, pendant lesquelles votre oiseau risque de s'envoler. Aussi nous suggérons au lecteur de prendre quelques notes sur le terrain des caractéristiques de l'espèce observée, puis de les confronter aux descriptions et illustrations de cet ouvrage.

L'observation des oiseaux

L'observation des oiseaux peut vite devenir une manie, au point que certains amateurs en viennent à oublier les règles élémentaires, à savoir, en premier lieu, le respect de l'oiseau. Efforcez-vous le plus possible de ne pas déranger les oiseaux qui peuvent toujours être en train de couver, de se reposer ou de se nourrir. La plupart d'entre nous observent les oiseaux sur des terres qui appartiennent à d'autres. Aussi convient-il de respecter les propriétaires des sites en gardant à l'esprit qu'après une ou deux expériences malheureuses, ils pourraient être tentés de considérer tous les observateurs d'oiseaux comme des gêneurs. Cela vaut particulièrement à l'étranger : les amateurs hollandais et allemands ont une mauvaise réputation dans les Shetland, les Britanniques sont peu estimés dans certaines régions d'Europe méditerranéenne et tout ornithologiste amateur qui débarque aux îles Sorlingues (Scilly) suscite une appréhension mêlée d'effroi.

Sociétés pour la protection des oiseaux

Il existe en France deux principales sociétés pour la protection des oiseaux. Il s'agit de la Ligue française pour la protection des oiseaux (37, rue du Docteur-Pujos, 17300 Rochefort) et de la Société nationale de protection de la nature (57, rue Cuvier, Paris V^{e}) qui, à l'échelle nationale, veillent à faire respecter les lois pour la protection des espèces, travaillent en étroite collaboration avec les pouvoirs publics et l'industrie sur les problèmes posés par la conservation de celles-ci, mènent à bien des recherches sur les dangers courus par les espèces, entreprennent des campagnes nationales et des programmes éducatifs à l'aide de films, publications et expositions et enfin sensibilisent les jeunes à l'avifaune. Toutes deux sont relayées au niveau local par un réseau de membres actifs. Citons également leurs publications : *Alauda,* (LFPO), réservée aux ornithologues chevronnés et *Le Courrier de la nature* (SNPN) destiné à un public plus vaste.
Au niveau local, de nombreuses associations et fédérations militent en faveur de la protection des oiseaux, et organisent des activités et manifestations diverses auprès des jeunes comme des adultes.
Signalons enfin l'existence d'un Fonds d'intervention pour les rapaces, BP 27, 92250 La Garenne-Colombes.

Bibliographie

Guide des oiseaux d'Europe, par R.T. Peterson, G. Mountfort, P.A.D. Hollom et P. Géroudet. Éd. Delachaux & Niestlé.
Guide des oiseaux d'Europe et d'Afrique du Nord, par H. Heinzel, R. Fitter et J. Parslow. Éd. Delachaux & Niestlé.
Guide des oiseaux, par Fitter et Roux. Sélection du Reader's Digest.
La Vie des oiseaux :
Les Passereaux, vol. 1
Les Palmipèdes, vol. 2
Les Rapaces diurnes et nocturnes, vol. 3, par Paul Géroudet. Éd. Delachaux & Niestlé.
Guide Nathan des oiseaux d'Europe, par S. Keith et J. Gooders. Éd. Nathan.
Oiseaux des champs et jardins, Oiseaux des bois et des forêts, Rapaces diurnes et nocturnes, Oiseaux des marais, des étangs et des rivières, Oiseaux des bords de mer, Oiseaux de montagne, par J.-C. Chantelat, Solarama. Éd. Solar.
Guide vert des oiseaux du monde, par Gianfranco Bologna. Éd. Solar.
Guide vert poche des oiseaux d'Europe, par Frieder Sauer. Éd. Solar.

Les photographes

Nous tenons à manifester notre gratitude aux photographes dont les travaux, qui représentent de nombreuses heures de travail et de dévouement, donnent vie à ces pages. Avec des photographies venues de Grande-Bretagne, d'Irlande, des Pays-Bas, de Belgique, d'Allemagne, de Finlande, de Suisse, de Suède et des États-Unis, nous avons procédé à une sélection authentiquement internationale.

Crédit photos

Références : **a**, en haut à gauche ; **b**, en haut à droite ; **c** en bas à gauche ; **d** en bas à droite ; de **a** à **i** pour les pages comportant 9 photos.

Front cover photograph of a goldfinch by Richard T. Mills

1 a John Robinson, **b** Richard T. Mills, **c** Norbert Jorek (Bio-Info), **d** Rolf Müller (Bio-Info); **2–3** Chris Knights; **4 a & b** Norbert Jorek (Bio-Info), **c** Richard T. Mills; **5** Norbert Jorek (Bio-Info); **6** Richard T. Mills; **7** Richard F. Porter; **9 a** John Robinson, **b** Michael W. Richards (RSPB); **12** Richard T. Mills; **13** René Pierre Bille; **14 a & b** Richard T. Mills; **15** Michael W. Richards (RSPB); **16** Michael W. Richards (RSPB); **17 a** Stuart Housden, **b** Richard T. Mills; **18 a** Richard T. Mills, **b** Michael W. Richards (RSPB); **19** Michael W. Richards (RSPB); **20 a** Michael W. Richards (RSPB), **b & c** Richard T. Mills; **22 a** Michael W. Richards (RSPB), **b** Richard T. Mills; **23** Frank V. Blackburn; **24 a & b** Richard T. Mills; **25 a** Richard F. Porter, **b** Udo Hirsch (Bruce Coleman); **26 a** Michael W. Richards, **b** Richard F. Porter, **c** R. J. Chandler; **27** Rolf Müller (Bio-Info); **28 a** Richard T. Mills, **b** W. Stribling (Ardea), **c** Bryan Sage (Ardea); **29 a** Dennis Green, **b** R. J. Chandler, **c** Norbert Jorek (Bio-Info); **30 a** R. J. Chandler, **b** V. Probst (Bio-Info); **31 a** R. J. Chandler, **b** M. Oshowski (Bio-Info); **32 a** Frank V. Blackburn, **b** R. J. Chandler, **c** W. Curth (Bio-Info); **33 a** Richard T. Mills, **b** René Pierre Bille; **34 a** Norbert Jorek (Bio-Info), **b** J. B. & S. Bottomley (Ardea); **35 a** Dennis Green, **b** Richard F. Porter; **36** Richard T. Mills; **37** Michael W. Richards (RSPB); **38** Richard Vaughan (Ardea); **39 a** Richard Vaughan (Ardea), **b** S. Roberts (Ardea); **40 a** V. Probst (Bio-Info), **b** Richard T. Mills; **41** W. Curth (Bio-Info); **42** M. E. J. Gore; **43** W. Curth (Bio-Info); **44 a** M. E. J. Gore, **b** Richard T. Mills, **c** M. E. J. Gore; **45 a & b** René Pierre Bille, **c** Werner Rummel (Bio-Info); **46 a** M. Oshowski (Bio-Info), **b** Hans-Jürgen Markmann (Bio-Info); **47 a** Richard T. Mills, **b** Richard F. Porter; **48 a** Richard F. Porter, **b** A. J. Deane (Bruce Coleman), **c** M. E. J. Gore; **49** H. Gläder (Bio-Info); **50 a** P. J. Sellar, **b** I. R. Willis, **c** Richard T. Mills, **d** M. E. J. Gore, **e** David de Lossy, **f** Chris Knights, **g** Richard F. Porter, **h** S. C. Porter, **i** David Fisher; **51** Richard T. Mills; **52 a** Reiner Harscher (Bio-Info), **b** H. Gläder (Bio-Info); **53** Frank V. Blackburn; **54 a** David de Lossy, **b** John Robinson, **c** Richard T. Mills; **55 a** Richard T. Mills, **b** Günther Synatzschke (Bio-Info); **56** Hans-Jürgens Markmann (Bio-Info); **57 a** Dennis Green, **b** Peter Lamb (Ardea); **58** Michael W. Richards (RSPB); **59** Frank V. Blackburn; **60 a** Frank V. Blackburn, **b** Michael W. Richards (RSPB), **c** Robert T. Smith (Ardea), **d** K. Wothe (Bio-Info); **61 a** Michael W. Richards (RSPB), **b** R. J. Chandler, **c** K. Wothe (Bio-Info); **62 a & b** René Pierre Bille, **c** Richard T. Mills; **63 a & b** Norbert Jorek (Bio-Info), **c** K. Wothe (Bio-Info); **64 a & b** Richard T. Mills, **c** Robert T. Smith (Ardea); **65 a** Chris Knights, **b** René Pierre Bille, **c** Norbert Jorek (Bio-Info); **66 a** Frank V. Blackburn, **b** Michael W. Richards (RSPB); **67 a** Bryan Sage (Ardea), **b** G. K. Brown (Ardea), **c** Jerry Hout (Bruce Coleman); **68 a** John Wightman (Ardea), **b** G. K. Brown (Ardea), **c** Robert T. Smith (Ardea), **d** John Wightman (Ardea); **69 a** Ian Beames (Ardea), **b** John Wightman (Ardea); **70 a** Hinrich Goos (Bio-Info), **b & c** Kenneth W. Fink (Ardea); **71 a** Hinrich Goos (Bio-Info), **b** Charlie Ott (Bruce Coleman), **c** Joe Van Wormer (Bruce Coleman); **72 a** Jeremy Sorensen, **b** Richard T. Mills, **c** Chris Knights, **d** R. V. Collier, **e** Chris Knights, **f** Richard T. Mills, **g** Chris Knights, **h** R. J. Chandler, **i** Richard T. Mills; **73 a** René Pierre Bille, **b** Richard T. Mills, **c** Michael W. Richards (RSPB), **d** Richard T. Mills, **e** Michael W. Richards (RSPB), **f** René Pierre Bille, **g** Barry Walker, **h** René Pierre Bille, **i** Richard T. Mills; **74 a** Richard T. Mills, **b** René Pierre Bille; **75 a** Richard T. Mills, **b** Bruce Coleman; **76 a** Dennis Green, **b & c** Hans-Jürgen Markmann (Bio-Info); **77 a** W. Curth (Bio-Info), **b** René Pierre Bille; **78 a** M. E. J. Gore, **b** Peter Steyn (Ardea); **79 a** E. Hüttenmoser (Bio-Info), **b** Hans Reinhard (Bruce Coleman); **80 a** André Fatras (Ardea), **b** Michael W. Richards (RSPB); **81 a** Frank V. Blackburn, **b & c** Hans-Jürgen Markmann (Bio-Info); **82** Richard T. Mills; **83 a** E. Hüttenmoser (Bio-Info), **b** MacDougal Timber Tops (Ardea); **84 a** W. Curth (Bio-Info), **b** Chris Knights; **85 a** Richard T. Mills, **b** Frank V. Blackburn; **86 a & b** Frank V. Blackburn; **87 a** Dennis Green, **b** R. J. Chandler; **88** Frank V. Blackburn; **89 a** Hugh Maynard (Bruce Coleman), **b** J. A. Bailey (Ardea); **c** E. Hüttenmoser (Bio-Info); **90 a** David Fisher, **b** Richard T. Mills, **c** David Fisher, **d** Stuart Housden, **e** Richard T. Mills, **f** Michael W. Richards (RSPB), **g & h** René Pierre Bille, **i** R. J. Tulloch (Bruce Coleman); **91 a** David Fisher, **b & c** René Pierre Bille, **d** David Fisher, **e** I. R. Willis, **f** Richard T. Mills, **g** David Fisher, **h** M. E. J. Gore, **i** Richard T. Mills; **92 a** David Fisher, **b** Richard F. Porter, **c** Richard T. Mills, **d** René Pierre Bille, **e** Frank V. Blackburn, **f & g** Richard T. Mills, **h** Richard F. Porter, **i** Richard T. Mills; **93 a & b** Richard T. Mills, **c** Frank V. Blackburn, **d & e** J. Sorensen, **f** John Robinson, **g & h** Richard T. Mills, **i** John Robinson); **94 a** Richard T. Mills, **b & c** René Pierre Bille, **d** P. J. Sellar; **95 a** E. Hüttenmoser (Bio-Info), **b** P. J. Sellar, **c & d** René Pierre Bille; **96 a & b** Georg Quedens (Bio-Info); **97 a & b** René Pierre Bille; **98 a** E Hüttenmoser (Bio-Info), **b** Michael W. Richards (RSPB); **99 a** Klaus Bogon (Bio-Info), **b** R. V. Collier, **c** René Pierre Bille; **100 a** Richard T. Mills, **b** Michael W. Richards (RSPB); **101 a, b & c** René Pierre Bille; **102 a** Ake Lindau (Ardea), **b** M. Oshowski (Bio-Info); **103** Michael W. Richards (RSPB); **104 a** Richard T. Mills, **b** Frank V. Blackburn; **105 a** Michael W. Richards (RSPB), **b** Frank V. Blackburn; **106 a** Manfred Danegger (Bio-Info), **b** John Gooders (Ardea), **c** M. D. England (Ardea); **107 a & b** Richard T. Mills, **c** Norbert Jorek (Bio-Info); **108 a** John Robinson, **b** Barry Walker; **109 a** Frank V. Blackburn, **b** Richard F. Porter; **110 a** Richard T. Mills, **b** Dennis Green, **c** Michael W. Richards (RSPB); **111 a** Dennis Green, **b** René Pierre Bille, **c** R. J. Chandler, **d** Richard T. Mills; **112 a** David de Lossy, **b** Dennis Green; **113** Frank V. Blackburn; **114** Richard T. Mills; **115** Richard T. Mills; **116 a** Norbert Jorek (Bio-Info), **b** M. Oshowski (Bio-Info), **c** Richard T. Mills; **117 a** David de Lossy, **b** Norbert Jorek (Bio-Info); **118 a & b** Richard T. Mills; **119 a** Barry Walker, **b** Jeremy Sorensen, **c** Norbert Jorek (Bio-Info); **120 a** P. J. Sellar, **b** R. J. Chandler, **c** Reiner Harscher (Bio-Info); **121 a** Richard T. Mills, **b** Norbert Jorek (Bio-Info); **122 a** Richard T. Mills, **b** Norbert Jorek (Bio-Info), **c** David Fisher; **123 a** Richard T. Mills, **b** Norbert Jorek (Bio-Info); **124 a** Jeremy Sorensen, **b & c** Ake Lindau (Ardea); **125** Rolf Müller (Bio-Info); **126 a** Richard T. Mills, **b** P. J. Sellar, **c** Norbert Jorek (Bio-Info); **127 a** Richard T. Mills, **b & c** David de Lossy; **128 a** Frank V. Blackburn, **b** David de Lossy; **129 a** David Fisher, **b** M. Oshowski (Bio-Info); **130 a** Richard T. Mills, **b** R. J. Chandler, **c, d, e, f, g** Richard T. Mills, **h** René Pierre Bille, **i** Richard T. Mills; **131 a** David de Lossy, **b** René Pierre Bille, **c** Jeremy Sorensen, **d, e, f, g, h, i** Richard T. Mills; **132 a** Dennis Green, **b** P. J. Sellar; **133 a & b** Dennis Green; **134** Richard T. Mills; **135 a** Richard T. Mills, **b** René Pierre Bille; **136 a & b** Richard T. Mills; **137 a** Bruce Coleman, **b & c** Richard T. Mills, **d** Edgar T. Jones (Ardea); **138 a & b** R. J. Chandler, **c** Pekkla Helo (Bruce Coleman); **139 a & b** Richard T. Mills; **140 a** Frank V. Blackburn, **b** Barry Walker, **c** Michael W. Richards (RSPB), **d** Dennis Green; **141 a** Norbert Jorek (Bio-Info), **b** Graeme Chapman (Ardea); **142 a** Frank V. Blackburn, **b** André Fatras (Ardea); **143 a** M. Oshowski (Bio-Info), **b** Richard T. Mills; **144 a** Georg Quedens (Bio-Info), **b** Jeremy Sorensen; **145 a** S. C. Porter (RSPB), **b** J. B. & S. Bottomley (Ardea); **146** Richard T. Mills; **147 a** R. V. Collier, **b** Richard T. Mills; **148 a & b** Richard T. Mills, **c** Chris Knights; **149** Frank V. Blackburn; **150 a** Chris Knights, **b** Michael W. Richards (RSPB), **c** Richard T. Mills, **d** Michael W. Richards (RSPB), **e** David Fisher, **f** Richard T. Mills, **g** H. Gläder (Bio-Info), **h** L. R. Dawson (Bruce Coleman), **i** Richard F. Porter; **151 a & c** Richard T. Mills, **b** I. R. Willis, **d** Richard T. Mills, **e** Richard T. Mills, **f** Barry Walker, **g** R. V. Collier, **h** Dennis Green, **i** P. J. Sellar; **152 a** Richard T. Mills, **b** Gary R. Jones (Ardea), **c** R. J. Chandler, **d & e** René Pierre Bille, **f, g, h, i** Richard T. Mills; **153 a** Richard T. Mills, **b** Michael W. Richards (RSPB), **c & d** Richard T. Mills, **e** Richard F. Porter, **f** David Fisher, **g** David de Lossy, **h & i** David Fisher; **154 a** Frank V. Blackburn, **b** J. A. Bailey (Ardea); **155 a** Richard T. Mills, **b** S. C. Porter (RSPB); **156 a** S. C. Porter (RSPB), **b** Frank V. Blackburn; **157 a** Frank V. Blackburn, **b** John Robinson; **158 a** Bruno Roth (Bio-Info), **b** Frank V. Blackburn; **159 a** Edmund Abel (Bio-Info), **b** René Pierre Bille; **160 a** John Wightman (Ardea), **b** P. J. Sellar; **161 a** Antti Leinonen (Bruce Coleman), **b** Dennis Green, **c** Rolf Müller (Bio-Info); **162 a** Richard T. Mills, **b** Norbert Jorek (Bio-Info); **163 a** Dennis Green, **b** Günther Synatzschke (Bio-Info); **164 a** René Pierre Bille, **b** Werner Rummel (Bio-Info); **165** Frank V. Blackburn; **166 a** David Fisher, **b & c** René Pierre Bille; **167** Michael W. Richards (RSPB); **168 a** Richard F. Porter, **b** K. Wothe (Bio-Info); **169 a** W. Curth (Bio-Info), **b & c** Frank V. Blackburn; **170 a** K. Wothe (Bio-Info), **b & c** René Pierre Bille; **171** Frank V. Blackburn; **172 a** Rolf Müller (Bio-Info), **b** John Robinson; **173 a** Chris Knights, **b** Frank V. Blackburn; **174 a** Werner Layer (Bio-Info), **b** David de Lossy; **175 a** M. Oshowski, **b** Tom Willock (Ardea); **176 a** Frank V. Blackburn, **b & c** Richard T. Mills; **177 a** John Gooders (Ardea), **b** Hans Reinhard (Bruce Coleman); **178 a** Stephen Dalton (Bruce Coleman), **b & c** René Pierre Bille; **179 a** Bruno Roth (Bio-Info), **b** Alfred Krug (Bio-Info), **c** Richard F. Porter, **d** Richard T. Mills; **180 a** Richard T. Mills, **b** E. Hüttenmoser (Bio-Info); **181 a** Richard T. Mills, **b** E. Hüttenmoser (Bio-Info); **182** Dennis Green; **183 a** Frank V. Blackburn, **b** M. Oshowski (Bio-Info); **184** John Robinson; **185 a** M. Oshowski (Bio-Info), **b** J. B. & S. Bottomley (Ardea); **186 a** Richard T. Mills, **b** E. Hüttenmoser (Bio-Info); **187 a** Richard T. Mills, **b** R. J. Chandler, **c** Richard T. Mills, **d** Richard F. Porter, **e** Barry Walker, **f** René Pierre Bille, **g** Richard T. Mills, **h & i** René Pierre Bille; **188** Barry Walker; **189 a** John Robinson, **b** Frank V. Blackburn; **190 a & b** Frank V. Blackburn; **191 a** Frank V. Blackburn, **b** Michael W. Richards (RSPB); **192 a** Rolf Müller (Bio-Info), **b** Michael W. Richards (RSPB); **193 a** Frank V. Blackburn, **b** Dieter-Josef Stahl (Bio-Info); **194 a & b** Frank V. Blackburn; **195 a** Richard T. Mills, **b** Michael W. Richards, **c** Richard Vaughan (Ardea); **196 a** Richard T. Mills, **b** Frank V. Blackburn, **c** Richard T. Mills; **197 a** Richard T. Mills, **b** Frank V. Blackburn; **198 a & b** Richard T. Mills; **199 a, b, c & d** René Pierre Bille; **200 a, b & c** Richard T. Mills, **d** David Fisher; **201 a, b & c** Frank V. Blackburn, **d** Richard T. Mills, **e** Rolf Müller (Bio-Info); **202 a** Frank V. Blackburn, **b** John Robinson; **203 a** Josef Strasser (Bio-Info), **b** Richard T. Mills, **c** Frank V. Blackburn; **204 a** Kevin Carlson (Ardea), **b** Roland Mayr (Bio-Info); **205 a** Barry Walker, **b** Richard T. Mills; **206 a** M. D. England, **b** K. Wothe (Bio-Info); **207** Frank V. Blackburn; **208 a & b** K. Wothe (Bio-Info); **209** Michael W. Richards (RSPB); **210** Richard T. Mills; **211 a** M. D. England (Ardea), **b** Kevin Carlson (Ardea); **212 a** Richard T. Mills, **b** M. E. J. Gore; **213 a** K. Wothe (Bio-Info), **b** Frank V. Blackburn, **c** David Fisher, **d** K. Veromann (Bio-Info); **214 a & b** Frank V. Blackburn; **215 a** K. Wothe (Bio-Info), **b** Kevin Carlson (Ardea); **216 a** M. D. England (Ardea), **b** Chris Knights, **c** Brian Bevan (Ardea); **217 a** Frank V. Blackburn, **b** M. D. England (Ardea); **218** Frank V. Blackburn; **219 a** John Robinson, **b** David Fisher; **220 a** Dennis Avon and Tony Tilford (Ardea), **b** John Robinson; **221 a** David Fisher, **b** Richard T. Mills; **222 a** S. C. Porter (RSPB), **b** Frank V. Blackburn, **c & d** Rolf Müller (Bio-Info); **223 a** Frank V. Blackburn, **b** Helmut Blesch (Bio-Info); **224 a** Nicholas Hammond, **b** Jeremy Sorensen, **c** Heather Angel, **d & e** Jeremy Sorensen, **g & h** Frank V. Blackburn, **i** Nicholas Hammond; **225 a** Barry Walker, **b** E. Hüttenmoser (Bio-Ihfo); **226 a** David de Lossy, **b** K. Wothe (Bio-Info); **227 a & b** Richard T. Mills, **c** René Pierre Bille; **228 a** Richard T. Mills, **b & c** John Robinson, **d** Richard T. Mills, **e** David M. Elcome, **f** John Robinson, **g, h & i** Frank V. Blackburn; **229 a** Barry Walker, **b** Jeremy Sorensen, **c** David Fisher, **d** Norbert Jorek (Bio-Info); **230 a** Frank V. Blackburn, **b** H. Gläder (Bio-Info), **c** René Pierre Bille; **231 a** Rolf Müller (Bio-Info), **b** Richard T. Mills; **232** Richard T. Mills; **233 a** René Pierre Bille, **b & c** Richard F. Porter; **234 a** Frank V. Blackburn, **b** Peter F. R. Jackson (Bruce Coleman); **235 a** Frank V. Blackburn, **b** Georg Quedens (Bio-Info), **c** Richard Vaughan (Ardea), **d** M. D. England (Ardea); **236 a** Georg Quedens (Bio-Info), **b** René Pierre Bille; **237 a** Richard T. Mills, **b** R. V. Collier; **238 a** Frank V. Blackburn, **b** Barry Walker; **239 a & b** Frank V. Blackburn; **240** Richard T. Mills; **241 a** Frank V. Blackburn, **b** Richard T. Mills; **242 a** David Fisher, **b** Richard T. Mills; **243 a** K. Wothe (Bio-Info), **b** Frank V. Blackburn, **c** René Pierre Bille; **244 a** René Pierre Bille, **b** E. Hüttenmoser (Bio-Info); **245 a & b** Frank V. Blackburn, **c** René Pierre Bille; **246** Frank V. Blackburn; **247 a** Richard T. Mills, **B** Frank V. Blackburn; **248 a** Richard T. Mills, **b** Frank V. Blackburn; **249 a** Frank V. Blackburn, **b** Brian Bevan (Ardea), **c & d** René Pierre Bille; **250 a** V. Probst (Bio-Info), **b** René Pierre Bille; **251 a** David Fisher, **b** L. R. Dawson (Bruce Coleman), **c** Ernest Dutscher (Bruce Coleman); **252** S. C. Porter (RSPB); **253 a & b** Richard T. Mills.

Habitats

Un des plaisirs qu'offre l'observation des oiseaux consiste à découvrir les lieux où ils ont coutume de vivre. Bien que moins strictement inféodés à un habitat que les autres animaux, les oiseaux ont des préférences pour des biotopes particuliers. Le texte de cet ouvrage donne des précisions quant au préférendum de chaque espèce, et les illustrations et descriptions qui vont suivre guideront le lecteur dans l'identification des divers habitats.

Landes et pâturages On les trouve juste au-dessous de l'étage alpin ou arctique des zones montagneuses. Ces paysages apparemment naturels ont été façonnés par l'homme qui y a abattu des arbres et fait pâturer du bétail au point que n'y subsistent que les plantes les plus vigoureuses. Plusieurs espèces d'oiseaux et de mammifères ont cependant réussi à s'y adapter.

Etage alpin La vie en milieu alpin, enneigé une bonne partie de l'année, n'est guère facile, aussi voit-on peu d'espèces alpines en Europe au-delà d'une certaine altitude. Ces chocards ont été photographiés en juin dans la vallée d'Armiviez en Suisse.

Forêts de conifères anciennes Les forêts de conifères anciennes offrent généralement des espaces entre les arbres suffisants pour que la lumière pénètre jusqu'au sol, favorisant ainsi la présence de plantes basses variées, sources de nourriture pour les oiseaux et les insectes qu'ils consomment.

Plantations de conifères Mises en place dans un but lucratif, elles représentent l'une des plus grandes menaces pour l'environnement, en dehors des montagnes. Si la diversité des espèces augmente pendant les premières années, l'absence de lumière que provoque la croissance des arbres et les toxines que ceux-ci sécrètent limitent le développement des plantes basses, et seuls subsistent quelques oiseaux qui vivent des insectes trouvés dans les arbres.

Forêts de feuillus des régions subalpines Les forêts de feuillus sont un terrain d'élection pour l'observateur d'oiseaux. En région montagneuse, les arbres sont soumis à un environnement rigoureux, aussi atteignent-ils rarement une grande taille. Ces forêts valent donc qu'on les visite, pour la variété d'oiseaux intéressants qu'elles hébergent, dont certains sont absents à plus basse altitude.

Forêts caducifoliées de basse altitude Il reste peu de forêts conservées dans leur état initial en Europe. Cependant, beaucoup sont d'origine ancienne et sont formées d'arbres ayant une multiplicité d'essences, de taille et d'âge. Les forêts de feuillus adultes, où abondent arbres âgés ou pourrissants et clairières où prospèrent les sous-bois, abritent une grande diversité d'espèces. Il faut néanmoins se rappeler que l'observation des oiseaux sylvestres est difficile et exige calme et silence. Mieux vaut donc se mettre confortablement à l'affût que marcher à travers les bois. Le meilleur endroit sera un étang, si vous en trouvez un, car les oiseaux viendront y boire. Plusieurs espèces présentées dans cet ouvrage ont été, ainsi que vous le constaterez, photographiées au bord d'étangs forestiers.

Garrigue La garrigue des régions méditerranéennes est un habitat broussailleux, sec et semi-aride. Elle offre un grand intérêt par la présence des nombreuses espèces de fauvettes qui y nichent, et l'abondance d'insectes, lézards et serpents qui constituent une source de nourriture pour les pies-grièches et les rapaces.

Chênes-liège Les chênes-liège de l'Europe méditerranéenne abritent plusieurs espèces d'oiseaux, dont certains, qui y nichent, ont coutume d'aller se nourrir dans les terrains plus dégagés adjacents.

Parcs Les oiseaux sylvestres se sont adaptés au point de fréquenter les parcs dont il apprécient les arbres bien espacés. La valeur de cet environnement varie selon que l'on y a planté des essences locales ou exotiques. Les premières attirent des insectes indigènes qui constituent une source de nourriture pour les oiseaux. Les parcs qui jouxtent les résidences secondaires offrent généralement plus d'essences locales que les parcs municipaux. En revanche, la présence d'oiseaux aquatiques d'ornement d'origine exotique sur les étangs de ces derniers attire les canards sauvages.

Landes océaniques Le sol acide des landes océaniques offre un milieu intéressant où coexistent bruyères et ajoncs, insectes et reptiles. Plusieurs espèces d'oiseaux du nord de l'Europe nichent exclusivement dans les bruyères.

Jardins Tandis que les paysages naturels disparaissent sous l'assaut du tracteur ou de la bétonneuse et des défoliants, les jardins peuvent devenir des substituts non négligeables qui attirent des espèces intéressantes, pour peu que l'abondance et la variété de la végétation leur offrent de quoi se nourrir. Lorsque l'hiver est rigoureux, beaucoup doivent leur vie à ceux qui mettent eau et nourriture à leur disposition.

Cultures Plus de la moitié de la superficie de la France est cultivée, ce qui signifie que pour les oiseaux les cultures représentent un habitat d'envergure. Certaines espèces trouvent dans les champs de quoi nicher et se nourrir, d'autres ont recours aux haies et arbres isolés. Certains agriculteurs, soucieux de protéger la nature, conservent des haies. Les observateurs d'oiseaux devront garder à l'esprit que l'agriculteur est chez lui sur ses terres, et que, à l'affût d'oiseaux, l'on ne saurait traverser un champ sans son autorisation préalable.

Torrents de montagne Bien qu'ils constituent un environnement rude et peu prometteur, plusieurs espèces ont appris à s'y adapter et à en tirer le meilleur parti.

Cours d'eau de plaine Plus larges et plus lents, ils peuvent fournir un très bon environnement à des oiseaux, à condition que les berges n'en soient pas trop aménagées. Peu fréquentées et suffisamment pourvues de végétation pour abriter des nids, celles-ci peuvent héberger une grande variété d'espèces.

Gravières La fabrication de béton destinée à la construction de routes et de bâtiments a été, d'une manière inattendue, profitable aux oiseaux et aux observateurs de terrain. L'extraction de gravier, en effet, laisse des trous qui se remplissent d'eau et, très vite, la nature reprend le dessus, la végétation se multiplie et attire les oiseaux. Il arrive que les propriétaires effectuent des plantations et repeuplent les trous d'eau de poissons. En été, les gravières offrent le plaisant spectacle d'une abondance d'oiseaux en nidification ; en hiver, elles abritent le gibier d'eau.

Lacs Lorsqu'ils ne sont pas trop profonds, et abritent insectes et plantes aquatiques, et qu'ils ne donnent pas lieu à trop d'activités de loisir, les lacs méritent en toutes saisons d'être visités. En été, canards, sternes et autres oiseaux aquatiques y nichent, et des groupes d'oiseaux aquatiques viennent y hiverner.

Marais Si l'Europe pouvait autrefois se vanter de posséder de vastes étendues marécageuses, où venaient nicher de nombreuses espèces d'oiseaux, celles-ci sont aujourd'hui réduites. Cependant, beaucoup ont été transformées en réserves naturelles, dont le niveau d'eau est soumis à contrôle pour éviter un assèchement qui provoquerait l'apparition de broussailles suivies de reboisement naturel.

Falaises côtières Les hautes falaises du littoral de l'Atlantique Nord et de la mer du Nord attirent d'immenses colonies d'oiseaux marins. La mer y est en effet très riche en aliments et les falaises offrent d'excellents sites pour les nids. Dans la répartition mondiale des espèces, les falaises des îles Britanniques, du nord-ouest de la France et de Norvège jouent un rôle très important puisqu'elles détiennent plus des trois quarts de la population de fous et de petits pingouins.

Estuaires D'un point de vue écologique, l'estuaire est probablement le plus riche des habitats. L'eau douce et l'eau salée s'y rejoignent, permettant la coexistence de plusieurs faunes et flores ; et le mouvement régulier des marées fait apparaître des bancs de vase dans lesquels les limicoles viennent chercher des invertébrés.

Marais salants A marée haute, les bandes de limicoles qui se nourrissent dans les estuaires doivent se déplacer vers les marais salants pour y dormir et attendre la marée basse. Bien qu'ils soient alors au repos, la moindre alerte peut les faire lever par bandes entières. Tout observateur devra donc veiller à ne pas déranger des oiseaux au repos.

Dunes Les zones littorales basses sont parfois d'importants sites de reproduction pour les sternes et les mouettes. Elles y nichent en vastes colonies serrées, ce qui assure la présence permanente de quelques adultes quand les autres partent pêcher. On évitera donc de déranger sur une plage une colonie d'oiseaux de mer, car leurs prédateurs, rats ou renards, entre autres, sont toujours prêts à s'emparer d'œufs ou de poussins abandonnés pour les manger.

Habitats créés par l'homme Les effets de l'activité humaine sur les oiseaux ne sont pas toujours néfastes, et nombreuses sont les espèces qui ont su rapidement tirer profit de l'environnement urbain. Peu agréables à voir, les tas de déchets peuvent néanmoins valoir le déplacement car, parmi les bandes de mouettes qui s'y nourrissent, on peut repérer un spécimen rare. En l'absence de ce dernier, la variété de plumages et d'espèces de mouettes qui se pressent sur de tels lieux en font des postes d'identification pratiques.

Trajets migratoires Certains oiseaux, en particulier les rapaces, cigognes et grues migrent en vastes bandes le long de trajets traditionnels qui convergent, avant la traversée des mers, dans des détroits tels que celui de Gibraltar ou le Bosphore.

La plus chargée des voies fluviales ne décourage même pas les oiseaux. Nombreuses sont les personnes qui, des fenêtres de leurs bureaux, peuvent voir sur un fleuve (ici, la Tamise) des espèces intéressantes.

Il eût suffi à ces banlieusards de se pencher pour voir deux Cormorans huppés.

Si les pylônes qui couvrent l'Europe de fils ne sont pas beaux, ils n'en sont pas moins des perchoirs pour les oiseaux, tels ces étourneaux. Plusieurs illustrations de cet ouvrage démontrent que l'on ne doit pas négliger de scruter pylônes et fils télégraphiques : on y voit les oiseaux beaucoup mieux que dans les arbres.

Hiver

Eté

Plongeon imbrin

Gavia immer

68-81 cm

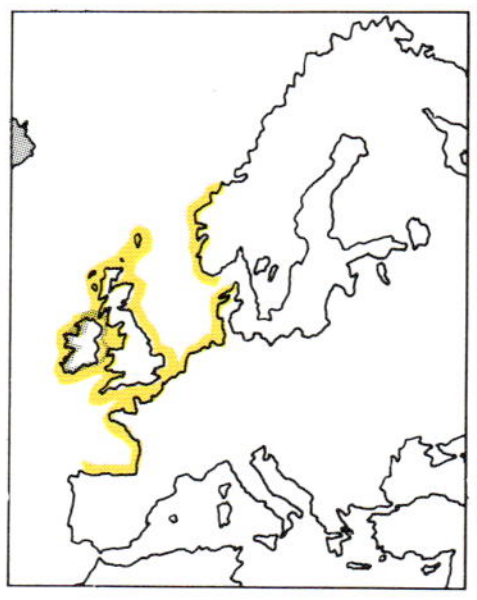

IDENTIFICATION Dessus en damier noir et blanc, tête noire et cou avec un collier rayé. En hiver, plumage sombre avec gorge et ventre blancs. Oiseau essentiellement aquatique, qui plonge souvent. Le vol des plongeons est puissant, avec le cou incliné et les pattes dépassant de la queue.
VOIX A la saison des nids, « rire » chevrotant étrange et longues notes plaintives. « Aboiement » en vol. Généralement silencieux en hiver.
HABITAT Niche sur les lacs des régions nordiques. Hiverne dans les eaux côtières, mais il n'est pas rare de le voir à l'intérieur par exemple sur des réservoirs.
NOURRITURE Essentiellement poissons, capturés en plongeant de la surface ; s'immerge parfois jusqu'à une minute.
NIDIFICATION Nid au sol à proximité de l'eau, souvent sur un îlot flottant. 2 œufs dans un nid de végétation aquatique, couvés 29 jours par les deux parents. Les jeunes nagent pratiquement tout de suite.

Plongeon à bec blanc

Gavia adamsii

84-91 cm

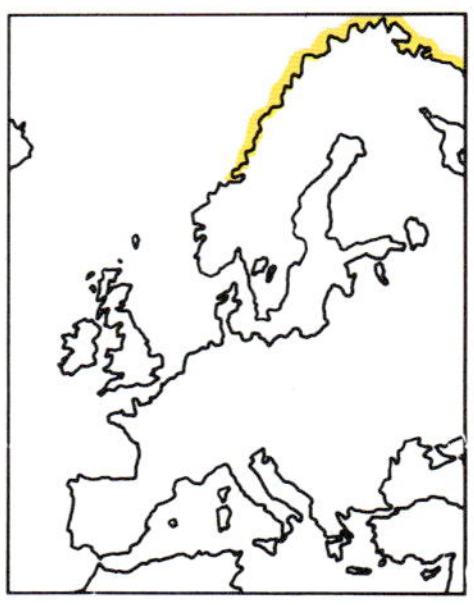

IDENTIFICATION Ressemble fortement au Plongeon imbrin par son plumage, mais son bec blanchâtre ou jaunâtre, remontant légèrement du fait de la mandibule inférieure oblique a un aspect retroussé. Certains Plongeons imbrin ont le bec pâle, mais toujours souligné de sombre et jamais aussi nettement retroussé. Les Plongeons à bec blanc semblent souvent avoir le front bombé.
VOIX, HABITAT, RÉGIME semblables à ceux de l'espèce précédente.
NIDIFICATION Niche dans l'Arctique oriental et hiverne à l'ouest jusqu'aux côtes de la Norvège. Rare.

Été

Plongeon arctique

Gavia arctica

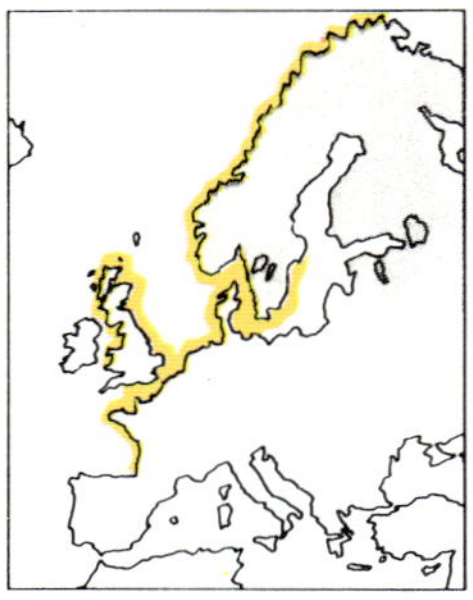

58-68 cm

IDENTIFICATION Tête grise, gorge noire, striée de blanc sur les bords, dessus sombre avec deux zones de plaques blanches. Bec droit. Semblable en hiver au Plongeon catmarin, dont il se distingue cependant par son plumage plus sombre, surtout sur le front, par l'arrière du cou et son dos unis.
VOIX En période de reproduction, plaintes en crescendo aigu accompagnées d'un aboiement grave. Habituellement silencieux en hiver.
HABITAT Lacs généralement plus vaste que pour le catmarin. En outre, vole jusqu'à la mer pour se nourrir ; on le rencontre généralement dans les eaux côtières en hiver.
NOURRITURE Surtout les poissons. Plonge de la surface et se propulse sous l'eau avec ses larges pattes.
NIDIFICATION Niche au bord de l'eau, souvent sur un îlot. Pond habituellement 2 œufs, dont la femelle assure pratiquement seule l'incubation (28-30 jours). Envol des jeunes à 60-65 jours.

Été

Hiver

Été

Plongeon catmarin

Gavia stellata

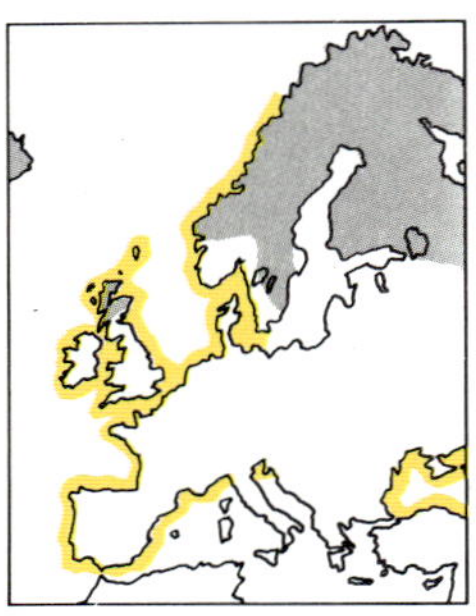

53-58 cm

IDENTIFICATION Tête grise, tache rousse sur la gorge, dessus gris-brun, bec pointé vers le haut. En hiver, blanc du front à l'avant du cou et au ventre, dessus finement ponctué de blanc. Essentiellement aquatique. Plonge fréquemment. Le vol est puissant.
VOIX En période de reproduction, « couacs » gutturaux et plaintes aiguës. Normalement, silencieux en hiver.
HABITAT En été, petits lacs le plus souvent, avec fréquents aller et retour jusqu'à la mer pour se nourrir. En hiver, fréquente les eaux côtières et occasionnellement l'intérieur des terres.
NOURRITURE Principalement des poissons, qu'il attrape en plongeant de la surface ou en nageant immergé, jusqu'à une minute sous l'eau.
NIDIFICATION Nids à terre, non loin de l'eau. Pond 1 à 2 œufs dans un nid de végétation aquatique ou de mousses. La femelle couve pratiquement seule 26-28 jours. Les jeunes savent nager et quittent le nid au bout de 24 heures.

Grèbe huppé

Podiceps cristatus

48 cm

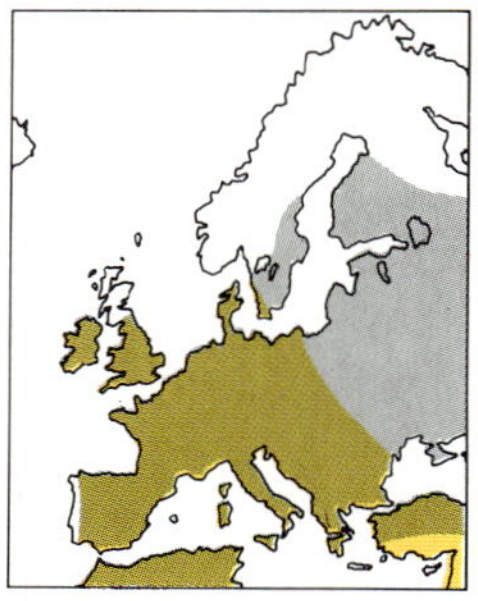

IDENTIFICATION Dessus brun, cou blanc élancé, « huppe » double et sombre, et collerette rousse et noire. L'hiver, pas de collerette, calotte noire, sourcil blanc, bec rosé. C'est le plus gros des grèbes, avec le cou le plus long et le plus mince. Plonge de la surface.
VOIX En période de reproduction, « couacs », aboiements divers et autres cris. Normalement, silencieux en hiver.
HABITAT Niche sur les plans d'eau douce, réservoirs, rivières, etc. Hiverne à l'intérieur et dans les estuaires.
NOURRITURE Attrape, en plongeant de la surface, poissons, tritons, têtards, invertébrés divers et quelques végétaux.
NIDIFICATION Le nid est un amas, souvent flottant, de végétaux aquatiques en décomposition, parmi les roseaux. Pond 3 à 5 œufs, couvés 27 à 29 jours par le couple. Les jeunes savent nager presque immédiatement. Parade nuptiale spectaculaire, opérée par les deux partenaires, et souvent très visible car à découvert sur l'eau.

Hiver, avec Grèbe jongris (deuxième à partir de la droite)

Parade nuptiale

Été et hiver (en médaillon)

Grèbe jougris

Podiceps grisegena

43 cm

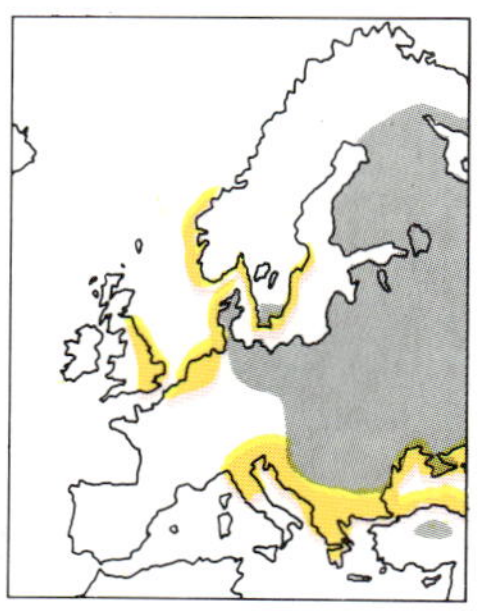

IDENTIFICATION Dessus gris-brun, cou châtain, joues gris pâle, calotte sombre et bec jaune à extrémité noire. En hiver, plus trapu que le Grèbe huppé, avec le cou et les joues plus gris, et calotte noire s'étendant jusqu'aux yeux. Plonge de la surface.
VOIX Cri plaintif, et « keck » aigu et strident en période de reproduction. Généralement silencieux en hiver.
HABITAT Niche sur étangs et lacs bordés d'une abondante végétation. Hiverne surtout le long des côtes.
NOURRITURE Attrape petits poissons, batraciens, divers invertébrés et végétaux, en plongeant de la surface de l'eau.
NIDIFICATION Nid identique à celui du Grèbe huppé, flottant mais amarré à la végétation. Pond 4 à 5 œufs, couvés par les deux adultes 20 à 30 jours. Les jeunes nagent peu après l'éclosion. Parades nuptiales à découvert sur l'eau.

Été

Hiver

Grèbe esclavon

Podiceps auritus

33 cm

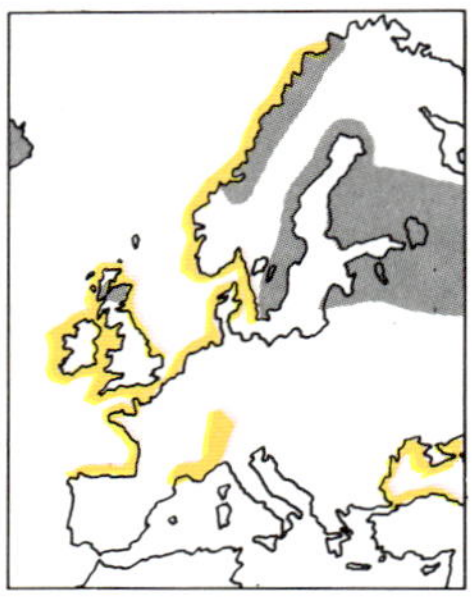

IDENTIFICATION Un petit grèbe au cou et aux flancs châtains, à la tête noire, aux « oreilles » dorées. En hiver, calotte et arrière du cou noirs, avant du cou blanc ; la calotte est nettement délimitée au niveau de l'œil. Bec court et droit. Espèce essentiellement aquatique.
VOIX Divers cris en trille sur les sites de reproduction, mais généralement silencieux en hiver.
HABITAT Niche sur les lacs, les étangs et les lacs de montagne. Hiverne sur les côtes dans les estuaires, les baies abritées, ou en eau douce.
NOURRITURE Plonge de la surface pour attraper petits poissons, invertébrés et quelques végétaux.
NIDIFICATION Nid construit par les deux sexes dans la végétation aquatique du bord de l'eau, parfois en colonie dispersée. Pond 3 à 5 œufs couvés par les deux sexes 20 à 25 jours. Les jeunes nagent peu après l'éclosion.

Grèbe à cou noir

Podiceps nigricollis

30 cm

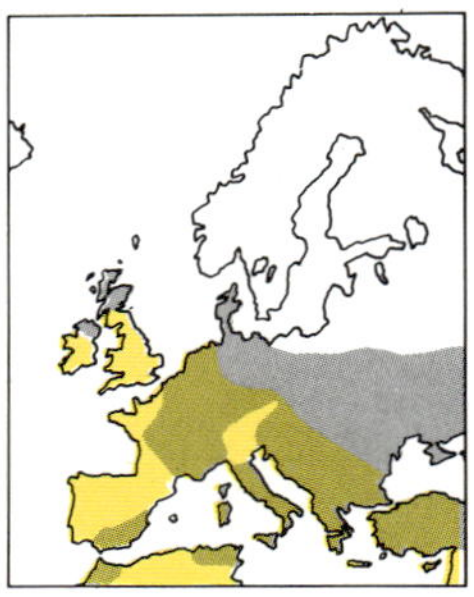

IDENTIFICATION Un grèbe de petite taille au cou et à la tête noirs, avec une touffe dorée à l'arrière de l'œil, et les flancs châtains. En hiver, ressemble au Grèbe esclavon, dont il se distingue par le bec au bout relevé, le cou et les joues plus sombres et la calotte noire s'étendant jusque sur les joues. Essentiellement aquatique.
VOIX Bavardages divers et un « pii-iip » sourd en période de reproduction, mais silencieux autrement.
HABITAT Étangs, lacs et réservoirs naturels riches en végétation. Hiverne sur les étendues d'eau intérieures et le long des côtes abritées.
NOURRITURE Invertébrés (insectes surtout), petits poissons et, comme tous les grèbes, plumes en petites quantités.
NIDIFICATION Semblable à celle du Grèbe esclavon, souvent en colonie. Pond 3 à 4 œufs, couvés par les deux adultes 20 ou 21 jours. Transporte souvent ses poussins sur son dos, à la manière des grèbes.

Été

Été

Grèbe castagneux

Tachybaptus ruficollis

27 cm

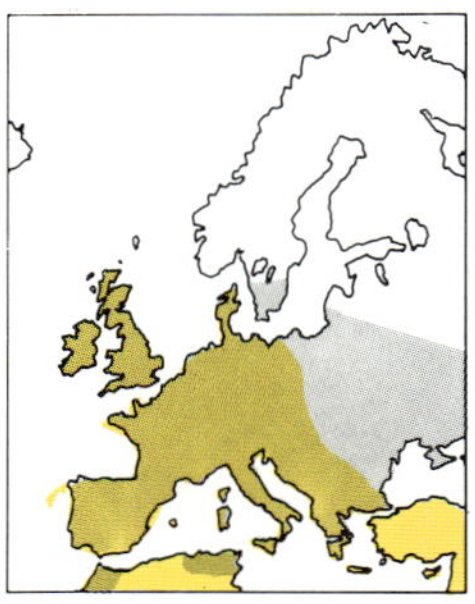

Hiver

IDENTIFICATION Tout petit grèbe, essentiellement sombre, mais avec les joues et la gorge châtaines, et une tache jaune très nette à la base du petit bec. Beaucoup plus pâle en hiver, avec la gorge blanchâtre et le cou très clair. Plongeur, il se cache et on l'observe rarement longtemps.
VOIX Le cri le plus fréquent est un trille sonore et aigu, en crescendo puis en diminuando. Normalement silencieux après la saison des nids.
HABITAT Niche sur des étendues d'eau douce variées, petits étangs, rivières, réservoirs. Hiverne dans les étangs et les eaux côtières abritées.
NOURRITURE Petits poissons, invertébrés et végétation aquatique pris en plongée.
NIDIFICATION Nid caractéristique de grèbe dans la végétation du bord de l'eau. Pond 4 à 6 œufs, couvés 3 semaines par le couple et, généralement, recouverts de végétation quand les parents s'éloignent. Souvent, deux couvées successives.

Cormoran huppé

Phalacrocorax aristotelis

76 cm

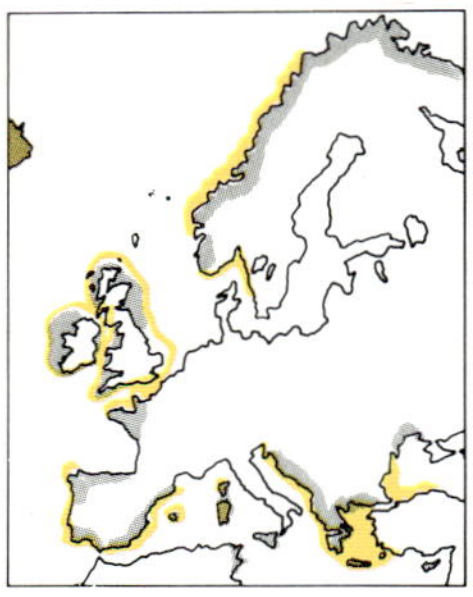

IDENTIFICATION Quel que soit l'âge de l'oiseau, cou et bec longs et minces, silhouette élancée. Chez l'adulte, dessus vert brillant, jaune près du bec et au printemps, courte huppe dressée sur l'avant de la calotte. Immature brunâtre, partiellement ou entièrement dépourvu de blanc dessous. Le vol est puissant. Habile nageur et plongeur.
VOIX Croassement guttural sur les sites de reproduction. Silencieux autrement.
HABITAT Essentiellement marin, le plus souvent sur les côtes rocheuses, mais plus varié en hiver. Généralement rare à l'intérieur. Se perche sur les rochers, les poteaux, les bouées.
NOURRITURE Surtout les poissons et quelques crustacés et mollusques pris à la nage, en plongeant depuis la surface.
NIDIFICATION En colonie. Nid volumineux d'algues et autres végétaux, sur des falaises ou parmi les corniches rocheuses. Pond 2 à 3 œufs, couvés par le couple environ 33 jours. Premier plumage vers 53 jours.

Adulte

Immature

Grand Cormoran

Adulte et jeunes

Phalacrocorax carbo

90 cm

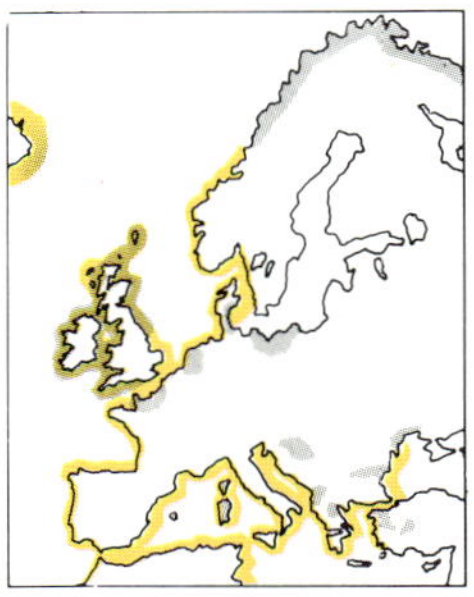

Race continentale

IDENTIFICATION Plus grand et plus massif que le Cormoran huppé. Adulte noir et marron foncé dessus, bleu-noir brillant dessous, avec menton blanc et tache blanche à la cuisse à la saison des nids. L'immature se distingue du Cormoran huppé par un cou plus épais, un bec plus lourd et une abondance de blanc sur la poitrine et le ventre. Habile nageur et puissant voilier.
VOIX Croassement rauque et grondements au nid. Plutôt silencieux autrement.
HABITAT Essentiellement marin, davantage même que le précédent. Régulier sur les eaux intérieures de nombreuses régions, même quand il niche dans d'autres pays.
NOURRITURE Surtout les poissons. Comme le précédent, plonge de la surface en se soulevant d'un bond ou s'immerge sans provoquer de vaguelette. Se perche sur rochers, bouées, etc. Ailes déployées pour les faire sécher, comme le précédent.
NIDIFICATION En colonie. Vaste nid sur falaise, îlot, parfois arbre. 3 ou 4 œufs couvés par le couple. Éclos à 30 jours, les jeunes ont leur premier plumage 50 jours plus tard.

Fou de Bassan

Deux adultes et un immature

Sula bassana

90 cm

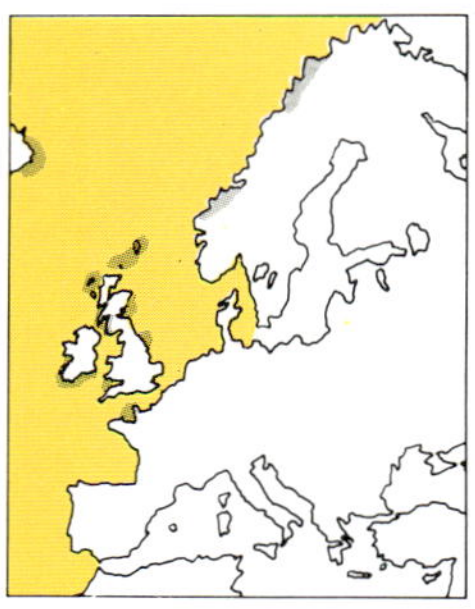

IDENTIFICATION Un très grand oiseau de mer, au corps « en cigare », aux ailes étroites, d'une envergure de 1,80 m. Chez l'adulte, plumage blanc, lavé d'ocre sur la tête, bout des ailes noir. Les immatures vont du brun sombre tacheté à un plumage presque identique à l'adulte, en passant par de multiples phases pies. C'est un superbe voilier.
VOIX Cris et râles gutturaux sur les sites de reproduction, et parfois en mer.
HABITAT Pleine mer, ne vient sur les côtes que pour nicher sur pitons et îlots rocheux, et falaises.
NOURRITURE Poissons, capturés lors de spectaculaires plongeons, ailes repliées, d'une hauteur pouvant atteindre 30 m. Fait surface aisément et nage avant de s'envoler.
NIDIFICATION En colonies souvent très denses et très vastes. Ponte habituellement d'un œuf dans un nid d'algues et autres végétaux. Incubation de 43 à 45 jours par les deux adultes. Les jeunes, abandonnés par les parents à 2 mois environ, quittent le nid 10 jours plus tard.

Fulmar glacial

Fulmarus glacialis

47 cm

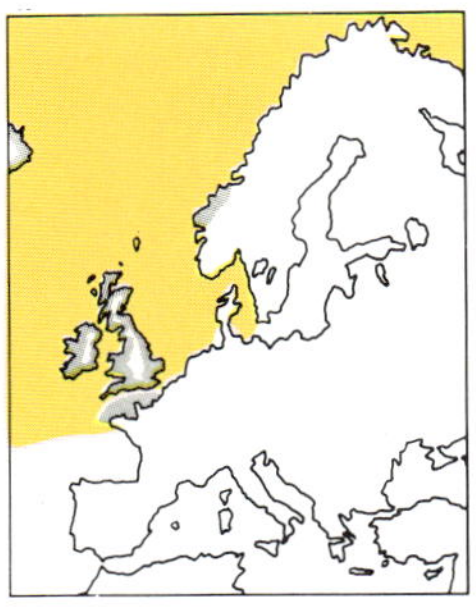

IDENTIFICATION Plumage gris dessus, blanc dessous. Se distingue des goélands par un cou puissant, de grands yeux sombres et des ailes étroites sans noir au bout. Un voilier très habile, rapide, qui bat peu des ailes et se laisse glisser, en gardant ses étroites ailes tendues. Passe le plus clair de son temps dans les airs, mais bon nageur. Ne vient à terre que pour nicher.
VOIX Gloussements variés et, au nid, émet un caquètement sonore et guttural. Normalement silencieux hors des sites de reproduction.

HABITAT Pleine mer. Ne vient à terre que pour nicher, sur falaises, pentes rocheuses ou même murs ou bâtiments. Également sur falaises à l'intérieur, près des côtes, quoique rare. Essentiellement au nord et à l'ouest de l'Europe.
NOURRITURE Poissons, crustacés et rebuts de poissons.
NIDIFICATION Ne construit pas de nid, mais pond à même la roche ou dans une dépression peu profonde. 1 œuf, parfois 2, couvés par les deux adultes 8 semaines. Envol des jeunes à 8 semaines environ.

Puffin des Anglais

Puffinus puffinus

35 cm

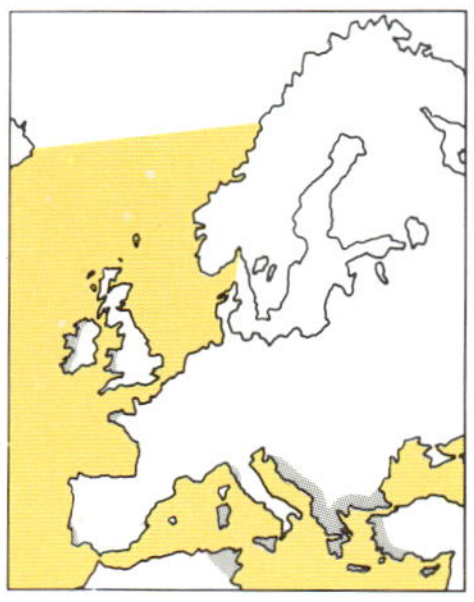

IDENTIFICATION Dessus noir, blanc dessous, avec le contraste apparaissant clairement quand l'oiseau vole au-dessus de la mer, et « vire » sur la pointe de l'aile, montrant le noir et le blanc en alternance. Le vol est bas et rapide, et l'oiseau se soulève et retombe au fil des vagues.
VOIX Plaintes et gémissements sauvages sur les sites de reproduction. Silencieux le reste du temps.
HABITAT Haute mer. Ne vient à terre que de nuit, souvent après avoir formé de vastes bandes qui flottent sur l'eau, pour nicher sur des îlots rocheux, en haut des falaises et le long des pentes des montagnes littorales.
NOURRITURE Surtout des petits poissons, quelques mollusques.
NIDIFICATION Niche en colonies dans des terriers creusés au sommet de falaises ou sur des îlots, etc. Ponte d'un œuf dans une cavité au bout du terrier, à 1 m de profondeur. Incubation de 51 à 54 jours, assurée par les deux parents. Les jeunes, abandonnés à 60 jours, quittent le terrier 14 jours plus tard.

Pétrel tempête

Hydrobates pelagicus

15 cm

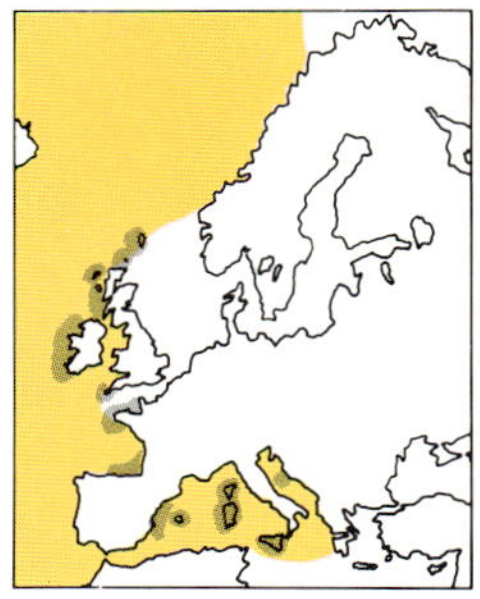

IDENTIFICATION Petit oiseau de mer gris suie, au croupion blanc et à la queue carrée. Montre parfois des petites barres alaires blanches et l'aisselle blanchâtre. Vol faible et léger, au ras des flots. Suit fréquemment le sillage des navires.
VOIX Ne se fait entendre généralement que la nuit, sur les sites de reproduction. Un curieux ronronnement irrégulier se terminant brusquement par un « tchicka » strident.
HABITAT Haute mer. Vient à terre de nuit nicher sur des îlots rocheux, des plages exposées au vent, etc. Occasionnellement à l'intérieur, par gros temps.
NOURRITURE Plancton, déchets, petits poissons.
NIDIFICATION En colonie. Niche dans un terrier ou à l'abri des pierres ou des rochers, parfois dans de vieux murs ou des édifices en ruines. Pond 1 œuf, couvé par les deux adultes 40 jours environ. Envol des jeunes à 60-66 jours.

Pétrel cul blanc

Oceanodroma leucorrhoa

20 cm

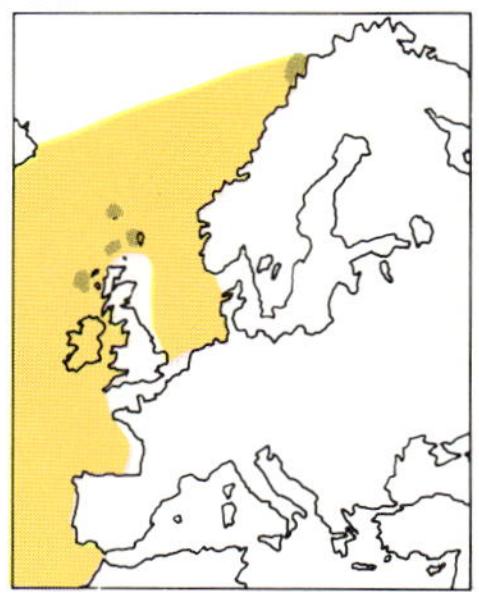

IDENTIFICATION Plus gros et plus brun que le Pétrel tempête, avec ailes plus longues et couvertures alaires grises. Vol beaucoup plus énergique, coulé et bondissant, très caractéristique. Ne suit pas les navires. Queue fourchue, peu visible à terre.
VOIX Ronronnements et cliquetis en colonies de nidification, ainsi que des « ouika-ouika » aigus en vol. Généralement silencieux loin des zones de nichage.
HABITAT Haute mer. Vient à terre la nuit, à la saison des nids. Zones de nidification analogues à celles du Pétrel tempête.
NOURRITURE Plancton, excréments de mammifères marins, petits poissons, mollusques et crustacés.
NIDIFICATION En colonie. Niche dans des terriers ou à l'abri de rochers, dans des ruines, etc. Pond 1 œuf, couvé par les deux parents plus de 50 jours. Les jeunes s'envolent à 7 semaines.

Héron cendré

Ardea cinerea

90 cm

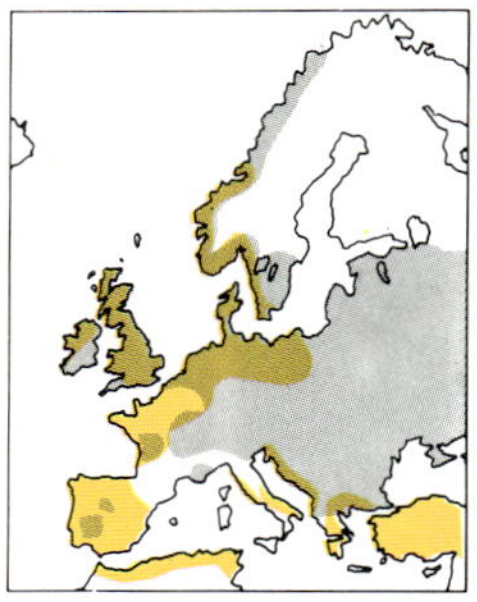

IDENTIFICATION Un gros oiseau au plumage gris dessus et blanc dessous, avec une raie noire allant de l'arrière de l'œil à sa longue huppe, cou strié de noir ; plumes alaires noirâtres. Se tient immobile ou patauge en eau peu profonde. Vol puissant, avec battements d'ailes lents et profonds, cou replié et pattes tendues.
VOIX Au nid, croassements, râles et claquements de bec. En vol, « frarnk » sonore et râpeux.
HABITAT Terrains humides de toutes sortes, à l'intérieur ou côtiers, en eau peu profonde.
NOURRITURE Poissons, batraciens, petits mammifères, petits oiseaux aquatiques et insectes. Se tient longuement immobile en eau peu profonde et saisit sa proie en la harponnant d'un brusque coup de son bec effilé.
NIDIFICATION En colonie. Nid vaste et volumineux, généralement dans les arbres, occasionnellement dans les roselières ou les falaises dans certaines régions. Le couple couve 3 à 5 œufs 4 semaines environ. Envol des jeunes à 50-55 jours.

Immature

Adulte

Héron pourpré

Ardea purpurea

79 cm

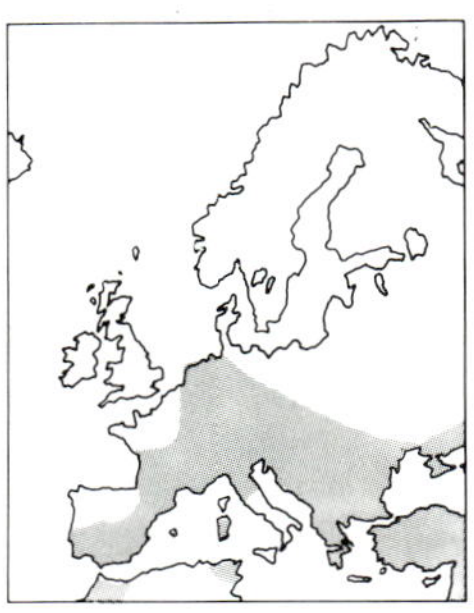

IDENTIFICATION Plus petit, plus mince et plus sombre que le Héron cendré. Plumage gris foncé dessus, avec un cou châtain très mince rayé de noir. Immature d'une couleur sable caractéristique avec le dessous pâle. En vol, cou beaucoup plus bas et anguleux que chez le Héron cendré.
VOIX Moins bruyant que le Héron cendré. En vol, cri identique mais plus aigu.
HABITAT Marécages, étangs et autres zones inondées où abonde la végétation aquatique, roselières en particulier. A plus tendance à se cacher que le précédent.

NOURRITURE Essentiellement poissons, batraciens, petits mammifères, etc., et, comme le Héron cendré, divers invertébrés.
NIDIFICATION En colonie. Niche généralement dans les roselières, parfois dans les buissons au bord des marécages, rarement dans les arbres. Cycle de reproduction analogue à celui du Héron cendré.

Grande aigrette

Egretta alba

89 cm

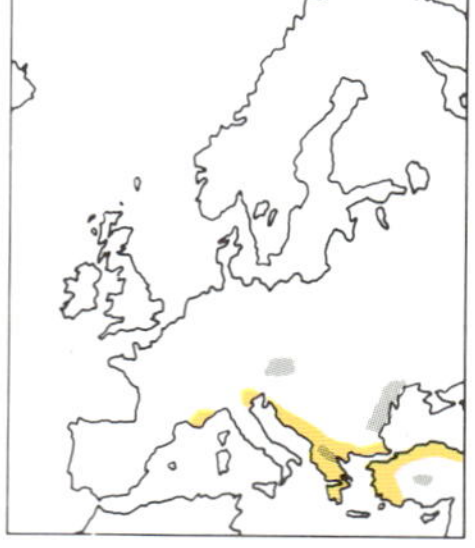

IDENTIFICATION Un héron élancé et de haute taille, doté d'un long cou, entièrement blanc sauf le bec, jaune (parfois noir au bout), et les pattes noirâtres. En plumage nuptial, les plumes des scapulaires s'allongent pour former une « cape » vaporeuse qui descend le long du dos et recouvre la queue.
VOIX Le plus souvent, croassement rauque.
HABITAT Rare dans le sud et le sud-est de l'Europe. Lacs, lagunes, marais, bord de rivières, etc. Eaux côtières peu profondes et estuaires, l'hiver seulement.
NOURRITURE Surtout poissons et insectes aquatiques, également quelques petits mammifères. Pêche en eau peu profonde comme les hérons, à l'approche ou à l'affût.
NIDIFICATION En colonie. Nids généralement dans des roselières, moins souvent dans des buissons ou des arbres. Pond 3 à 5 œufs, couvés par les deux sexes 25-26 jours. Premier plumage vers 6 semaines.

Aigrette garzette

Egretta garzetta

56 cm

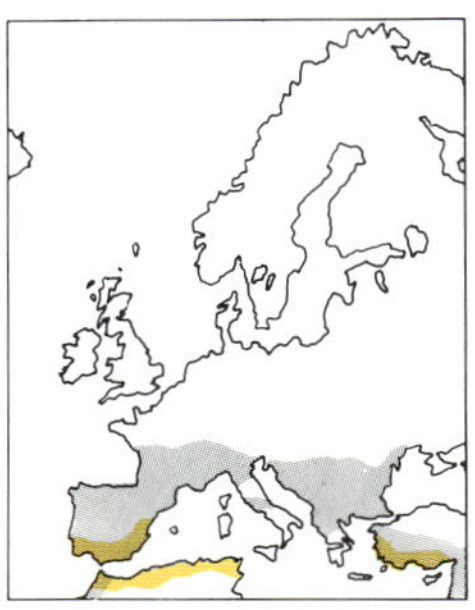

IDENTIFICATION Un petit héron à la silhouette mince et élancée, entièrement blanc, avec pattes noirs, pieds jaunes et long bec mince noir. Adultes en plumage nuptial avec longue huppe vaporeuse et léger manteau de plumes scapulaires allongées.
VOIX Divers croassements et glouglous sur les sites de reproduction.
HABITAT Zones inondées à eau peu profonde, marais, marécages, lagunes, etc.
NOURRITURE Petits poissons, batraciens, insectes, mammifères, etc. Chasse à l'approche comme les hérons, mais aussi court dans l'eau pour brusquement s'emparer de ses proies. Comme les autres hérons et aigrettes, peut aisément se nourrir en terrain sec, à bonne distance de l'eau.
NIDIFICATION En colonie, souvent en compagnie d'autres espèces de hérons. Généralement dans des arbres ou des buissons. Pond 3 à 5 œufs, couvés par les deux adultes près de 3 semaines ; les jeunes quittent le nid à 30 jours environ.

Héron garde-bœufs

Bubulcus ibis

51 cm

IDENTIFICATION Un petit héron blanc, trapu, aux grosses joues, avec calotte, poitrine et manteau chamois. Bec jaune, à la base rouge en saison des nids ; pattes rougeâtres à la même période, ternes aux autres saisons. Se tient plus éloigné de l'eau que les autres petits hérons, sociable comme la plupart d'entre eux.
VOIX Croassements variés en saison des nids.
HABITAT Terrains inondés de toutes sortes, en eau peu profonde, mais aussi en pâtures découvertes (même sèches), tout particulièrement parmi le bétail.
NOURRITURE Surtout insectes, notamment ceux que le bétail soulève à son passage.
NIDIFICATION En colonie, souvent avec d'autres hérons. Nids dans arbres, buissons, roselières. Ponte de 4 ou 5 œufs, couvés par les deux adultes un peu plus de 3 semaines. Départ des jeunes vers 30 jours.

Adulte (plumage nuptial)

Adulte

Crabier chevelu

Ardeola ralloides

46 cm

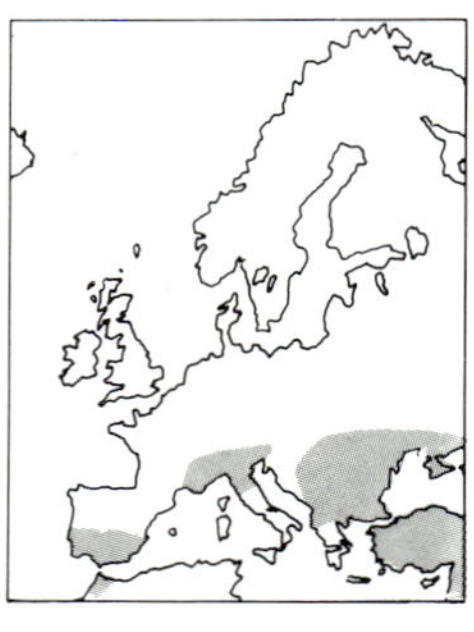

IDENTIFICATION Un petit héron de forme ramassée, chamois clair avec ailes et queue blanches et longue huppe retombante. Pattes verdâtres (roses en saison des nids) ; bec verdâtre, sombre au bout (bleuté en saison des nids). Rappelle, par son cou épais, le Râle d'eau, comme l'indique le nom latin.
VOIX Cri rauque, « karr », en saison des nids.
HABITAT Zones légèrement inondées. L'espèce recherche le couvert et se rencontre moins souvent que les autres petits hérons.
NOURRITURE Mœurs généralement crépusculaires : petits insectes, larves, batraciens et poissons.
NIDIFICATION En colonies généralement réduites avec d'autres hérons. Nids dans les roseaux, buissons et arbres. 4 à 6 œufs, couvés 22 à 24 jours, surtout par la femelle. Départ des jeunes au bout de 30-35 jours.

Adulte

Immature

Héron bihoreau

Nycticorax nycticorax

61 cm

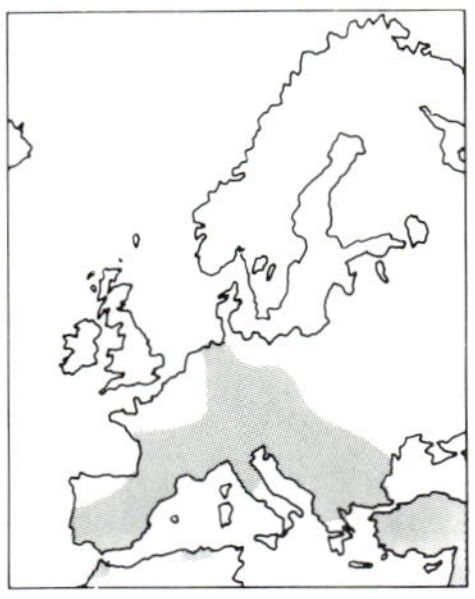

IDENTIFICATION Un petit héron replet, à la calotte noire, et à la face et au dessous blancs (de même que la longue huppe). Dessus noir et ailes grises. Bec court et sombre. Immatures marron foncé avec de larges taches chamois sur le dessus. Actif surtout après le coucher du soleil.
VOIX Croassements rauques, souvent au crépuscule.
HABITAT Zones inondées à végétation dense, marais, rives des cours d'eau, douves, mares, etc. Souvent vu à découvert dans les marais, où il se nourrit. Se perche volontiers dans les arbres, comme la plupart des hérons.
NOURRITURE Se nourrit généralement après le crépuscule. Surtout batraciens, insectes et petits poissons.
NIDIFICATION En colonie. Généralement dans arbres et buissons, parfois en roselières. 3 à 5 œufs, couvés 3 semaines par les deux adultes. Départ des jeunes 3 semaines environ après l'éclosion.

Blongios nain

Ixobrychus minutus

35 cm

IDENTIFICATION Un petit oiseau qu'on n'aperçoit que quand on le débusque de l'épaisse végétation paludicole où il se tient. Couvertures alaires et dessous blanc-beige (plus striées chez la femelle), calotte et manteau sombres (plus brun chez la femelle). Crépusculaire, sauf en saison des nids.
VOIX Croassements divers. Chant bas et rythmé, répété toutes les deux secondes, sur une longue période.
HABITAT Végétation touffue des marais, mares, rives des cours d'eau, douves, etc.
NOURRITURE Poissons, batraciens et insectes qu'il guette caché dans la végétation du bord de l'eau, ou chasse à l'approche.
NIDIFICATION Nids dans la végétation touffue du bord de l'eau, parfois en petits groupes sporadiques. 5 ou 6 œufs, couvés par les deux sexes 17 à 19 jours. Départ des jeunes à 17-18 jours.

Mâle

Grand butor

Botaurus stellaris

76 cm

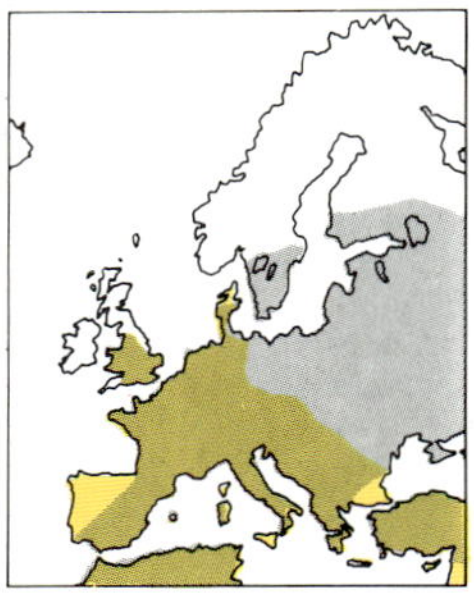

IDENTIFICATION Un grand héron brun-fauve, strié et barré de sombre, qui fréquente les marais. Plutôt trapu et bossu en posture normale, ressemble en vol à un grand hibou. Discret, se nourrit parfois à découvert, mais c'est surtout lorsqu'il vole au ras des roselières qu'on a des chances de l'apercevoir.
VOIX Brefs appels rauques, répétés si on le lève. Chant : sourd mugissement en corne de brume, répercuté sur de grandes distances. On l'entend plus souvent qu'on ne le voit.
HABITAT Essentiellement vastes roselières. Fréquente parfois d'autres zones inondées en hiver, pour s'y nourrir.
NOURRITURE Surtout poissons, batraciens, insectes et autres invertébrés ; ainsi que petits oiseaux, poussins et petits mammifères. Guette sa proie immobile ou à l'approche.
NIDIFICATION 5 ou 6 œufs dans les roseaux, couvés surtout par la femelle 25-26 jours. Départ des jeunes du nid à 15-20 jours.

Cigogne noire

Ciconia nigra

97 cm

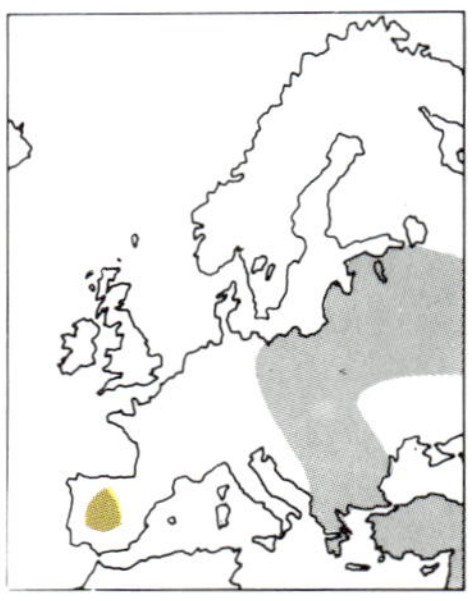

IDENTIFICATION Plumage noir brillant avec le dessous du corps blanc ; long bec rouge en forme d'épée ; pattes rouges plutôt longues. Vole le cou tendu, contrairement aux hérons et aux butors.
VOIX Large répertoire de grincements, de sifflements, de halètements, etc. Moins de claquements de bec que la Cigogne blanche.
HABITAT Marais, prés disséminés dans les forêts sauvages, marécages, etc.
NOURRITURE Surtout poissons, mais aussi batraciens, invertébrés, petits mammifères, etc.
NIDIFICATION Niche généralement dans de grands arbres, parfois des falaises. Vastes nids de branchages et de brindilles. Pond 3 à 5 œufs, couvés 5 semaines environ par les deux parents. Envol des jeunes à 9-10 semaines.

Cigogne blanche

Ciconia ciconia

102 cm

IDENTIFICATION Un oiseau entièrement blanc, de haute taille, avec rémiges noires, long bec et longues pattes rouges, et à la démarche lente. Vigoureux voilier, aux battements d'ailes lents et puissants et qui plane facilement. Forme de vastes troupes migratrices.
VOIX Émet sifflements et toux à la saison des nids. Les couples en parade produisent surtout des claquements de bec sonores.
HABITAT Marais, prairies inondées, prairies sèches découvertes.
NOURRITURE Régime très varié d'insectes et autres invertébrés, petits mammifères, batraciens, petits reptiles, etc., et, à l'occasion, poissons.
NIDIFICATION Généralement 4 œufs, dans un grand nid sur un bâtiment, une meule de foin, un poteau spécialement réservé aux cigognes, ou un arbre. Les deux sexes couvent 33-34 jours. Départ des jeunes vers 58-64 jours.

Ibis falcinelle

Plegadis falcinellus

56 cm

IDENTIFICATION De loin, rappelle le courlis par son long bec arqué et ses pattes assez longues. Corps noirâtre à reflets vert, pourpre ou bronze. Ailes arrondies, cou tendu en vol. Pratique volontiers le vol plané. Se perche souvent dans les arbres.
VOIX Croasse occasionnellement.
HABITAT Marais, vasières, estuaires.
NOURRITURE Principalement des insectes et leurs larves, et d'autres invertébrés.
NIDIFICATION En colonies, souvent parmi hérons et aigrettes, dans les roselières, parfois les buissons ou les arbres. Pond 4 œufs, couvés 3 semaines par les deux sexes. Départ des jeunes à 4 semaines environ.

Flamant rose

Phoenicopterus ruber

127 cm

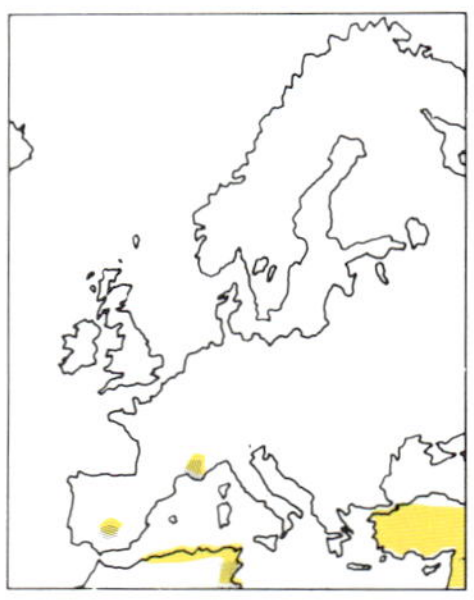

IDENTIFICATION Un oiseau au cou et aux pattes incroyablement longs, doté d'un bec busqué d'allure grotesque. Plumage blanc teinté de rose avec ailes noir-écarlate particulièrement belles en vol. Pattes roses (le Flamant du Chili, égaré en Europe, a les pattes grises et les « genoux » roses).
VOIX Divers appels en klaxon et en sonnerie de trompette, et jacassements d'oies.
HABITAT Lagunes peu profondes près des côtes, marais salants, vasières, lacs. Espèce grégaire.
NOURRITURE Surtout petits invertébrés. Il filtre l'eau à travers les fines lamelles de son bec, qu'il maintient à l'envers dans l'eau en marchant à pas lents.
NIDIFICATION En colonies, dont certaines dans le sud de l'Europe (Camargue). Nids de boue posés sur des îlots. Le plus souvent, 1 œuf couvé 28 à 31 jours par le couple. Les jeunes quittent le nid à 10-11 semaines, mais restent en crèche au moins 3 semaines de plus.

Spatule blanche

Platalea leucorodia

86 cm

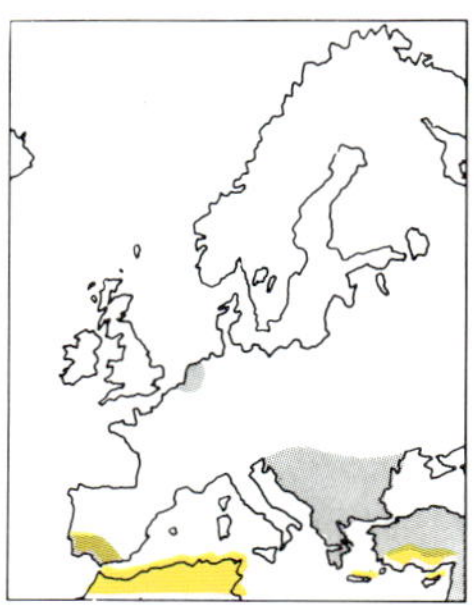

IDENTIFICATION Un oiseau entièrement blanc, avec un long cou, de longues pattes et un large bec noir spatulé. L'adulte a la poitrine jaunâtre et une huppe en crinière. Contrairement à la Grande Aigrette, vole le cou tendu, légèrement infléchi.
VOIX Grognements au nid, claquements de bec occasionnels.
HABITAT Zones inondées découvertes et peu profondes, marais et estuaires.
NOURRITURE Essentiellement invertébrés aquatiques et petits poissons.
NIDIFICATION En colonies, dans les roselières, sur les îles dénudées, parfois les arbres ou les buissons. 3 ou 4 œufs, couvés environ 3 semaines par les deux sexes. Départ des jeunes à 45-50 jours.

Grande Aigrette *Egretta alba* De lents battements d'ailes, mais vol plus léger que le Héron cendré. Ailes plus pointues et repli du cou visible. Les pattes, tendues, paraissent longues. Voir page 42.

Aigrette garzette *Egretta garzetta* Semblable en vol à la Grande Aigrette mais plus petite, avec les ailes plus arrondies. Plane occasionnellement. Pieds jaunes parfois visibles. Voir page 43.

Héron garde-bœuf *Bubulcus ibis* La plus trapue des aigrettes. Battements d'ailes rapides et superficiels, et pattes plus courtes. Dessus et gorge chamois. Voir page 44.

Héron pourpré *Ardea purpurea* Vol plus léger et plus ascensionnel que le Héron cendré. Ailes moins arrondies, mais recourbées à l'arrière. On remarque le cou replié et on distingue souvent les doigts. Voir p. 41.

Héron cendré *Ardea cinerea* Vole avec de lents battements de ses ailes larges et arrondies. Tête rentrée et pattes allongées. Le cri est un « frenk » rauque. Voir page 40.

Spatule blanche *Platalea leucorodia* D'un blanc pur, avec cou et pattes allongés. Ailes plutôt pointues, battements lents, moins cependant que chez le Héron cendré, et souvent entrecoupés de glissades. Voir p. 49.

Cigogne blanche *Ciconia ciconia* Le cou est légèrement abaissé au lieu d'être complètement tendu ou replié. Les ailes ont des rémiges digitées. Bout et arrière de l'aile noirs. Voir page 47.

Flamant rose *Phoenicopterus ruber* Le cou et les pattes, étendus à l'horizontale, évoquent la forme d'un cintre. Battements d'ailes rapides, occasionnellement entrecoupés de vols planés. Vole en formations groupées. Le cri en vol ressemble à un caquètement.

Grue cendrée *Grus grus* Cou et pattes tendus en vol. Les pattes paraissent plutôt courtes. Large bande noire à l'arrière de l'aile et ligne blanche très visible sur les joues et le cou. En migration, vole en ligne ou en formation en V. Voir page 102.

Immature (à gauche) et adulte mâle

Cygne tuberculé

Cygnus olor

152 cm

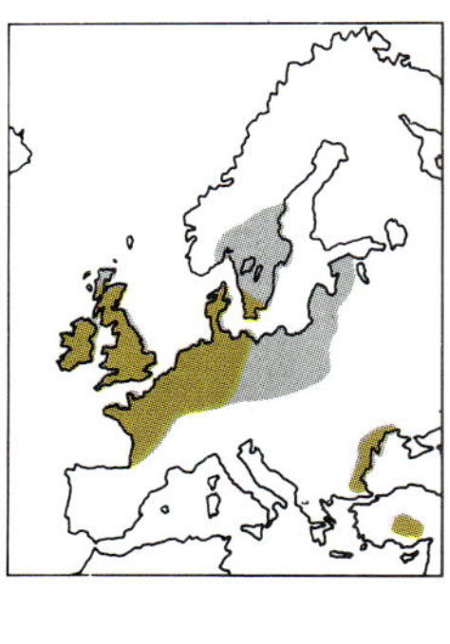

IDENTIFICATION Très grand oiseau immaculé, doté d'un long cou gracieusement incurvé et d'un bec orange muni d'un tubercule noir à la base. Immatures brunâtres avec un bec gris rosé dépourvu de tubercule.
VOIX Quoique beaucoup moins bruyant que les autres cygnes, il émet toutes sortes de reniflements et de sifflements. Généralement silencieux en vol, mais les ailes produisent un son chantant caractéristique.
HABITAT Toutes étendues d'eau, douce le plus souvent, parfois salée. Espèce semi-domestique surtout.
NOURRITURE Végétaux aquatiques principalement, qu'il saisit en barbotant. Broute aussi l'herbe.
NIDIFICATION Immense nid de débris végétaux, parfois en colonie. 5 à 7 œufs, couvés par le couple 5 semaines environ. Jeunes élevés par les deux parents qui les défendent avec détermination (comme le nid et le territoire).

Cygne chanteur

Cygnus cygnus

152 cm

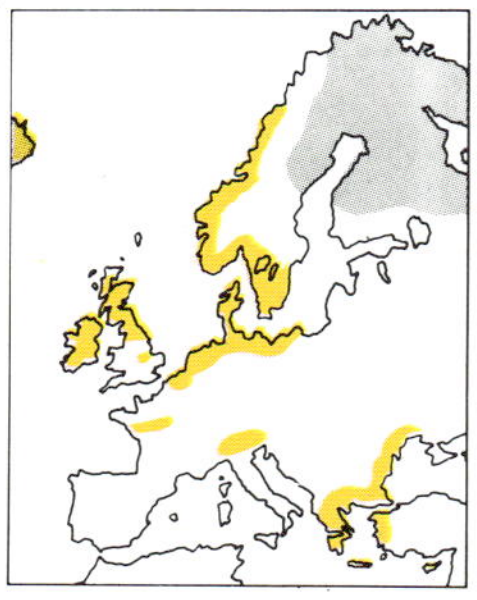

IDENTIFICATION Aussi grand que le Cygne tuberculé, il porte le cou plus droit et le bec est marqué différemment, noir avec des triangles jaunes latéraux. Immatures grisâtres plutôt que bruns. Très sociable en dehors de la saison des nids.
VOIX Très bruyant ; claironnements sonores, surtout en vol.
HABITAT Niche dans les marais, les tourbières et lacs du Grand Nord. Hiverne dans les marais côtiers, les lacs, rivières, prairies inondées, terrains marécageux découverts, voire les pâturages et terres arables.
NOURRITURE Végétaux aquatiques et terrestres. Pâture souvent à terre, parfois très loin de l'eau.
NIDIFICATION Nids dans les marais, sur des îlots, etc. Cycle assez semblable à celui du Cygne tuberculé, mais seule la femelle couve.

Cygne de Bewick

Cygnus columbianus

122 cm

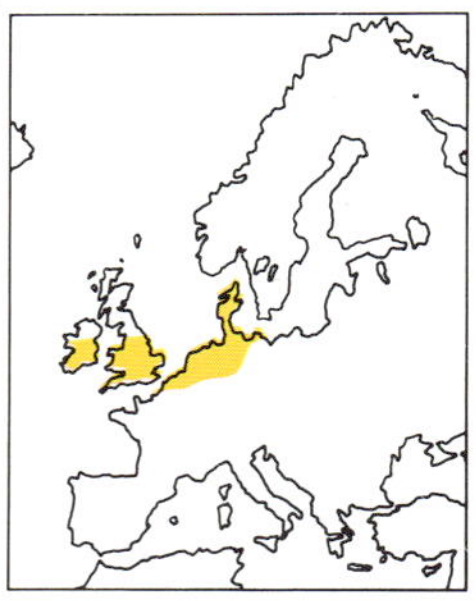

IDENTIFICATION Plus petit et au cou plus court que le Cygne chanteur, avec les taches latérales jaunes du bec à extrémité plus arrondie. La tête et le bec ont un profil moins anguleux. Le port du cou est droit, non en « S » comme chez le Cygne tuberculé. Immatures grisâtres.
VOIX Très bruyant, moins stridulant que le Cygne chanteur, émet des sons plus mélodieux. Les troupes en pâture ont un babil musical plaisant.
HABITAT Les hivernants venant de Russie arctique s'installent surtout dans les terres proches des plans d'eau, notamment les prairies inondables. Espèce très grégaire.
NOURRITURE Essentiellement végétarienne : plantes aquatiques ou terrestres. Il peut brouter dans des champs éloignés de tout point d'eau, comme le Cygne chanteur.

Cygne de Bewick (à droite) avec Cygne chanteur et Foulque macroule

Bernache du Canada

Branta canadensis

92-102 cm

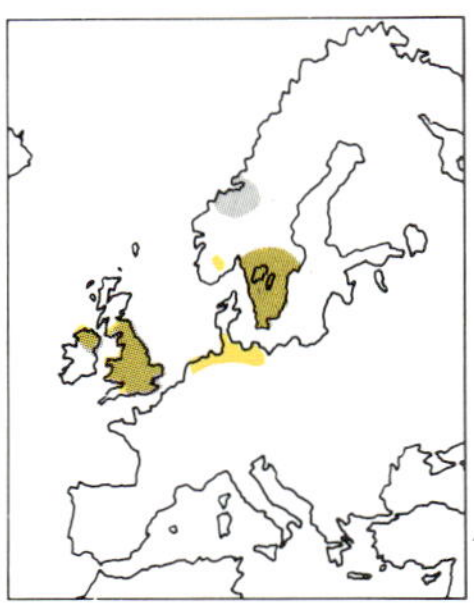

IDENTIFICATION Une grande oie au plumage brunâtre, avec la poitrine blanchâtre, la tête et le cou noirs, et une tache blanche à la gorge qui s'étend aux joues. Espèce nord-américaine, introduite en Europe, désormais férale dans de nombreuses régions.
VOIX Un « aa-honk » fort et résonnant, avec la seconde note montante.
HABITAT Marais découverts principalement, prés non loin de l'eau, sablières, lacs, parcs et, localement, marais côtiers.
NOURRITURE Surtout herbivore. Va souvent pâturer loin des étendues d'eau.

NIDIFICATION Fait son nid à l'abri d'une végétation touffue, souvent sur des îles. La femelle couve seule 5 à 6 œufs, pendant 4 semaines environ ; les deux parents élèvent les oisons.

Bernache nonnette

Branta leucopsis

58-69 cm

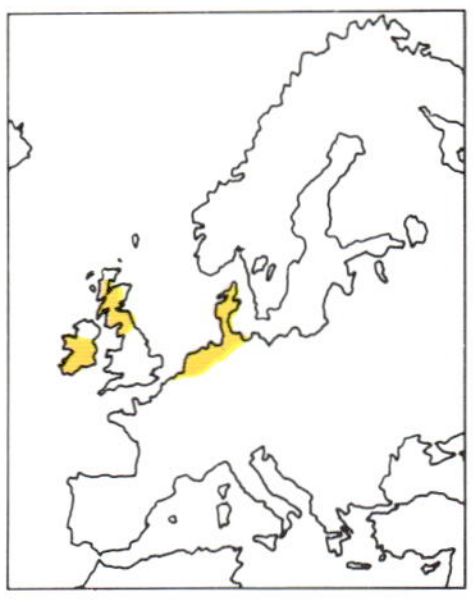

IDENTIFICATION Une petite « oie noire » caractérisée par sa face blanche, son cou et sa poitrine noirs, le dessus du corps gris pâle barré de noir et blanc et le dessous grisâtre. Petit bec noir, pattes noires. Comme la Bernache cravant, se déplace en grande colonie, plutôt qu'en formation comme les « oies grises ».
VOIX Brefs aboiements répétés. Évoquent en vol les jappements d'une immense cohorte de petits chiens.
HABITAT Visiteur d'hiver venu de l'extrême Arctique, qui se rencontre dans les marais, les pâturages, les îles herbeuses, généralement non loin de la mer. Parfois, dans les terres avec d'autres oies.
NOURRITURE Pâture les herbes en vastes volées.

Race à ventre sombre

Race à ventre clair avec Canard siffleur et Huîtriers pies

Bernache cravant

Branta bernicla

56-61 cm

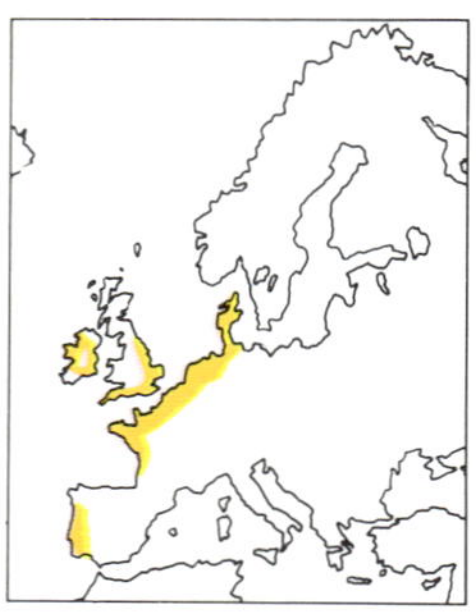

IDENTIFICATION Une petite oie à la tête, au cou et à la poitrine noirs, et avec une petite tache blanche sur le côté du cou. Dessus brun-gris sombre, et croupion blanc très visible. Dessous gris-brun sombre (Bernache à ventre sombre *B. b. bernicla*) ou gris plus clair (Bernache à ventre clair *B. b. hrota*). Petit bec noir, pattes noires.
VOIX Divers croassements et grondements assez doux, produisant en troupe un grondement continu très caractéristique.
HABITAT Visiteur d'hiver venant de l'Arctique, vivant presque exclusivement dans les marais côtiers et les vasières, se nourrisant parfois dans les champs près des côtes.
NOURRITURE Essentiellement végétaux marins, zostères en particulier.

Oie rieuse

Anser albifrons

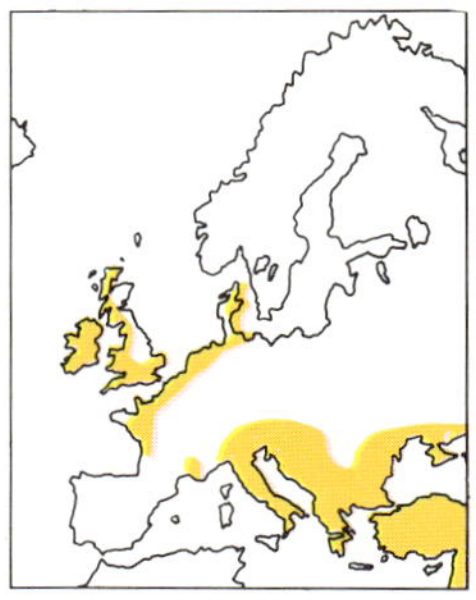

IDENTIFICATION Plus petite et plus sombre que l'Oie cendrée, avec une tache blanche au-dessus de la base du bec et des barres noires au ventre (tache et barres absentes chez l'immature). Pattes orange ; bec rose chez la sous-espèce européenne, jaune-orange chez la groenlandaise (également plus sombre de plumage). Très grégaire, comme toutes les « oies grises ».
VOIX Jacassement et caquètement plutôt aigus, moins nasillards que chez l'Oie cendrée et sans le « ouink-ouink » aigu de l'Oie à bec court.
HABITAT Arctique. Visiteur d'hiver dans les pâturages, les marais, marais salants ; fréquente moins les cultures que les autres « oies grises ».
NOURRITURE Surtout des graminées.

Oie naine

Anser erythropus

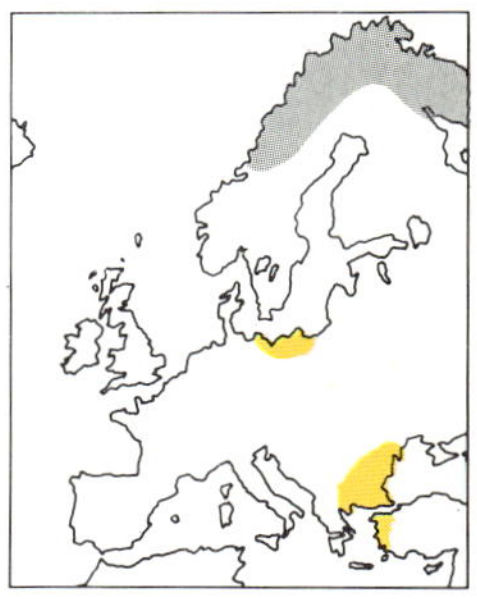

IDENTIFICATION Ressemble en plus petit et plus sombre à une Oie rieuse, avec un petit bec plus rose et un front blanc qui s'étend jusqu'à la calotte. Cercle orbital jaune vif, visible de près.
VOIX Beaucoup plus aiguë que l'Oie rieuse, mêlée de cris grinçants caractéristiques.
HABITAT, NOURRITURE Assez semblables à ceux de l'Oie rieuse. Niche au nord de l'Europe, hiverne surtout en Europe sud-orientale ; ailleurs, visiteur hivernal assez rare, que l'on rencontre isolément parmi des Oies rieuses ou des moissons.

Oie cendrée

Anser anser

76-89 cm

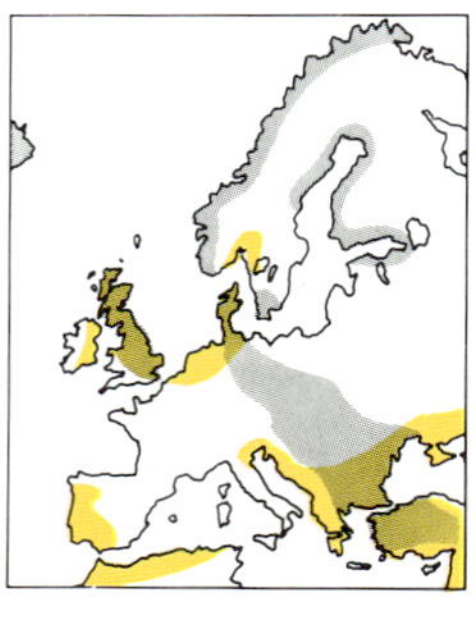

IDENTIFICATION Une grosse « oie grise » au plumage uniformément brun grisé, avec pattes rosées, bec orangé (rose chez l'Oie d'Orient, plus pâle) et queue blanche. En vol, bord antérieur de l'aile blanchâtre, très visible, contrairement aux autres « oies grises » (moins visible et beaucoup plus pâle chez l'Oie à bec court, par exemple).
VOIX Notes nasales sonores et jacassantes caractéristiques, à deux ou trois syllabes : « gah-onk-onk », etc. Rappelle celle de l'Oie domestique, dont elle est l'ancêtre.
HABITAT Niche dans les marais, landes, îles et rives des lacs ; de plus en plus fréquemment retournée à l'état sauvage, autour des lacs et sablières entre autres. Hiverne dans pâturages, champs cultivés et estuaires.
NOURRITURE Surtout herbe, mais aussi déchets végétaux, récoltes, etc.
NIDIFICATION Fait généralement son nid sur des îles ou près de l'eau, cachée dans la végétation. La femelle couve 4 à 6 œufs 4 semaines environ ; les deux parents élèvent les oisons.

Oie à bec court

Anser brachyrhynchus

61-76 cm

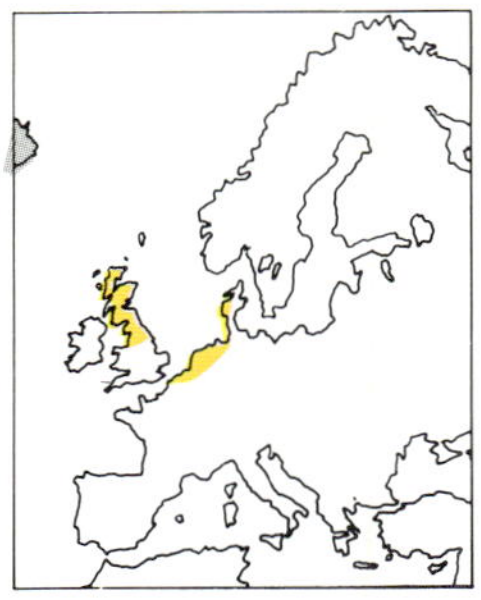

IDENTIFICATION Dessus plutôt plus gris que chez les autres oies grises, avec tête et cou très sombres. Pattes roses et petit bec rose et noir. Bord antérieur de l'aile grisâtre, contrastant avec l'aile sombre, mais moins visible et moins pâle que chez l'Oie cendrée.
VOIX Corne sur deux ou trois syllabes assez aiguës dont un « ouink-ouink » assez haut. Très bruyante, comme la plupart des oies grises, à terre comme en vol (en lignes ou en chevrons).
HABITAT Comme les autres oies grises ; plus souvent cependant dans les terres cultivées. Forme comme elles de larges groupes dans les vasières, lacs, etc., la nuit venue.
NOURRITURE Herbe, graines, pommes de terre, etc. Fréquente champs cultivés et chaumes.
NIDIFICATION Connue surtout comme visiteur d'hiver. Niche en Islande, loin des côtes.

Oie des moissons

Anser fabalis

71-89 cm

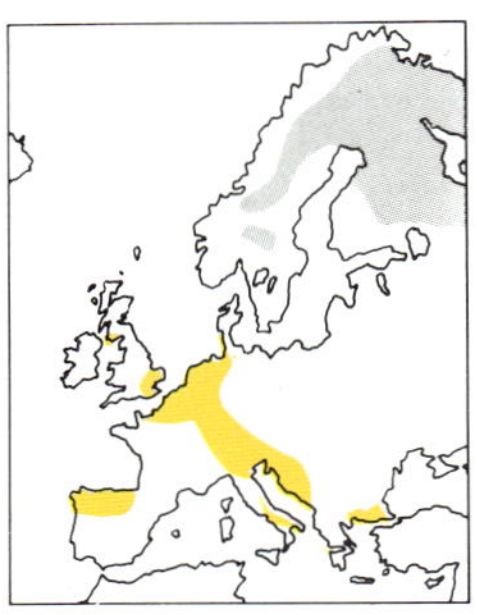

IDENTIFICATION Une « oie grise » sombre, plutôt marron, qui ressemble à s'y méprendre à l'Oie à bec court (voir ci-dessus). Bec plutôt long, noirâtre, taché de jaune orangé, pattes jaune orangé. Cou et tête plus sombres que chez l'Oie cendrée, plus clairs que chez l'Oie à bec court ; bord antérieur de l'aile uniforme, contrairement à ces dernières.
VOIX Moins bruyante que les autres oies grises (peut être silencieuse en vol). Émet néanmoins diverses doubles notes assez basses et profondes.
HABITAT Niche à l'intérieur du cercle polaire, forêts près de rivières et lacs. Hiverne à l'intérieur, surtout dans les pâturages et près de l'eau.
NOURRITURE Graminées, trèfle, mais aussi débris végétaux et récoltes.

Tadorne de Belon

Femelle (à gauche) et mâle

Tadorna tadorna

61 cm

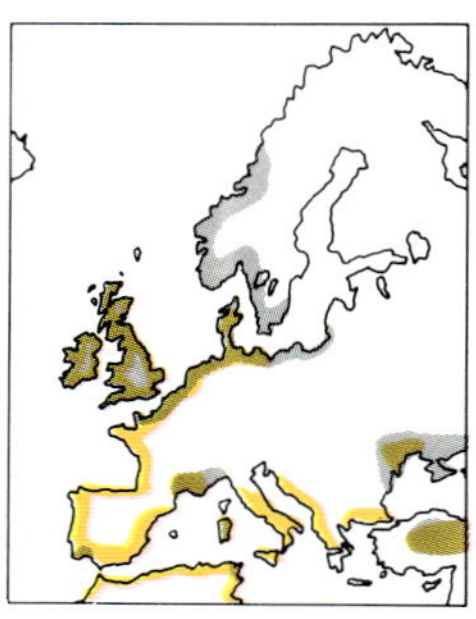

IDENTIFICATION Grand canard qui évoque une oie par sa silhouette et se reconnaît à coup sûr : largement blanc avec tête vert noirâtre, ailes noires et dos taché de noir ; bande châtaine qui ceinture l'avant du corps. Bec rouge, avec, chez le mâle, un tubercule saillant à la base.
VOIX Une série de « couac » nasaux ; le mâle a toute une gamme de sifflements. Bruyant, surtout en saison des nids.
HABITAT Estuaires le plus souvent, côtes sablonneuses plates, localement dans les terres.

NOURRITURE Mollusques marins essentiellement, crustacés et vers.
NIDIFICATION Niche parfois loin dans les terres, sur des plans d'eau, mais surtout sur les côtes dans des terriers de lapin, sous des buissons ou des rochers. 8 à 15 œufs, couvés par la cane 4 semaines environ. Le couple élève les jeunes, souvent regroupés en vastes nurseries sous la garde d'un ou deux adultes.

Canard colvert

Anas platyrhynchos

58 cm

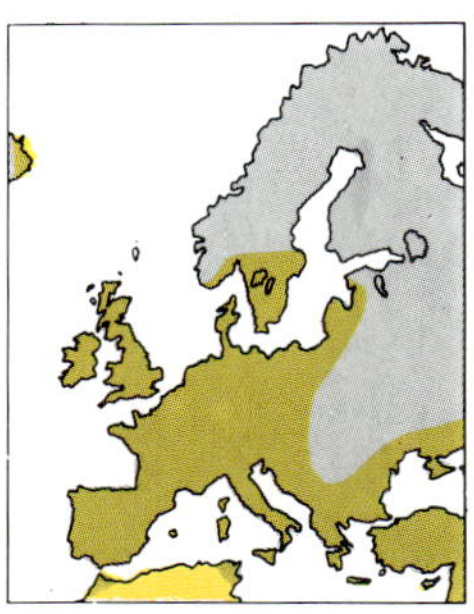

IDENTIFICATION Mâle surtout grisâtre, avec tête vert irisé, collier blanc et poitrine brun foncé. Cane brun clair, tachetée de sombre, avec queue blanchâtre, et miroir pourpre entre d'étroites bandes blanches. Rapide voilier qui s'élève directement de la surface de l'eau.
VOIX « Couac » sonore chez la femelle, note plus discrète et plus aiguë chez le mâle.
HABITAT Toutes étendues d'eau douce, mares, lacs, etc. Pénètre largement les zones urbanisées. Souvent dans les estuaires et marais côtiers en hiver, ou posé sur la mer. Se nourrit aussi dans les champs cultivés loin de l'eau.
NOURRITURE Végétaux aquatiques et terrestres principalement. Barbote à la surface en eau peu profonde, s'immerge queue en l'air pour saisir des plantes aquatiques, ou pâture l'herbe.
NIDIFICATION Nid abondamment garni de duvet, généralement caché, parfois dans un trou d'arbre. 7 à 16 œufs couvés par la femelle qui élève seule les canetons.

Aïx mandarin

Aix galericulata

43 cm

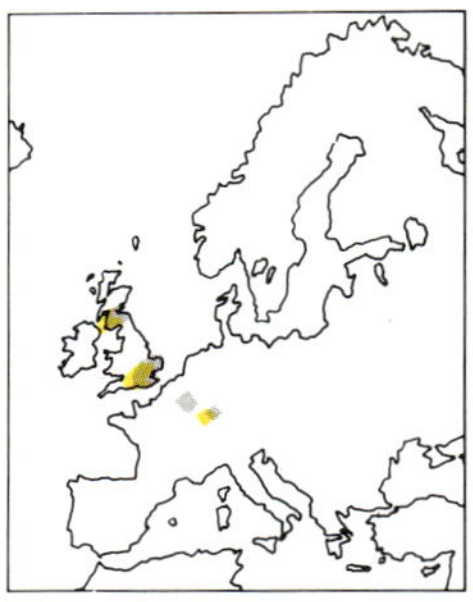

IDENTIFICATION Facilement reconnaissable, le mâle est un petit canard compact, multicolore, avec des « voiles » orange sur les ailes et une longue huppe retombante (« favoris »). Cane gris-brun terne avec taches blanches sur la face et la poitrine.
VOIX Le plus souvent un bref sifflement en vol.
HABITAT Espèce introduite d'Asie du Nord-Est, retournée à l'état sauvage sur les lacs et rivières des grands parcs, particulièrement près de zones boisées.
NOURRITURE Végétaux essentiellement, noix, graines et divers invertébrés.
NIDIFICATION Niche généralement dans un trou d'arbre. La cane couve seule 9 à 12 œufs 4 semaines environ et incite les jeunes à sortir du nid pour les mener sur l'eau, où elle les élève seule.

Mâle et femelle (en médaillon)

Femelle

Mâle

Canard chipeau

Anas strepera

51 cm

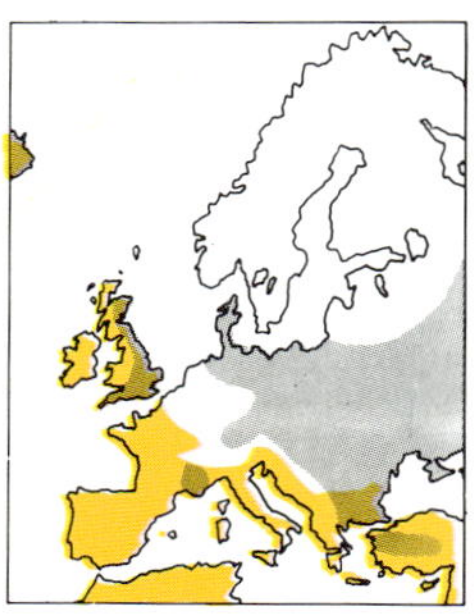

IDENTIFICATION Mâle essentiellement gris-brun qui, à distance, semble tout gris, avec la queue blanche. Femelle semblable à celle du Colvert, en plus mince, avec les côtés du bec orange et la queue marron. Tache blanche sur l'aile chez les deux sexes, visible surtout en vol, et ventre blanc.
VOIX La cane émet une longue série de « couac », le mâle un « couac » plus discret et plus nasal.
HABITAT Étendues d'eau douce calmes, lacs, mares, etc., ainsi que marais. Plus répandu en hiver, mais rarement sur les côtes.
NOURRITURE Se nourrit en surface essentiellement de végétaux.
NIDIFICATION Nid typique de canard, sous une végétation touffue, garni d'un duvet abondant. La cane couve seule 8 à 12 œufs pendant 4 semaines environ et élève les canetons.

Mâle (à gauche) et femelle

Canard siffleur

Anas penelope

46 cm

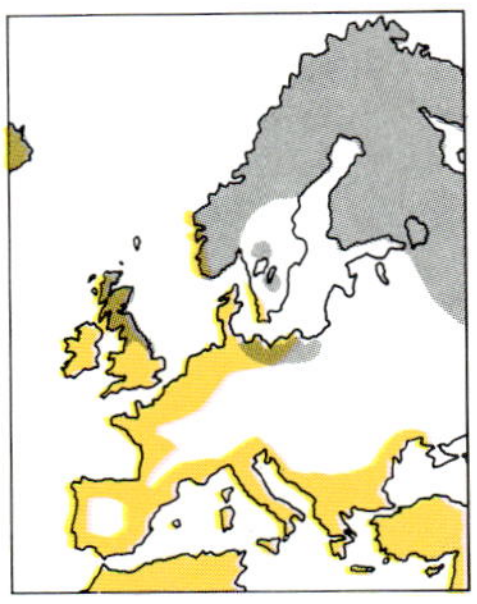

IDENTIFICATION Mâle grisâtre, avec tête marron, front jaune, poitrine rosée. Femelle plus rousse que la plupart des canards, avec petit bec, cou court et tête ronde. En vol, on voit chez les deux sexes le ventre blanc et chez le mâle le bord antérieur blanc des ailes.
VOIX La femelle émet un appel bas et discret, le mâle un sifflement sonore qui rappelle celui des canards en caoutchouc !
HABITAT Niche essentiellement dans les marais et zones inondées nordiques. Hiverne surtout dans les marais côtiers ou les prairies inondées de l'intérieur ; visiteur régulier des champs cultivés ; forme souvent de très larges groupes en hiver.
NOURRITURE Presque entièrement végétale. Surtout herbes glanées en eau peu profonde ou en pâture. Barbote moins sous l'eau que les autres canards de surface.
NIDIFICATION Nid typique de canard, garni de duvet et caché dans la bruyère, les graminées, les fougères ou toute autre végétation. La cane couve seule 7 ou 8 œufs 24-25 jours, et assure presque entièrement l'élevage des jeunes.

Femelle

Mâle

Sarcelle d'hiver

Anas crecca

35 cm

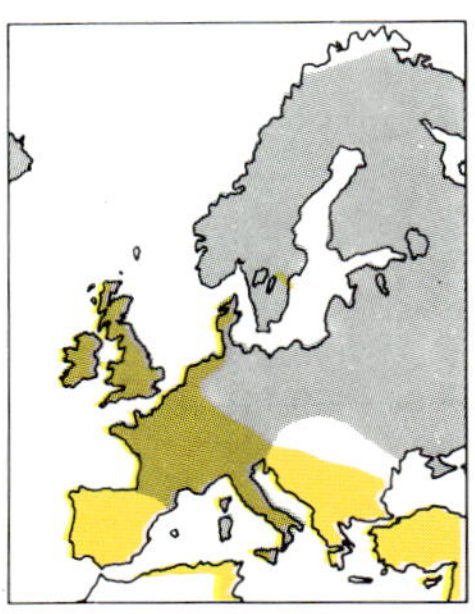

IDENTIFICATION Un tout petit canard. Le mâle a la tête brune avec une large bande verte, bordée de beige, descendant de l'œil, une bande blanche le long des ailes et le dessous de la queue chamois clair et noir. La femelle est marron, mouchetée de sombre, avec les joues pâles, la calotte sombre, et le miroir des ailes noir-vert métallique. Voilier très actif, rapide et d'une grande agilité.
VOIX La cane émet un « couac » aigu et grinçant, et le mâle un « kric-kric » agréable et mélodieux. Se font volontiers entendre.
HABITAT Hors de la saison des nids, toutes sortes de plans d'eau douce. Fréquente moins les côtes que les autres espèces. Préfère nicher dans les marais, fondrières et landes humides.
NOURRITURE Plantes aquatiques et leurs graines, quelques insectes et mollusques pris à la surface en eau peu profonde.
NIDIFICATION Nid typique de canard caché dans la végétation, et garni de duvet. La cane couve seule 8 à 10 œufs, puis est parfois aidée par le mâle dans l'éducation des poussins.

Sarcelle d'été

Anas querquedula

Mâle

Femelle

38 cm

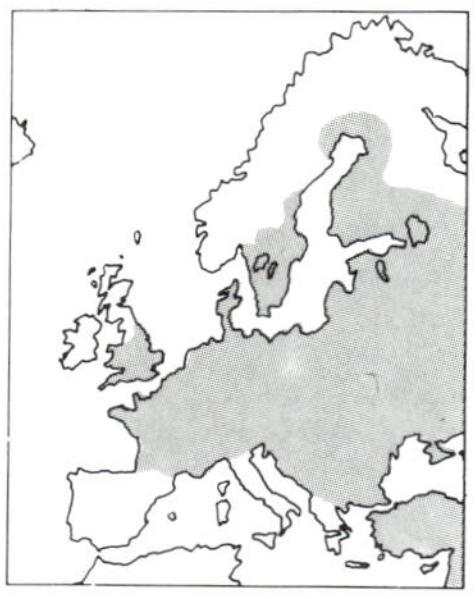

IDENTIFICATION A peu près la même taille que la Sarcelle d'hiver. Le mâle a un long sourcil blanc sur l'œil, très visible, et les flancs blancs contrastent avec la poitrine marron. Avant de l'aile gris en vol. La cane rappelle celle de la Sarcelle d'hiver, souvent en plus pâle avec une gorge blanchâtre et un œil plus visible. Miroir sombre. Vol vif et agile.
VOIX La cane a un « couac » bref, comme la Sarcelle d'hiver ; le mâle a un râle sec caractéristique.
HABITAT Comme la Sarcelle d'hiver, mais préfère nicher dans les marais et les étangs marécageux riches en végétation, les prairies inondées avec ruisseaux et fossés.
NOURRITURE Plantes aquatiques variées, insectes, mollusques, vers et crustacés.
NIDIFICATION Nid dans les hautes herbes près de l'eau. La cane couve seule 10 à 11 œufs 3 semaines et élève les canetons.

Canard pilet

Anas acuta

Mâle (au centre) avec Canard colvert

♂ 66 cm
♀ 56 cm

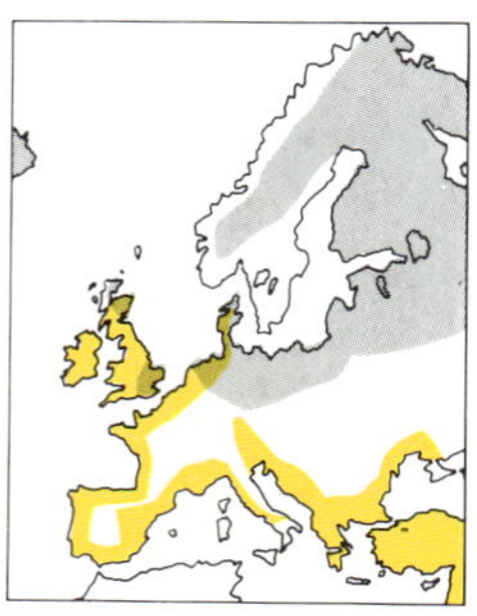

IDENTIFICATION Mâle élancé avec un long cou, la tête marron foncé et la poitrine blanche, dont le blanc remonte de chaque côté du cou ; queue noire longue et pointue. Cane semblable à celle du colvert, mais plus pâle et plus mince, avec un cou étroit, un bec gris et une queue pointue marron. Miroir sombre.
VOIX Peu bruyant. Sifflement discret chez le mâle, « couac » bas avec grognements chez la cane.
HABITAT Peu différent du Canard siffleur en saison des nids. Mais aussi prairies inondables ou côtières, ainsi que marais herbeux. Hiverne surtout sur côtes, zones humides et plans d'eau de l'intérieur.
NOURRITURE Surtout végétale, insectes, mollusques et divers. Canard de surface qui barbote souvent queue en l'air. Peut se nourrir en eau plus profonde que le colvert.

Canard souchet

Anas clypeata

Mâle

Femelle

51 cm

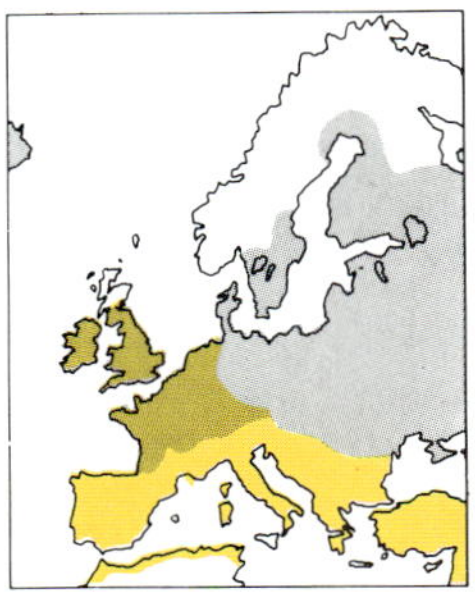

IDENTIFICATION Le mâle se reconnaît sans peine à son plumage blanc, sa tête vert bouteille, son ventre et ses flancs châtains, son lourd bec sombre. La cane se distingue de celle du colvert par un bec long et lourd qui alourdit l'ensemble ; avant de l'aile gris clair, visible en vol. Tous deux nagent le bec pointé vers le bas.
VOIX Double cri bas chez le mâle, « couac » discret comme celui du colvert chez la cane.
HABITAT Marais et zones inondées diverses, riches en végétation touffue, mais aussi nappes d'eau découvertes. Moins souvent sur les côtes.
NOURRITURE Plantes aquatiques essentiellement, et divers invertébrés aquatiques. Barbote constamment en s'aidant de son bec spatulé.
NIDIFICATION Comme les autres canards de surface. Le nid cependant est parfois en lieu plus découvert et plus sec. La cane couve 8 à 12 œufs 23 à 25 jours et a un rôle majeur dans l'élevage des canetons.

Quatre mâles et une femelle

Nette rousse

Netta rufina

56 cm

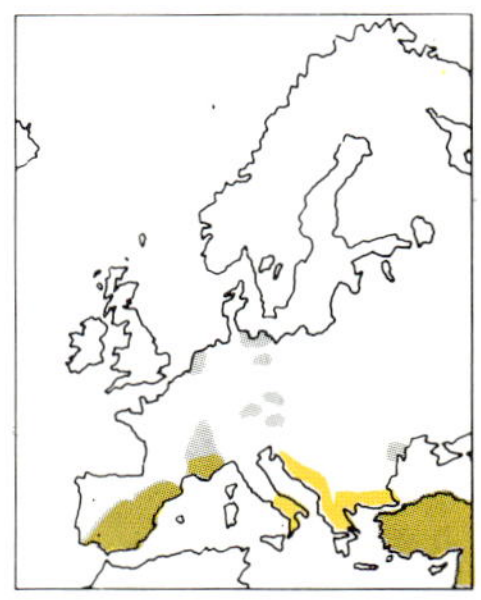

IDENTIFICATION Le mâle a une grosse tête orangée, une huppe érectile, le bec rouge, le cou et la poitrine noirs et les flancs blancs. La cane, brunâtre, a une calotte sombre qui contraste avec ses joues pâles. Larges bandes transversales blanches sur l'aile chez le mâle, grise chez la femelle.
VOIX Cri bas et râpeux, surtout en vol.
HABITAT Grands lacs d'eau douce riches en végétation et lagunes côtières. Hiverne aussi dans les eaux découvertes en hiver. Rarement en mer.
NOURRITURE Végétaux principalement. Bien que plongeur, se nourrit aussi en surface (en eau peu profonde) et barbote même queue en l'air, comme un canard de surface.
NIDIFICATION Nids cachés dans une végétation dense non loin de l'eau. La cane couve seule 8 à 10 œufs 4 semaines environ et élève les canetons.

Mâle

Femelle

Fuligule morillon

Aythya fuligula

43 cm

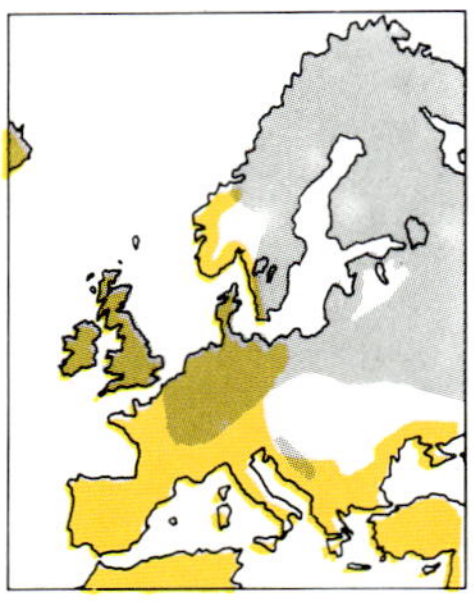

IDENTIFICATION Mâle entièrement noir, avec flancs et ventre blancs et fine huppe allongée. Femelle brun très sombre, avec flancs plus clairs, ventre blanchâtre et parfois tache blanche à la base du bec, plus petite que chez la cane du milouinan. Barre alaire blanche visible en vol chez les deux sexes.
VOIX Cri rauque, presque un grognement chez la femelle : « Karr-karr » ; le mâle, plus silencieux, émet un doux sifflement en parade.
HABITAT Plans d'eau de toutes sortes, dont celles des jardins publics où il est très familier. Rare en mer.
NOURRITURE Petits invertébrés aquatiques et batraciens, quelques petits poissons et plantes aquatiques. Canard plongeur.
NIDIFICATION Nid caché dans la végétation, près de l'eau. La cane couve 6 à 14 œufs 23 à 26 jours et élève seule les canetons.

Fuligule milouinan

Aythya marila

48 cm

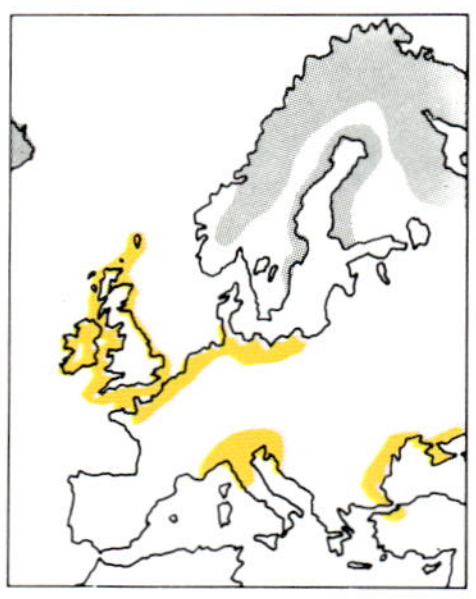

IDENTIFICATION Mâle noir avec « selle » grise sur le dos, flancs et ventre blancs et bec bleuté. Femelle brun sombre ; avec large tache blanche à la base du bec. Au vol, les deux sexes ont une large bande blanche sur l'aile.
VOIX Généralement silencieux. « Karr-karr » grinçant chez la femelle, divers cris plaintifs et très doux chez le mâle en parade.
HABITAT Niche sur lacs et rivières septentrionaux. Hiverne en larges groupes dans les eaux côtières principalement, estuaires et baies abritées.
NOURRITURE Mollusques, crustacés et petits insectes. Bon plongeur, il pêche en plongeant de la surface.
NIDIFICATION Nid typique de canard, garni de duvet et près de l'eau, souvent en colonie dispersée. La cane couve 6 à 14 œufs 23 à 26 jours et élève les poussins qui, comme chez tous les canards plongeurs, plongent au bout de quelques heures.

Femelle (à gauche) et mâle

Femelle et deux mâles

Fuligule milouin

Aythya ferina

46 cm

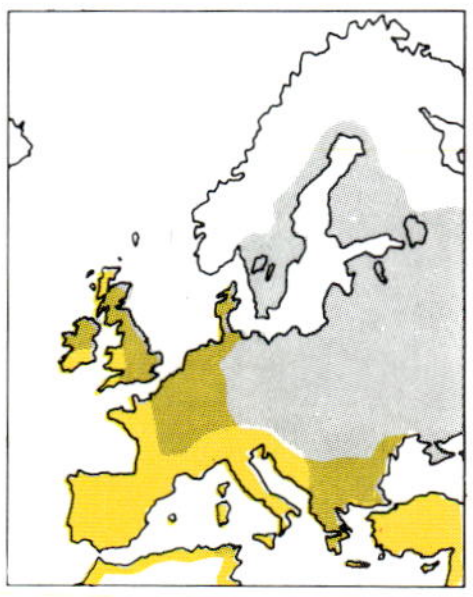

IDENTIFICATION Mâle grisâtre avec tête châtaine et poitrine noire. Femelle plus terne, avec tête marron et zone plus claire autour du bec et du menton. Ailes du mâle grisâtres et celles de la femelle plus brunes, vaguement barrées de gris pâle chez les deux sexes.
VOIX On entend surtout le « keurr » rauque de la femelle.
HABITAT Étendues d'eau de toutes sortes, dont grands lacs et réservoirs. Très grégaire en hiver, comme tous les canards plongeurs. Rarement en mer.
NOURRITURE Plantes aquatiques surtout ; mollusques, crustacés, pris en plongeant de la surface.
NIDIFICATION Nid près de l'eau ou flottant, contrairement à la plupart des canards. La cane couve 6 à 11 œufs 4 semaines et élève seule les canetons.

Femelles

Mâle

Fuligule nyroca

Aythya nyroca

41 cm

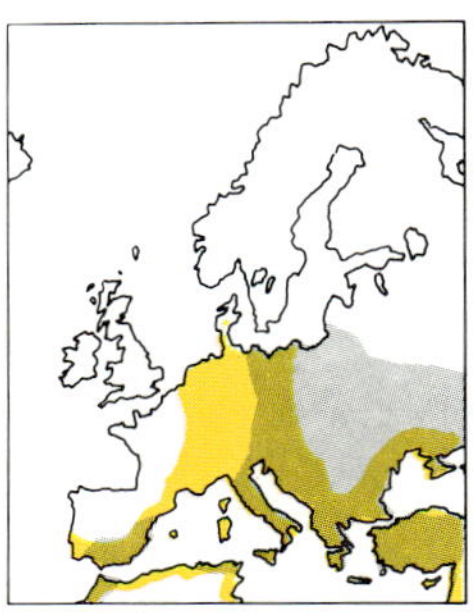

IDENTIFICATION Petit canard plongeur, dont la femelle ressemble au mâle, en plus terne. Plumage d'un acajou soutenu, avec les sous-caudales blanches. Yeux blancs chez le mâle. Ventre blanc et larges barres alaires blanches visibles en vol.
VOIX Cris bas et râpeux qui rappellent ceux du milouin.
HABITAT Étendues d'eau douce du sud de l'Europe, étangs abrités aux rives riches en végétation.
NOURRITURE Essentiellement plantes aquatiques, invertébrés.
NIDIFICATION Nid près de l'eau, parfois flottant. La femelle couve 8 à 10 œufs pendant 25 à 27 jours, et élève seule les canetons.

Femelle

Eider à duvet

Somateria mollissima

58 cm

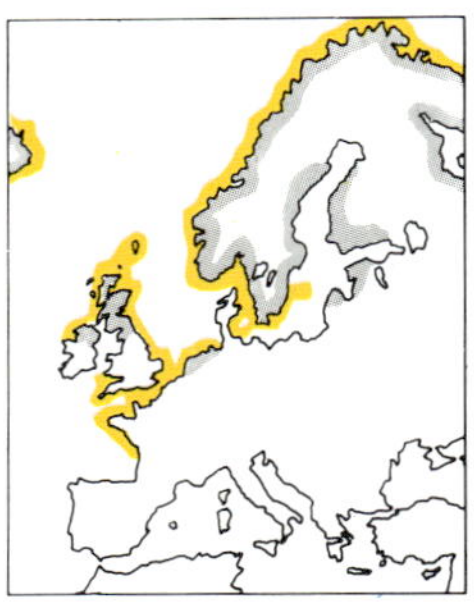

IDENTIFICATION Mâle blanc dessus et noir dessous, avec le bec jaunâtre et des marques vert pâle sur la tête. Femelle brun sombre, finement rayée de sombre. Mâle en éclipse et immatures noir et blanc, en proportion variable, se ressemblent à s'y méprendre.
VOIX La femelle a un cri bas et rauque, le mâle un roucoulement sonore « oh-rou-oh », surtout au printemps.
HABITAT Presque exclusivement côtier toute l'année.
NOURRITURE Mollusques et crustacés marins. Le plus marin des canards plongeurs.
NIDIFICATION Souvent en colonie. Nids recherchés pour leur duvet. Ponte de 4 à 6 œufs couvés par la femelle 4 semaines environ. Poussins groupés en crèche et élevés par les parents ou les « taties ».

Mâles et femelles

Mâle

Femelle

Eider à tête grise

Somateria spectabilis

56 cm

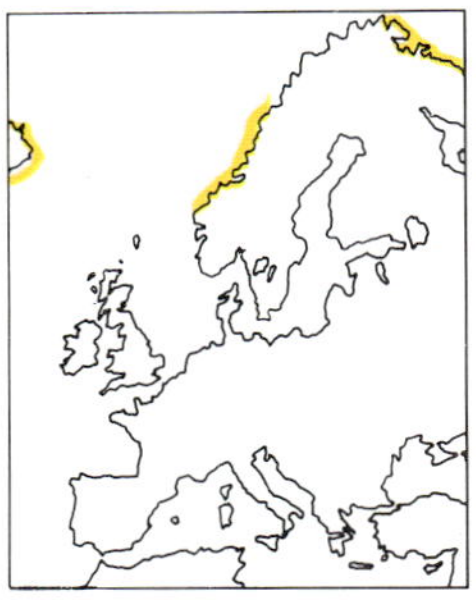

IDENTIFICATION Mâle blanc devant, noir derrière, facilement reconnaissable dans l'eau. Tête gris clair avec grand « bouclier » orange sur un bec court. La cane se distingue, mais difficilement, de celle de l'Eider à duvet par un plumage plus roux et par le profil du bec plus « classique ».
VOIX Analogue à celle de l'Eider à duvet, avec la dernière syllabe plus accentuée chez le mâle.
HABITAT Rappelle celui de l'Eider à duvet. Niche, en outre, dans les étendues d'eau de la toundra arctique. Visiteur d'hiver accidentel dans le nord-ouest de l'Europe ; régulier en petit nombre au nord de l'Écosse, entre autres.
NOURRITURE Mollusques et crustacés essentiellement.

Femelle et deux mâles

Eider de Steller

Polysticta stelleri

46 cm

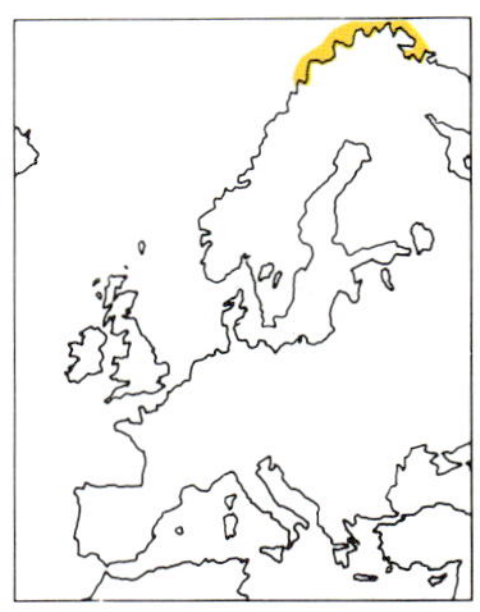

IDENTIFICATION Nettement plus petit que les autres eiders. Mâle facilement reconnaissable aux motifs noir et blanc du manteau, au dessous du corps roussâtre et à la tache oculaire noire. Femelle sombre, tachetée, avec barre alaire blanche et miroir violet, petite tête et bec court.
VOIX Le mâle a des gémissements sourds, la femelle des grognements.
HABITAT Côtes rocheuses. En Europe, pratiquement limité aux côtes arctiques de la Norvège comme visiteur d'hiver. Rare ailleurs.
NOURRITURE Petits mollusques et crustacés. Canard plongeur, comme tous les eiders.

Macreuse noire

Melanitta nigra

Mâle

Femelle

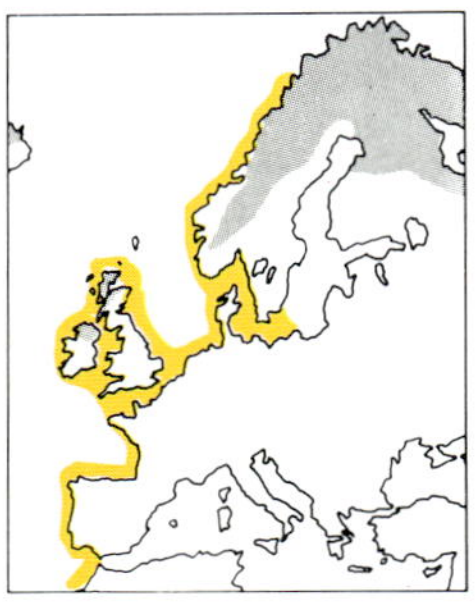

48 cm

IDENTIFICATION Mâle entièrement noir, avec tache jaune sur le bec tuberculé à la base. Femelle brun sombre, plus pâle dessous, avec joues claires contrastant avec l'ensemble, et calotte sombre.
VOIX Grognement rauque chez la femelle, toute une gamme de roucoulements et d'appels flûtés chez le mâle.
HABITAT Lacs de montagne, nappes d'eau et lacs nordiques. Très grégaire en hiver, où il est surtout en mer.
NOURRITURE Principalement les mollusques, quelques crustacés et insectes. Plonge de la surface.
NIDIFICATION Nid caché dans la végétation, près de l'eau. Ponte de 5 à 7 œufs. La cane couve et élève seule les poussins qui volent à 6-7 semaines.

Garrot à l'œil d'or

Bucephala clangula

Mâle

Femelle

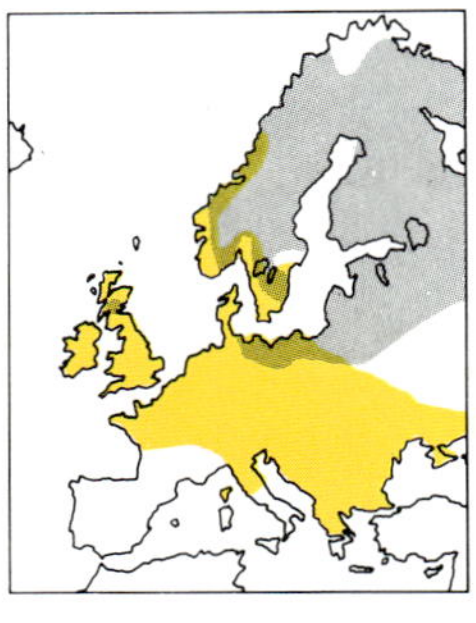

46 cm

IDENTIFICATION Le mâle semble largement d'un blanc pur, avec la tête noire et une grosse tache blanche entre l'œil et le bec. Femelle grisâtre, avec la tête marron et un collier blanc. Immature plus brun, dépourvu de collier. Larges taches alaires carrées, blanches en vol. Les ailes produisent un fort sifflement.
VOIX Généralement silencieux. Quelques appels rauques, à l'occasion.
HABITAT Niche dans les lacs et les rivières nordiques. Hiverne sur plan d'eau douce ou en mer.
NOURRITURE Surtout mollusques, crustacés et insectes.
NIDIFICATION Nid dans un trou d'arbre ou, volontiers, dans un grand nichoir. La cane couve 6 à 15 œufs pendant près de 30 jours. Peu après l'éclosion, les poussins sortent du nid et sont élevés par la cane.

Mâle (à gauche) et femelle, en hiver

Deux mâles et une femelle (à droite), en été

Harelde

Clangula hyemalis

41-53 cm

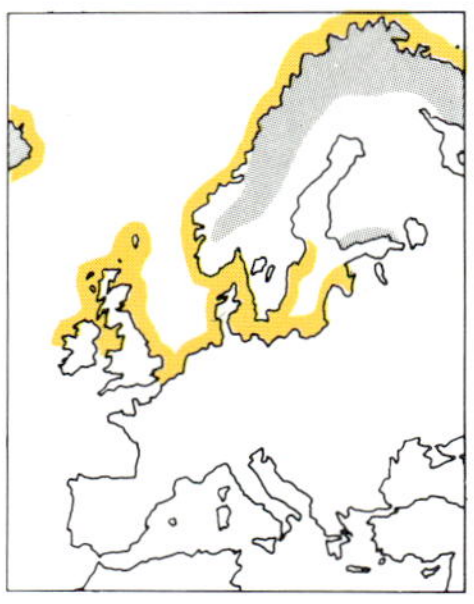

IDENTIFICATION En été, le mâle est principalement marron, avec ventre blanc et tache orbitale blanchâtre. En hiver, il est d'un blanc éclatant avec tache orbitale sombre et très longue queue. La femelle lui ressemble en toute saison, mais plus terne et moins contrastée. Agile et rapide en vol, avec les ailes uniformement sombres.

VOIX Bruyant, surtout avant la nidification. La mâle émet des appels variés, aigus et yodlés, la cane des aboiements plus graves.

HABITAT Niche sur les lacs et étangs du Grand Nord. Hiverne en mer, même par gros temps. Parfois dans les terres.

NOURRITURE Surtout mollusques, pris en plongeant de la surface.

NIDIFICATION Nid caché dans la végétation basse ou parmi les rochers. La cane couve seule 6 à 8 œufs 24 jours environ et élève les poussins.

Deux mâles et deux femelles (au centre)

Harle bièvre

Mergus merganser

66 cm

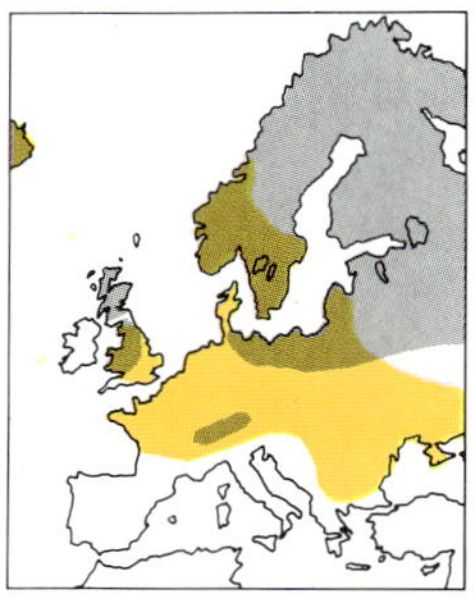

IDENTIFICATION Facilement reconnaissable, le mâle est un grand oiseau élancé, à la tête vert sombre et au plumage entièrement blanc, saumoné dessous. Femelle plus grise que celle du Harle huppé, avec tête châtaine plus nettement démarquée du menton et de la poitrine blancs, qui se fondent graduellement chez la cane huppée.
VOIX Grondement rauque chez la cane, croassement chez le mâle.
HABITAT L'été, lacs et rivières en zones boisées. Hiverne surtout sur de vastes étendues d'eau, dont les réservoirs. Parfois en mer.
NOURRITURE Surtout poissons, pris en plongeant de la surface.
NIDIFICATION Se distingue du Harle huppé par son nid dans un trou d'arbre ou de berge (parfois un nichoir) ou une fissure dans les rochers. 7 à 13 œufs couvés par la cane qui élève seule les canetons.

Mâle

Femelle

Harle huppé

Mergus serrator

58 cm

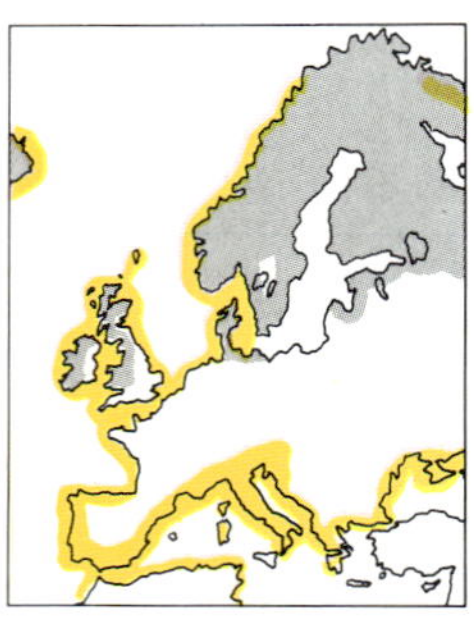

IDENTIFICATION Un long corps élancé et un bec aux bords « en dent de scie ». Le mâle a la tête vert sombre, une huppe double désordonnée, un large collier blanc, une poitrine châtaine. La femelle, gris-brun dessus, a la tête châtaine et le cou clair (voir, ci-dessus, le Harle bièvre).
VOIX Généralement silencieux. La cane a un grondement rauque, et le mâle en parade un double appel râpeux.
HABITAT Niche sur lacs et rivières ou le long des côtes. Essentiellement maritime en hiver.
NOURRITURE Surtout poissons et divers invertébrés aquatiques, pris en plongeant de la surface.
NIDIFICATION Nid sous le couvert, le plus souvent près de l'eau. La femelle couve 7 à 12 œufs près de 4 semaines et élève les canetons.

Deux mâles et une femelle

Harle piette

Mergus albellus

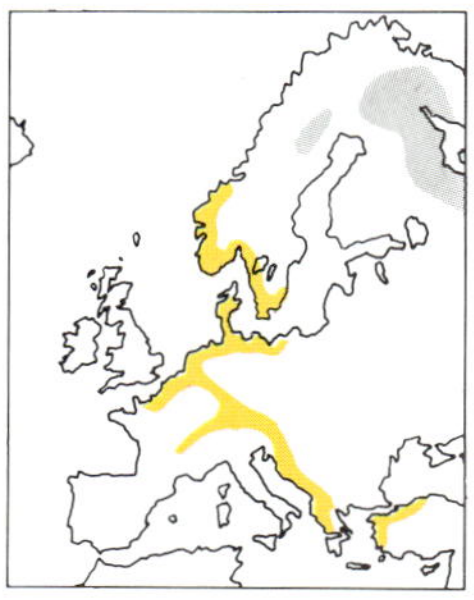

41 cm

IDENTIFICATION Se distingue des autres harles par sa petite taille et son bec court. Mâle largement blanc, avec une zone oculaire blanche caractéristique. Femelle et immatures presque uniformément gris, avec calotte châtaine contrastant avec les joues blanches.
VOIX Silencieux d'habitude. Néanmoins, le mâle émet un sifflement doux et la femelle un grondement rauque.
HABITAT Lacs et rivières d'Europe du Nord en été. Hiverne surtout sur les lacs, réservoirs et rivières ; moins souvent les eaux côtières.
NIDIFICATION Connu comme visiteur d'hiver. Niche dans l'extrême nord de l'Europe. Nid situé dans un trou d'arbre, près d'un lac ou d'une rivière.

Érismature rousse

Oxyura jamaicensis

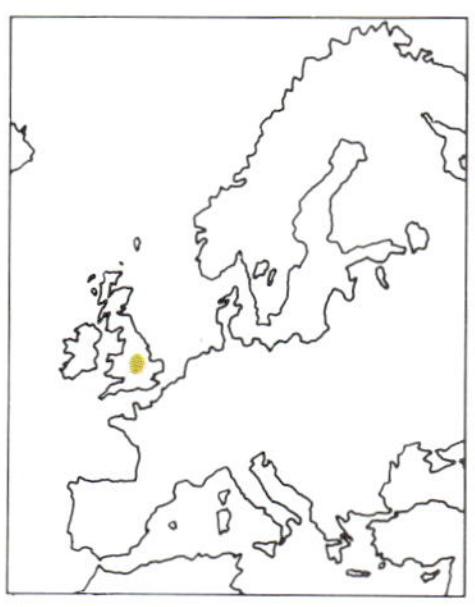

41 cm

IDENTIFICATION Un petit canard plongeur à la queue raide caractéristique. Espèce nord-américaine introduite, retournée à l'état sauvage en Grande-Bretagne. Mâle presque entièrement châtain, avec queue érectile sombre, blanche dessous ; tête sombre avec joues blanches et bec bleu ; femelle plus gris-brun, la joue blanche traversée d'une ligne sombre. En hiver, mâle identique à la femelle, mais dépourvu des marques sombres aux joues.
VOIX Essentiellement des bruits non vocaux. Le mâle en parade claque du bec et se donne des coups de bec dans la poitrine ; la femelle claque du bec et émet divers appels.
HABITAT En Grande-Bretagne, petits étangs, réservoirs, gravières.
NOURRITURE Surtout larves d'insectes et graines de plantes aquatiques.
NIDIFICATION Nid à l'abri d'une végétation épaisse, près de l'eau. La cane couve 6 à 10 œufs 25 ou 26 jours, le mâle l'aide parfois à élever les petits.

Femelle et mâle (en médaillon)

Cygne tuberculé *Cygnus olor* Vole en tenant son long cou tendu. Battements d'ailes lents et réguliers, qui produisent une pulsation caractéristique. Se distingue du Cygne chanteur et du Cygne de Bewick par sa tête volumineuse et son bec tuberculé. Voir p. 51.

Cygne chanteur *Cygnus cygnus* Battements d'ailes puissants. Tête plus petite et cou plus élancé encore que le Cygne tuberculé. Doux bruissement d'ailes en vol. Cri sonore et portant qui rappelle celui des Oies. Voir p. 52.

Cygne de Bewick *Cygnus columbianus* Plus petit que les deux précédents. Battements d'ailes légèrement plus rapides. En vol, cri doux et grave. Voir page 52.

Bernache du Canada *Branta canadensis* Son long cou étroit la fait ressembler à un cygne. Vol rapide aux battements d'ailes profonds et réguliers. Le cri, en bruit de corne, porte loin. Voir page 53.

Bernache nonnette *Branta leucopsis* Se distingue en vol par ses ailes assez pointues. Rarement en compagnie d'autres Oies. Le cri de vol, un jappement bourru, évoque celui d'un roquet frustré. Voir page 54.

Bernache cravant *Branta bernicla* Vole avec des battements d'ailes rapides, rarement en formation. Sa silhouette, qui associe un cou court à une taille réduite, la rend difficile à distinguer du Colvert. Voir page 54.

Oie à bec court *Anser brachyrhynchus* Battements d'ailes rapides et fluides. Troupes moins dispersées que les autres « oies grises ». La tête paraît petite et sombre et les ailes plus sombres que chez l'Oie cendrée. Cri en vol : « ouink-ouink » aigu. Voir p. 57.

Oie cendrée *Anser anser* Vol puissant et rapide. L'avant des ailes gris pâle contraste avec le bord arrière sombre. Généralement dépourvue de marques sur le ventre. Cri de vol retentissant en trois syllabes. Voir p. 56.

Oie rieuse *Anser albifrons* Poitrine et marques sur le ventre sombres. Ailes plus étroites et tête plus carrée que les autres « oies grises ». Cri plus aigu que l'Oie cendrée. Les marques blanches de la face ne sont pas toujours une indication fiable. Voir page 55.

Harle bièvre *Mergus merganser* Vol égal et direct avec de rapides battements d'ailes. On reconnaît sans peine le mâle à sa tête et au bout des ailes sombre. Femelle, mâle en éclipse et immature ont la tête châtaine et le menton blanc. Voir page 70.

Tadorne de Belon *Tadorna tadorna* Plus proche en vol de l'oie que du canard. Couleurs comparables à celles du Harle bièvre mâle et du Canard souchet, mais dessins et forme différents. Le mâle émet un sifflement, la femelle caquète. Voir page 58.

Canard siffleur *Anas penelope* Mâle avec tache blanche sur l'avant de l'aile et miroir vert. Miroir vert et dessous de l'aile clair, contrastant avec l'arrière sombre de l'aile. Vol en formation serrée. Le mâle a un sifflement caractéristique. Voir page 61.

Canard colvert *Anas platyrhynchos* Battements d'ailes rapprochés, avec ailes descendant à peine au-dessous du corps. Miroir bleu vif cerclé légèrement de blanc. Le mâle émet un « couic » discret, la femelle son fameux « couac ». Voir page 59.

Canard pilet *Anas acuta* Silhouette élancée en vol, ailes pointues, cou svelte et queue longue. Battements d'ailes rapides comme chez le siffleur. Miroir vert cerclé de blanc. Plus souvent en formation que les autres canards. Voir page 62.

Sarcelle d'été *Anas querquedula* Taches grises à l'avant de l'aile, visibles du dessus. Contraste marqué entre la poitrine brune et le ventre clair, visible du dessous. Rapides battements d'ailes en vol. Voir page 62.

Canard souchet *Anas clypeata* Un bec énorme qui donne l'impression que le cou est très long. Ailes pointues. Tache bleu clair sur l'avant de l'aile et miroir vert bordé de fines raies blanches chez les deux sexes. Voir page 63.

Fuligule milouin *Aythya ferina* Un corps dodu qui donne l'air un peu maladroit, mais vol rapide et vigoureux. De dessus, gris sombre à l'avant de l'aile contrastant avec gris clair de l'arrière. De dessous, contraste marqué entre la poitrine sombre et le ventre clair. Voir page 65.

Fuligule morillon *Aythya fuligula* Corps compact, comme le Milouin, mais moins lourd. Vol direct avec rapides battements d'ailes. La femelle, marron foncé, paraît presque noire en vol. Large bande blanche à l'arrière de l'aile chez les deux sexes.

Vautour percnoptère

Neophron percnopterus

58-66 cm

IDENTIFICATION Le plus petit des vautours, avec de longues ailes pointues, une queue cunéiforme, la tête nue et le bec fin ; adultes d'un blanc sale, avec des plumes noires aux rémiges, la tête et la gorge jaunes. Immatures allant d'un brun sombre à des couleurs proches de l'adulte.
VOIX Généralement silencieux.
HABITAT Niche dans les montagnes d'Europe méridionale et dans les pays voisins. Fréquente dépôts d'ordures, abattoirs, etc.
NOURRITURE Déchets de toutes sortes, charognes, et ordures ménagères. S'approche des carcasses, dont il mange les restes laissés par les vautours plus gros.
NIDIFICATION Nid situé dans une fissure ou un trou, ou une corniche de falaise abritée. 2 œufs, couvés par le couple 6 semaines environ. Vol des jeunes à 2 mois et demi.

Gypaète barbu

Gypaetus barbatus

102-114 cm

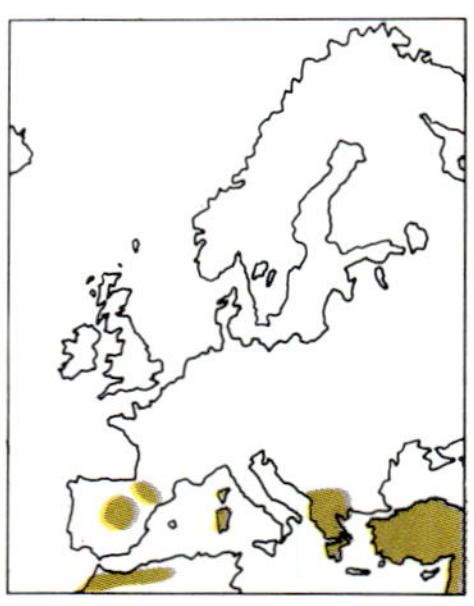

IDENTIFICATION Un très gros vautour dont la silhouette rappelle celle d'un faucon : longues ailes pointues et longue queue cunéiforme. Gris-noir sombre dessus, jaunâtre dessous, tête chamois clair et moustaches noirs. Tête et cou sombres chez l'immature.
VOIX Généralement silencieux. Émet parfois un « kii-you » fin et aigu.
HABITAT Limité à la haute montage. Devenu très rare en Europe (Pyrénées et Corse, en France).
NOURRITURE Cadavres (dont il préfère les os et la moelle) qu'il brise en les laissant choir sur les rochers. Vient généralement après les autres vautours sur les carcasses.
NIDIFICATION Niche sur des falaises, généralement dans grottes et recoins. Pond 1 à 2 œufs, apparemment couvés par la femelle 8 semaines environ. Vol des jeunes vers 3 mois et demi.

Vautour fauve

Gyps fulvus

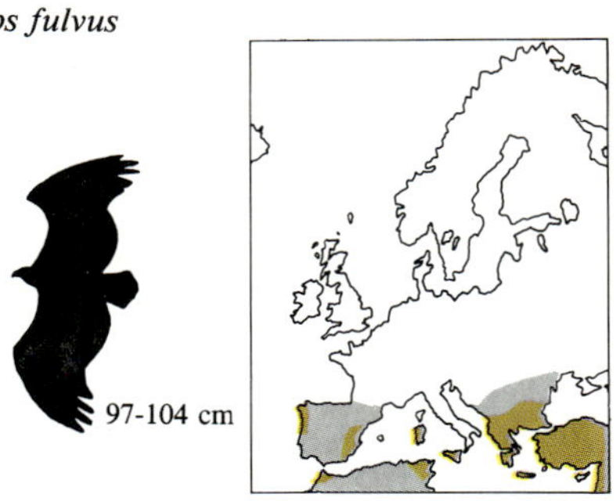

IDENTIFICATION Un très gros vautour aux ailes longues et larges et à la queue carrée très courte. Corps de couleur sable, collerette à la base du cou et de la tête, claire chez l'adulte, brune chez l'immature. Plumes sombres aux ailes et à la queue, dessous des ailes barré de clair sur toute la largeur.
VOIX Généralement silencieux. Croassements et sifflements au nid.
HABITAT Essentiellement montagnard, mais descend un peu en quête de nourriture.
NOURRITURE Charognes diverses. Se regroupent autour des grosses carcasses.
NIDIFICATION Nid sur des corniches de falaises ou des grottes en altitude. Œuf unique, couvé par le couple 7 à 8 semaines. Vol des jeunes à 4 mois.

Vautour moine

Aegypius monachus

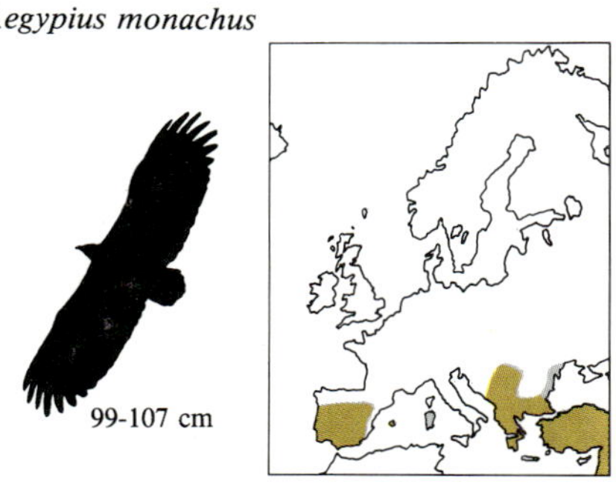

IDENTIFICATION Beaucoup plus sombre que le Vautour fauve, avec queue plus longue et bec et tête plus massifs. A distance, paraît noir. Collerette brune, peau nue bleutée sur la tête et le cou, qui sont couverts d'un duvet blanchâtre chez le Vautour fauve.
VOIX Généralement silencieux. Croassements et appels variés à la saison des nids.
HABITAT Montagnes et plaines peu fréquentées. Devenu rare en Europe méridionale (absent au nord).
NOURRITURE Charognes. Espèce généralement solitaire, qui ne forme de petits groupes qu'auprès des carcasses.
NIDIFICATION Nid presque toujours dans un arbre, rarement sur une falaise. Le couple couve l'œuf unique 52 à 54 jours durant. Vol des jeunes à 4 mois environ.

Adulte avec un jeune

Phase claire

Phase sombre

Buse variable

Buteo buteo

51-56 cm

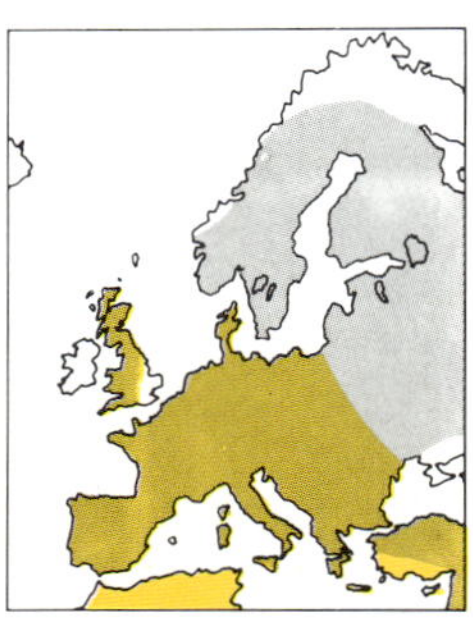

IDENTIFICATION Rapace de moyenne ou grande taille, aux larges ailes et à la queue courte et arrondie. De couleur très variable, mais surtout brun dessus et plus clair dessous, souvent avec une tache sombre sur le tarse entre les ailes. Queue finement barrée avec bande terminale foncée. Plane sans effort, ailes légèrement relevées et primaires déployées. Parfois en vol stationnaire.
VOIX Appel le plus féquent : un miaulement net et plaintif.
HABITAT Régions boisées, flancs de montagnes, landes, plaines avec arbres épars, côtes.
NOURRITURE Mammifères de petite à moyenne taille, lapins particulièrement, cadavres, oiseaux, insectes, vers. Fond d'un bond sur sa proie après un lent et patient vol juste au-dessus, parfois en piqué d'un perchoir bien en vue ou en vol stationnaire.
NIDIFICATION Nid généralement dans un arbre, parfois sur une falaise, ou même un à-pic. 2 ou 3 œufs couvés par le couple 34 à 38 jours. Envol des jeunes à 6-7 semaines.

Buse pattue

Buteo lagopus

51-56 cm

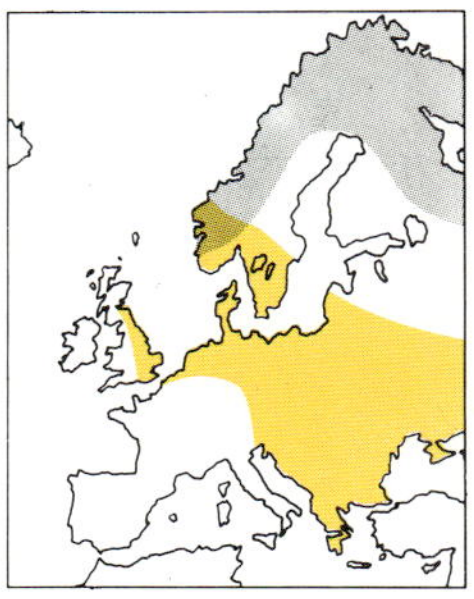

IDENTIFICATION Ailes plus longues que la Buse variable. Dessous généralement beaucoup plus blanc avec ventre sombre et tête pâle. Taches sombres au tarse. Vu de dessous, le bout des ailes est sombre. Queue blanche avec large bande terminale noire.
VOIX Miaulement plus sonore et plus grave que la Buse variable.
HABITAT Niche dans les collines ou les landes d'altitude nordiques. Hiverne en plaine et marais côtiers.
NOURRITURE Surtout lapins et petits rongeurs. Chasse en long vol plané.
NIDIFICATION Nid sur une corniche de falaise ou même au sol dans le Grand Nord. Incubation de 3 ou 4 œufs surtout par la femelle 31 jours. Vol des jeunes à 6 semaines.

Bondrée apivore

Pernis apivorus

51-58 cm

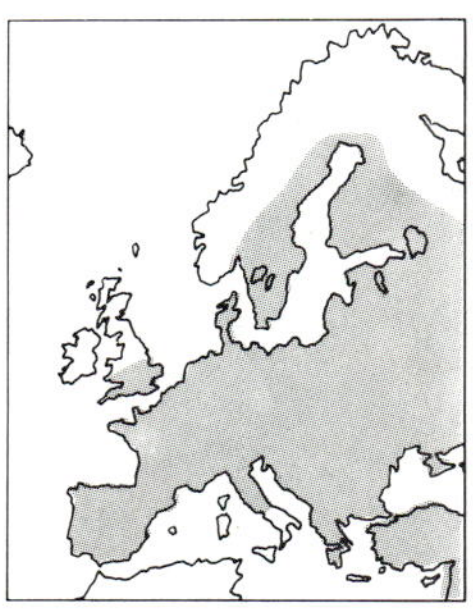

IDENTIFICATION Se distingue de la Buse variable par ses ailes larges à la base étroite, sa queue plus longue et sa curieuse petite tête posée sur un cou plutôt assez long. Dessous très variables, mais les ailes toujours marquées de deux barres étroites et une plus large au bout. Vol glissé, les ailes légèrement abaissées, ce qui permet de la reconnaître, même à distance.
VOIX Moins bruyante que la buse. Couinement haut perché.
HABITAT Lisières des bois et clairières. En migration, terrains plus dégagés.
NOURRITURE Essentiellement, larves d'abeilles et de guêpes ; quelques mammifères et oiseaux.
NIDIFICATION Nid généralement en forêt, au sommet d'un grand arbre. Le couple couve 2 œufs 30 à 35 jours durant. Envol des jeunes à 6 semaines environ.

Aigle de Bonelli

Hieraaetus fasciatus

66-74 cm

IDENTIFICATION Aigle de grande à moyenne taille. Adulte sombre dessus, blanc dessous, avec bande terminale sombre à la queue. L'immature a la tête plus rousse, le dessous strié brun-roux et la queue barrée. Presque uniformément brun par la suite, où il devient difficile à identifier.
VOIX Un jacassement haut perché qui rappelle celui de l'Autour.
HABITAT Pentes rocheuses des montagnes. Descend dans les vallées l'hiver.
NOURRITURE Lapins, petits mammifères, oiseaux. Chasseur actif et très rapide, qui fond sur sa proie comme un faucon.
NIDIFICATION Il aire généralement sur une falaise, parfois un arbre. 2 œufs couvés par la femelle 40 jours durant. Vol des jeunes à 2 mois environ.

Aigle botté

Hieraaetus pennatus

46-53 cm

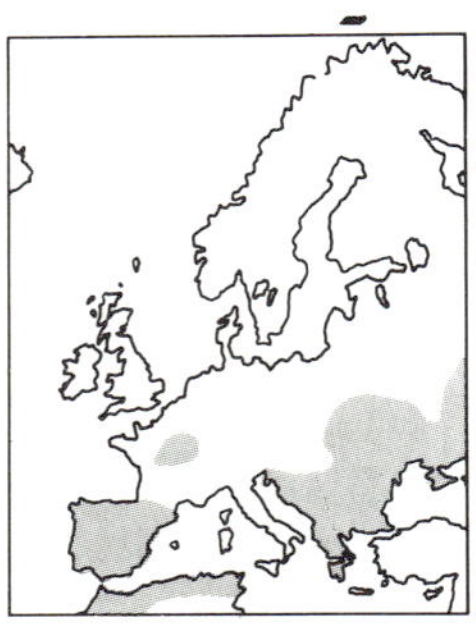

IDENTIFICATION Taille de la buse. Queue longue. Plus courant en phase claire : brun clair dessus, blanc dessous, avec rémiges noires et queue chamois clair. Phase sombre : brun foncé dessous, queue claire. Vol rapide et vigoureux.
VOIX Un seul cri fin et haut perché et divers jacassements.
HABITAT Bois clairs.
NOURRITURE Petits oiseaux et petits animaux divers.
NIDIFICATION Aire haut dans un arbre. Généralement, ponte de 2 œufs couvés par la femelle 1 mois environ. Vol des jeunes à 7-8 semaines.

Aigle royal

Aquila chrysaetos

75-88 cm

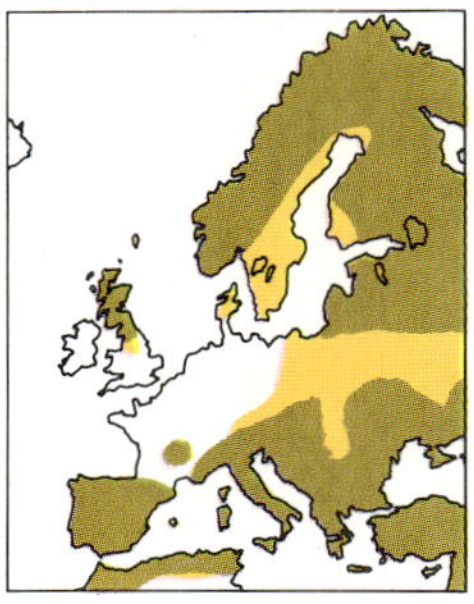

IDENTIFICATION Aigle aux grandes et longues ailes et à la queue ample. Adulte plus ou moins uniformément brun foncé, avec calotte et nuque légèrement dorées. Immatures avec tache blanche à la base des ailes et queue blanche avec bande terminale sombre, le blanc s'estompant avec l'âge. Plane majestueusement, parfois à très haute altitude.
VOIX Généralement silencieux. Jappement ou sifflement à l'occasion.
HABITAT Essentiellement alpin. Également en étage montagnard, plaines découvertes et bord de mer dans certaines régions.
NOURRITURE Surtout mammifères, cadavres, oiseaux de taille moyenne (lapins, lièvres, tétras). Surveille longuement une zone en volant à basse altitude, avant de fondre sur sa proie.
NIDIFICATION Il aire sur une falaise ou un arbre, rarement au sol. Généralement, ponte de 2 œufs couvés par les deux sexes 6 semaines environ. Vol des jeunes vers 2 semaines.

Pygargue à queue blanche

Haliaeetus albicilla

69-91 cm

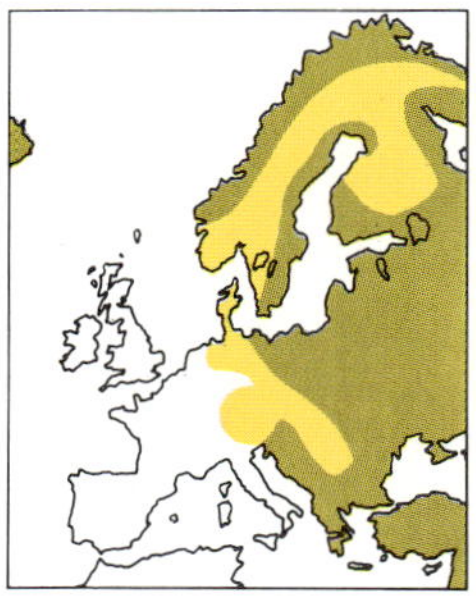

IDENTIFICATION Très grand aigle, aux ailes larges, presque tout brun. Adulte avec tête pâle et queue courte et cunéiforme blanche. Immature dépourvu de blanc à la queue. Tête et bec plus massifs que chez l'Aigle royal, mais rappelle en vol le vautour par sa queue bien plus courte et ses ailes plus larges et plus carrées.
VOIX Un aboiement bas et divers cris aigus étonnamment faibles.
HABITAT Côtes rocheuses le plus souvent, mais aussi lacs et marais des régions reculés.
NOURRITURE Ce maître-charognard vit de cadavres variés, mais aussi de nombreux oiseaux et mammifères de taille moyenne, dont des espèces aquatiques qu'il poursuit et attrape dans l'eau. Prend également des poissons à la surface.
NIDIFICATION Aire typique, de branchages dans un arbre ou sur une falaise. 2 œufs couvés, surtout par la femelle, 6 semaines environ. Vol des jeunes à 10 semaines.

Circaète Jean-le-Blanc

Circaetus gallicus

63-69 cm

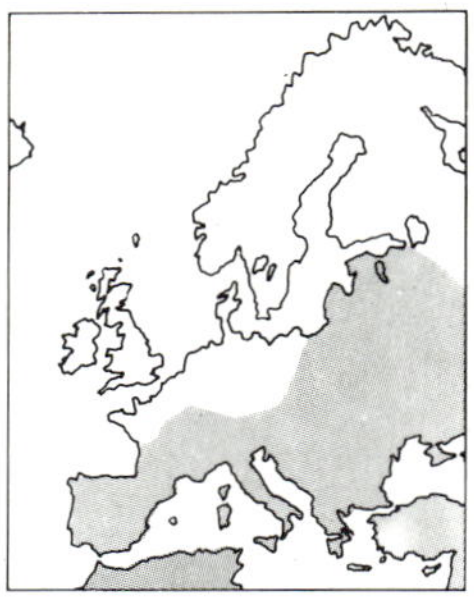

IDENTIFICATION Aigle de grande ou moyenne taille. La tête est grosse et rappelle celle d'une chouette. Largement gris-brun dessus et presque entièrement blanc dessous avec gorge et poitrine sombres (parfois blanches) et bout des primaires sombre. Immature plus brun dessous.
VOIX Une seule note aiguë, djïh, stridente et une variété d'appels brefs. Souvent très bruyant.
HABITAT Pentes d'altitude, terrains boisés, plaines découvertes et autres milieux.
NOURRITURE Serpents, lézards, grenouilles et autres. Chasse longuement en vol plané.
NIDIFICATION Nid dans un arbre. La femelle couve un seul œuf 6 à 7 semaines. Vol des jeunes à 10-11 semaines.

Balbuzard

Pandion haliaetus

51-58 cm

IDENTIFICATION Volumineux rapace aux ailes longues, brun sombre dessus, blanc dessous. Calotte blanche légèrement huppée à l'arrière, large bande sombre traversant l'œil, nombre de stries variable sur la poitrine. Ailes nettement coudées en vol.
VOIX Ne se fait normalement entendre qu'au nid. Sifflements et piaulements variés.
HABITAT Toujours près de l'eau. Lacs, rivières, côtes, et, en migration, toute étendue d'eau assez vaste.
NOURRITURE Poissons, qu'il étreint dans ses serres. Décrit des cercles ou plane brièvement au-dessus de l'eau avant un spectaculaire plongeon qui peut atteindre une trentaine de mètres.
NIDIFICATION Nid le plus souvent à la cime d'un arbre, ou presque ; parfois un rocher, une falaise ou une île. 2 ou 3 œufs couvés surtout par la femelle 5 semaines durant. Vol des jeunes à 8-10 semaines.

Épervier d'Europe

Accipiter nisus

28-38 cm

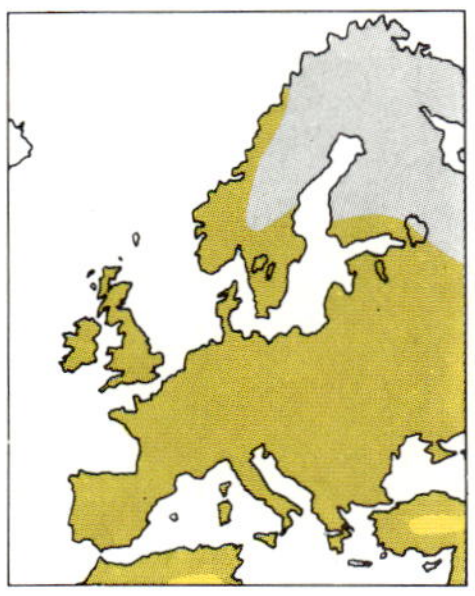

Mâle (à gauche) et femelle

IDENTIFICATION Petit rapace vif et agile aux ailes arrondies et à la queue longue ; femelle nettement plus grande que le mâle. Mâle gris-bleu dessus, avec le dessous orange finement rayé. Femelle brun foncé dessus, brun rayé dessous. Longues pattes jaunes.
VOIX Se fait beaucoup entendre au nid. Un « kekekek » rapide et des miaulements variés.
HABITAT Zones boisées principalement, ou plus découvertes bordées d'une végétation dense.
NOURRITURE Petits oiseaux. Chasse en vol, en s'élançant à travers bois, le long des haies et taillis, en se cachant dans la végétation avant d'attaquer par surprise. Peut aussi fondre sur sa proie à découvert.
NIDIFICATION Nid dans un arbre, généralement un conifère. 4 ou 5 œufs couvés surtout par la femelle 32 à 35 jours. Vol des jeunes à 4 semaines environ.

Adulte

Immature

Autour des palombes

Accipiter gentilis

28-38 cm

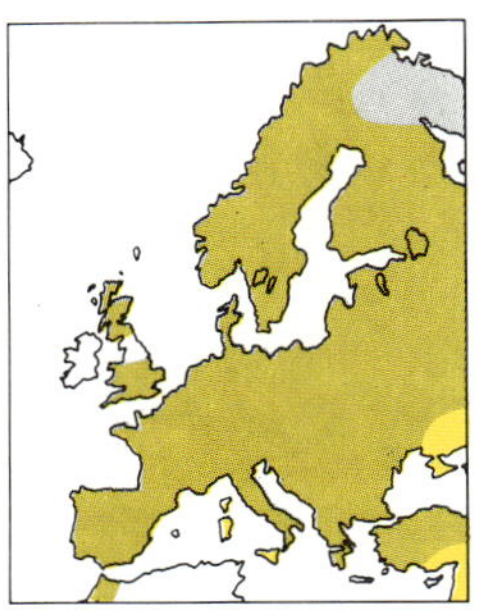

IDENTIFICATION Ressemble à un gros épervier. Là encore, mâle plus petit que la femelle. Dessus brun cendré et dessous blanchâtre finement strié de brun chez les deux sexes. Dessous largement strié de sombre chez l'immature. Sous-caudales blanches, souvent visibles en vol. Battement d'ailes plus lents que l'épervier.
VOIX Le plus souvent un cri répété et un miaulement isolé.
HABITAT Bois et forêts (souvent de conifères) et leurs environs.
NOURRITURE Oiseaux et mammifères de petite ou moyenne taille.
NIDIFICATION Nid dans un arbre. La femelle pond 3 ou 4 œufs 36 à 38 jours. Vol des jeunes à 7 semaines environ.

Milan royal

Milvus milvus

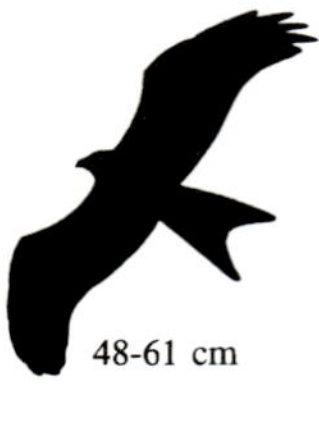

48-61 cm

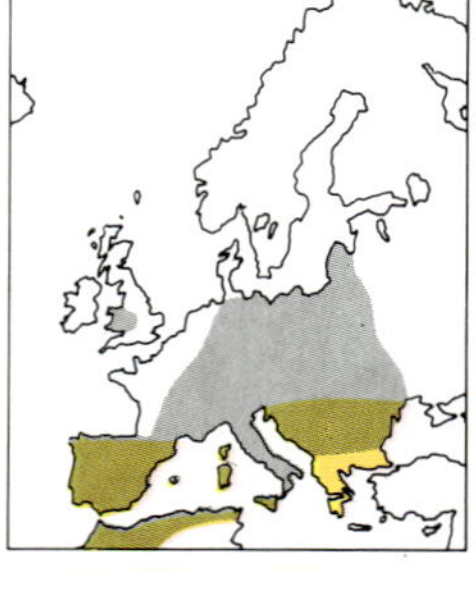

IDENTIFICATION Taille analogue à celle de la buse, longues ailes angulaires et longue queue fourchue. Brunâtre dessus, roux dessous, tête souvent très pâle, queue châtaine. Une large tache blanche sur le dessous des ailes permet de l'identifier. Vol plané très souple avec les ailes horizontales et la queue mobile.
VOIX Peu bruyant. Un miaulement qui rappelle celui de la Buse, en plus haut perché.
HABITAT Essentiellement, pays de collines boisées, plaines boisées et terrains découverts.
NOURRITURE Petits mammifères, petits oiseaux, vers, cadavres.

NIDIFICATION Nid dans un arbre assez grand. 2 ou 3 œufs couvés par la femelle 28 à 30 jours. Vol des jeunes à 50-54 jours.

Milan noir

Milvus migrans

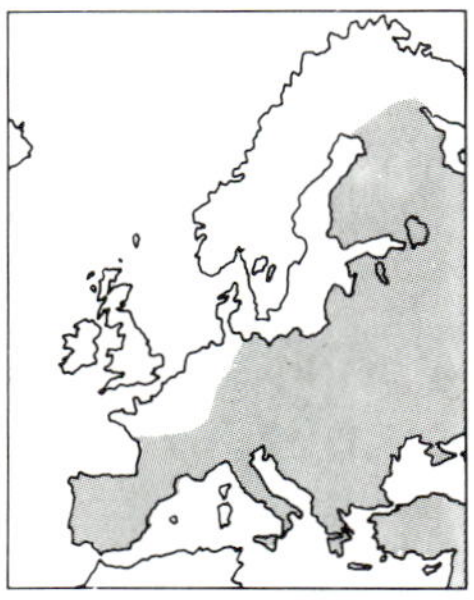

IDENTIFICATION L'allure générale est celle du Milan royal, mais d'un brun plus décoloré, avec la queue moins fourchue. Vu de loin, il semble très sombre. Il est, en outre, plus sociable et on peut souvent le voir voler au-dessus de l'eau, contrairement au précédent.
VOIX Cris aigus et haut perchés comme ceux des goélands. Pendant la saison des nids, jacassements variés.
HABITAT Très variable. Souvent près de l'eau et généralement sous le couvert. Villes et villages d'Europe centrale et orientale.
NOURRITURE Analogue à celle du Milan Royal. Mange aussi toutes sortes de charognes et des poissons morts.
NIDIFICATION Nid dans les arbres. 2 ou 3 œufs couvés, surtout par la femelle, 32 jours en moyenne. Vol des jeunes à 6 semaines environ.

Elanion blanc

Elanus caeruleus

IDENTIFICATION Un tout petit rapace avec de longues ailes et une queue courte. Adultes gris pâle dessus, blancs dessous, tête et queue blanchâtres, épaules noires et primaires noires en dessous. Immatures plus bruns dessus et striés dessous.
VOIX Un faible sifflement
HABITAT Clairières et lisières des bois, terrains découverts avec arbres çà et là.
NOURRITURE Petits mammifères et gros insectes. Surveille ses proies en volant sur place ou en planant lentement comme un petit busard, ou en fondant dessus comme un faucon.
NIDIFICATION Nid généralement bas dans un arbre. 3 à 5 œufs. Incubation et vol des jeunes mal connus.

Busard des roseaux

Circus aeruginosus

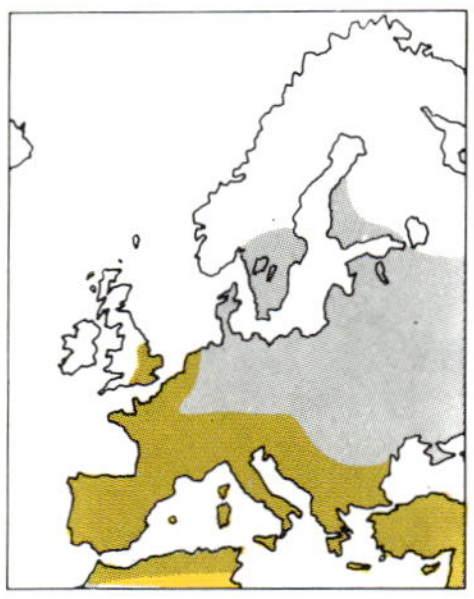

IDENTIFICATION Le plus gros et le plus massif des busards, avec les ailes et la queue longues. Mâle sombre avec tête plus pâle, dessous du corps brun-roux, queue et rémiges secondaires grises. Femelle et immature brun foncé, avec tête et « épaules » souvent claires.
VOIX Nombreux appels haut perchés en saison des nids. Habituellement silencieux le reste de l'année.
HABITAT Marais de toutes sortes avec roselières, terrains découverts avoisinants.
NOURRITURE Petits mammifères et oiseaux divers (canetons par exemple), petits reptiles et batraciens.
NIDIFICATION Nid généralement dans les roseaux ou la végétation aquatique. La femelle couve 4 ou 5 œufs 30 à 38 jours durant. Vol des jeunes à 8-9 semaines.

Femelle

Busard cendré

Circus pygargus

IDENTIFICATION Le mâle se distingue du Busard Saint-Martin par deux étroites barres sombres sur l'aile et des stries brunes au ventre et sur les flancs. Croupion généralement gris et non blanc. Femelle semblable à celle du Busard Saint-Martin. Bien que plus sveltes et plus légers en vol que le Saint-Martin, femelles à queue rayée et immatures difficiles à distinguer.
VOIX Plus perçante que chez le Busard Saint-Martin.
HABITAT Marais, bruyères, landes et champs cultivés.
NOURRITURE Oiseaux et petits mammifères, reptiles, batraciens, gros insectes et vers.
NIDIFICATION Nid au sol dans la végétation, en terrain sec ou humide, parfois dans les cultures. 4 ou 5 œufs couvés, surtout par la femelle, 30 jours environ. Vol des jeunes à 6 semaines.

Femelle

Busard Saint-Martin

Femelle et mâle (en médaillon)

Circus cyaneus

43-51 cm

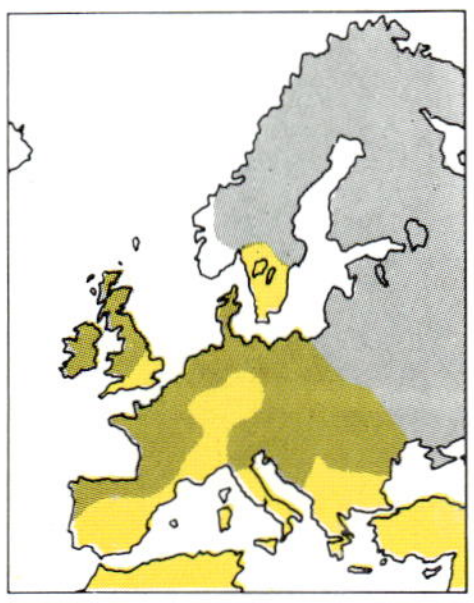

IDENTIFICATION Rappelle par la silhouette et le vol le Busard des roseaux, en plus svelte. Mâle gris pâle dessus, avec croupion blanc et liséré gris à l'arrière de l'aile, bout des ailes noir. Femelle brune, striée dessous, croupion blanc étroit.
VOIX Bavardages haut perchés et miaulements.
HABITAT Landes découvertes, marais et champs cultivés. Souvent près des côtes en hiver.
NOURRITURE Petits mammifères, petits oiseaux. Surveille le sol en volant bas, pour ensuite bondir brusquement sur sa proie. Poursuit aussi des oiseaux en vol.
NIDIFICATION Nid au sol caché dans la végétation. 4 ou 5 œufs couvés par la femelle 29 ou 30 jours. Envol des jeunes à 5-6 semaines.

Faucon pèlerin

Falco peregrinus

38-48 cm

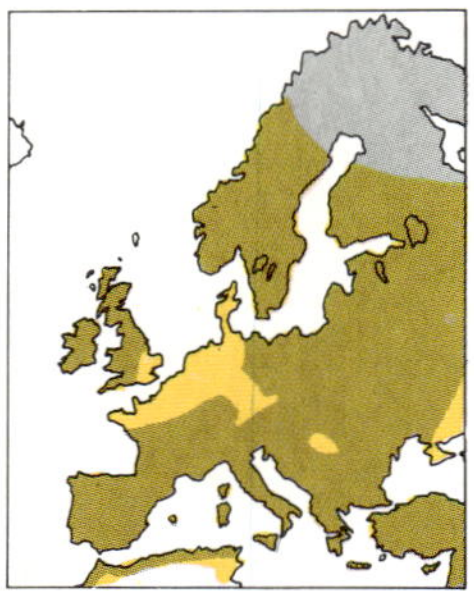

IDENTIFICATION Un faucon robuste et plutôt grand, avec la poitrine volumineuse, de longues ailes pointues et une courte queue effilée. Dessus bleu-gris (brun chez l'immature), dessous pâle finement barré de sombre (strié chez l'immature). Calotte noirâtre, large moustache noire.
VOIX Série de cris variés auprès du nid : « kiak-kiak-kiak » aigu, brefs appels haut perchés et piaulements.
HABITAT Terrains découverts (landes de plaine et d'altitude, falaises). Hiverne souvent dans des estuaires. Parfois villes et villages.
NOURRITURE Petits oiseaux mais aussi corbeaux, pigeons, tétras, canards, qu'il capture ou tue en piquant dessus d'une hauteur vertigineuse.
NIDIFICATION Nid généralement sur une falaise ou un à-pic. 3 ou 4 œufs couvés par les deux adultes 28 ou 29 jours. Vol des jeunes à 5 ou 6 semaines.

Faucon hobereau

Falco subbuteo

30-36 cm

IDENTIFICATION Un rapide voilier, aux ailes longues et à la queue plus courte que le Crécerelle. Dessus bleu-gris, dessous strié, moustaches noires et flancs roux. Ressemble parfois à un gros martinet par son vol souple et aisé.
VOIX Un « kiou » net et retentissant, souvent répété, et un « kikiki » aigu.
HABITAT Terrains découverts avec arbres isolés, bosquets.
NOURRITURE Petits oiseaux (dont hirondelles et martinets) qu'il saisit en vol avec une rapidité et une habileté surprenantes. Gros insectes ailés, libellules en particulier.
NIDIFICATION Vieux nid de corneille ou d'une espèce voisine. Pond généralement 3 œufs, couvés surtout par la femelle 4 semaines environ. Vol des jeunes à 4-5 semaines.

Mâle

Femelle

Faucon émerillon

Falco columbarius

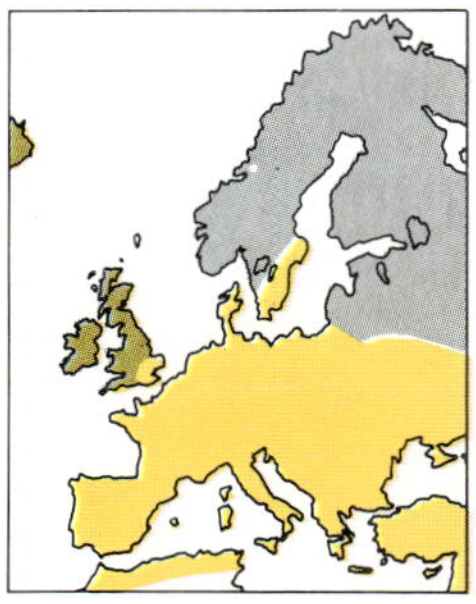

IDENTIFICATION Un petit faucon au vol vif et agile. Mâle bleu-gris dessus, avec bande terminale noire à la queue et dessous, strié de roux. Femelle brun foncé dessus, avec queue barrée de beige et de brun et privée des moustaches qu'a la femelle du Crécerelle.
VOIX Un jacassement aigu et varié.
HABITAT Collines dénudées, landes, falaises. Hiverne souvent dans les marais côtiers.
NOURRITURE Surtout petits oiseaux, qu'il pourchasse activement et saisit en vol. Quelques insectes et petits mammifères.
NIDIFICATION Nid au sol dans les bruyères ou vieux nid de corneille, ou d'autres espèces, dans un arbre ou sur une falaise. Le couple couve 4 œufs 28 à 32 jours. Vol des jeunes à 25-27 jours.

Mâle (à gauche) et femelle

Faucon crécerelle

Falco tinnunculus

34 cm

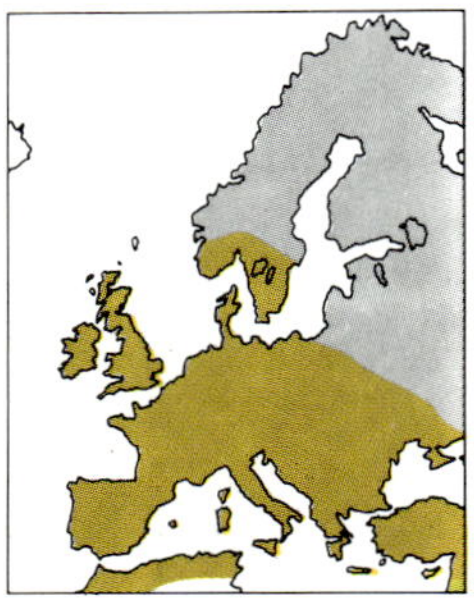

IDENTIFICATION Le plus commun des faucons, reconnaissable à son perpétuel vol plané. Le mâle a la tête bleu-gris et la queue de même couleur, avec une bande subterminale noire et l'apex blanc, la poitrine châtaine tachetée de noir. La femelle est brun-châtain striée de sombre dessus, avec queue barrée et petite moustache sombre.
VOIX En saison des nids, un « kii-kii-kiii » strident et ses variantes.
HABITAT Pratiquement tous. Souvent bourgs et villes.
NOURRITURE Le plus souvent, petits mammifères, petits oiseaux, insectes et vers. Guette sa proie en volant sur place ou d'un perchoir.
NIDIFICATION Nid sur une falaise, un bâtiment, dans un trou d'arbre, un vieux nid de corneille, parfois au sol. 4 ou 5 œufs, couvés surtout par la femelle 4 semaines environ. Vol des jeunes à 27-30 jours.

Faucon crécerellette

Falco naumanni

IDENTIFICATION Semblable à un petit Crécerelle en plus brillant. Tête et queue plus bleues chez le mâle, et manteau dépourvu de taches ; dessous des ailes pâle, bande bleutée sur les rémiges secondaires visible de dessus. Femelle semblable au Crécerelle, en plus mince, avec une queue plus longue et plus étroite. Vivent en groupe.
VOIX Beaucoup plus bruyant que le Crécerelle. Caquètements divers : « kik-kik-kik », entre autres.
HABITAT Terrains découverts, ruines, villes, vallées rocheuses.
NOURRITURE Insectivore, surtout. Plane peu.
NIDIFICATION Niche en colonie dans falaises, tours, toits et autres, parfois même en ville. 4 ou 5 œufs couvés par le couple 28 jours à 25 jours.

Mâle

Faucon kobez

Falco vespertinus

IDENTIFICATION Un petit faucon sociable. Mâle gris couleur de suie, avec sous-caudales châtaines, cercle oculaire et pattes rouges. Femelle avec calotte rousse, dessus du corps et queue gris strié, dessous couleur sable. Immatures variables, plutôt comme la femelle, avec front ou calotte pâle et dessous strié.
VOIX Un « kii-kii-kii » strident.
HABITAT Terrains découverts avec arbres et buissons épars.
NOURRITURE Surtout insectes, pris en vol ou au sol. Plane souvent.
NIDIFICATION En colonie, généralement dans de vieux nids de corneilles ou d'autres espèces. 4 œufs, couvés par le couple 22 ou 23 jours. Vol des jeunes à 26-28 jours.

Femelle (à gauche) et immature

Mâle

Vautour percnoptère *Neophron percnopterus* Le plus petit des vautours et le seul doté de larges zones blanches. Remarquer les rémiges primaires noires et les ailes légèrement arquées. La tête paraît très petite et la queue presque cunéiforme. Voir page 74.

Vautour fauve *Gyps fulvus* L'immature a le dessous de l'aile et le corps sable qui constrastent avec l'arrière de l'aile et les primaires noirs. La photo ci-dessus fait apparaître la petitesse de la tête. Voir page 73.

Gypaète barbu *Gypaetus barbatus* Se distingue facilement des autres rapaces européens par sa silhouette en vol : queue cunéiforme et longues ailes digitées et effilées. Vol glissé, ailes horizontales ou à peine relevées. Voir page 74.

Vautour fauve *Gyps fulvus* Larges ailes qui tendent à s'incurver vers le haut. Grosse tête pâle et proéminente. Queue plus carrée que le Vautour moine. Le corps et l'avant de l'aile clairs contrastent avec les ailes et la queue sombres. Voir page 73.

Vautour moine *Aegypius monachus* De très grande taille et de mêmes proportions que le Vautour fauve, mais avec l'avant et l'arrière de l'aile parallèles. Ailes plates en vol plané. En vol, paraît presque noir. Voir p. 75.

Balbuzard pêcheur *Pandion haliaetus* Longues ailes légèrement coudées et formant cinq doigts à l'extrémité. Vu de dessous, paraît très clair par contraste avec les taches de l'aile. Voir page 80.

Aigle royal *Aquila chrysaetos* Immature reconnaissable aux zones claires des ailes et aux sous-caudales plus pâles que l'extrémité de la queue. Voir page 79.

Aigle royal *Aquila chrysaetos* Vu de dessous, l'adulte paraît brun. Les longues ailes semblent étroites du fait que la queue est presque aussi longue que le corps. Voir page 79.

Pygargue à queue blanche *Haliaeetus albicilla* Avec ses larges ailes aux bords parallèles, on croirait voir passer un tapis volant ! La largeur de la queue, courte et cunéiforme, fait près des deux tiers de celle des ailes. Voir page 79.

Aigle botté *Hieraaetus pennatus* De la taille d'une buse, mais la queue plus longue et les ailes plus étroites lui donnent une allure moins massive. Contraste marqué entre le corps clair et les rémiges primaires sombres. Voir page 78.

Buse variable *Buteo buteo* Rapace à la silhouette massive, avec tête ronde et ramassée et queue courte. Plumage de couleur et de motifs variables, mais on distingue l'avant des ailes, sombre dans la plupart des cas. Voir page 76.

Buse pattue *Buteo lagopus* Plus grosse avec des ailes plus longues que la Buse variable. Ailes plus étroites avec le bord postérieur plus arqué. Plumage variable, mais reconnaissable aux taches sombres du tarse et de la poitrine. Voir page 77.

Bondrée apivore *Pernis apivorus* De même taille que la Buse variable, avec la queue plus longue, les ailes plus étroites, et une tête si mince qu'on la croirait empruntée à un pigeon. Dessous des ailes plus nettement marqué que chez le circaète. Voir page 77.

Circaète Jean-le-Blanc *Circaetus gallicus.* Plus grand que la Buse variable mais plus petit que l'Aigle royal. La couleur pâle du dessous pourrait évoquer le Balbuzard pêcheur si on ne voyait les ailes amples qui s'élargissent à leur extrémité.

Milan royal *Milvus milvus* Plus gros que la buse. Longue queue fourchue et longues ailes légèrement coudées, avec tache blanche visible de dessous. Svelte et gracieux en vol. Voir page 83.

Milan noir *Milvus migrans* Légèrement plus petit et plus compact que le Milan royal. Queue plus courte et moins échancrée, plumage brun foncé et non roux. Se rencontre plus souvent près des villes. Voir page 82.

Élanion blanc *Eleanus caeruleus* Un peu plus gros que le Crécerelle. Plane fréquemment. Le bout des ailes noir, les taches noires sur les ailes et les yeux sombres permettent de l'identifier à courte distance. Voir page 83.

Busard Saint-Martin *Circus cyaneus* Un rapace élancé, avec les ailes et la queue longues. Mâle gris, avec bout des ailes noir et croupion blanc. Femelle brune avec ailes et queue barrées, ainsi que croupion blanc visible de dessus. Voir page 85.

Busard cendré *Circus pygargus* Mâle gris (voir photo ci-dessus), qui se distingue du Busard Saint-Martin par les ailes finement barrées de noir. Les deux sexes sont plus petits que le Saint-Martin et la distinction entre les femelles est malaisée. Voir page 84.

Busard des roseaux *Circus aeruginosus* De la taille d'une buse, c'est le plus grand des busards. Remarquer la tête et le corps minces, les ailes et la queue longues. Vol plané ou glissé, ailes légèrement en V. Voir page 84.

Épervier d'Europe *Accipiter nisus* Petit, avec les ailes courtes et larges. Souvent confondu avec le Crécerelle, dont il a les ailes pointues. Poursuit avec agilité de petits oiseaux dans les halliers. Seul de sa taille à avoir le dessous des ailes barré. Voir page 81.

Autour des palombes *Accipiter gentilis* Pareil à un gros épervier, mais de la taille d'une buse. Se distingue des rapaces de même taille par ses ailes plus courtes et sa queue plus longue. Même technique de chasse que l'Épervier. Voir page 81.

Faucon crécerelle *Falco tinnunculus* Petit faucon aux ailes longues et pointues et à la queue longue. Femelle striée de brun (voir photo) avec queue barrée comme le Crécerellette plus petit. Voir page 88.

Faucon hobereau *Falco subbuteo* Par sa queue courte, ses ailes longues et son vol rapide, peut être pris pour un martinet au premier coup d'œil. Repérer le dessous strié, la culotte et les sous-caudales rousses. Voir page 86.

Faucon crécerellette *Falco naumanni* Manteau uni, ailes grises et tache blanche à la queue distinguent le mâle de celui du Crécerelle. Également plus grégaire. Voir page 89.

Faucon crécerellette *Falco naumanni* Femelle très semblable à celle du Crécerelle. Noter cependant le croupion grisâtre. Battements d'ailes également plus rapides chez les deux sexes. Voir page 89.

Faucon pèlerin *Falco peregrinus* Se caractérise en vol par des ailes en forme de croissant, une queue courte et de rapides battements d'ailes, suivis de vols planés. Capture des oiseaux au vol en piquant dessus d'une certaine hauteur. Voir page 86.

Faucon pèlerin *Falco peregrinus* Des plumes éparses peuvent signaler la présence d'un rapace. La taille de l'oiseau tué et l'habitat fournissent des indices quant à l'identité du prédateur (ci-dessus, un Pèlerin). Voir p. 86.

Faucon pèlerin *Falco peregrinus* Ce courlis a été la victime d'un Faucon pèlerin dérangé avant d'avoir pu finir de plumer et manger sa proie. Voir page 86. Courlis page 114.

Faucon émerillon *Falco columbarius* Le plus petit des faucons d'Europe est expert dans la capture des petits oiseaux. Sur ce piquet, où il a coutume de dépecer ses proies, un Emerillon vient de manger un Chardonneret. Voir pages 87 et 240.

Busard Saint-Martin *Circus cyaneus* Certains prédateurs laissent la dépouille de leur proie avec les ailes encore ensemble. On reconnaît cette Sarcelle d'hiver, victime d'un Busard Saint-Martin, aux plumes vertes (du miroir). Voir page 85. Sarcelle page 61.

Épervier d'Europe *Accipiter nisus* Les éperviers ayant coutume de décapiter leurs proies, on peut identifier celles-ci à leur tête. Ici un Etourneau. Voir page 81. Étourneau p. 232.

Épervier d'Europe *Accipiter nisus* Les éperviers ont souvent plusieurs postes de dépeçage sur leur territoire. Ici, des plumes de Geai trouvées dans les bois sur l'un de ces sites. Voir page 81. Geai page 184.

Chouette effraie *Tyto alba* En hiver, les Effraies rapportent leurs proies sur un perchoir qu'elles fréquentent régulièrement le jour. Ici, encore un Etourneau, dont la tête a permis d'identifier la dépouille. Voir page 158. Étourneau page 232.

Chouette effraie *Tyto alba* Les rapaces et de nombreuses autres espèces régurgitent ce que leur appareil digestif ne peut assimiler (os, carapaces d'insectes et autres matières dures amalgamées avec poils et plumes) sous forme de pelotes. Voir page 158.

Hibou des marais *Asio flammeus* L'identification des pelotes, différentes selon les espèces, est extrêmement difficile. Comparer la forme allongée de cette pelote de Hibou des marais à celle tronquée, presque sphérique, de la Chouette effraie. Voir page 162.

Race irlandaise

Lagopède des saules femelle

Lagopède des saules mâle

Race écossaise

Lagopède des saules et Lagopède d'Écosse

Lagopus lagopus

38-41 cm

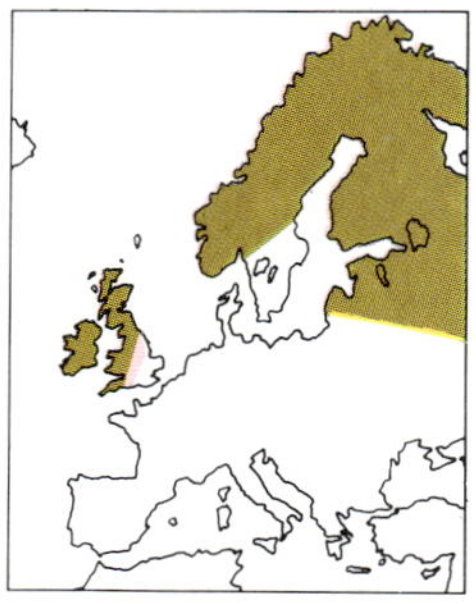

IDENTIFICATION Gibier dodu, au plumage brun-roux, très variable chez le Lagopède d'Écosse (présent en Grande-Bretagne seulement). Le Lagopède des saules, aux ailes blanches, bariolé de brun et de blanc en automne, est blanc pur avec une queue noire en hiver. (Voir plus loin le Lagopède alpin.)
VOIX Un « kook-ok-ok » caractéristique et une série d'appels variés. En saison des nids, le Lagopède d'Écosse émet un « gobak-gobak-gobak » typique.
HABITAT Lagopède d'Écosse : dans les landes de bruyère et les tourbières. Lagopède des saules : plus nettement inféodé aux landes avec bruyère, saules, bouleaux et buissons de genévriers.
NOURRITURE Pousses, bourgeons, baies, et autre végétation basse.
NIDIFICATION Nid au sol. Jusqu'à 10 ou 11 œufs, parfois plus, couvés par la femelle 21 à 26 jours. Les deux adultes élèvent les jeunes qui volent à 12-13 jours.

Mâle en hiver

Mâle en automne

Lagopède alpin

Lagopus mutus

35-36 cm

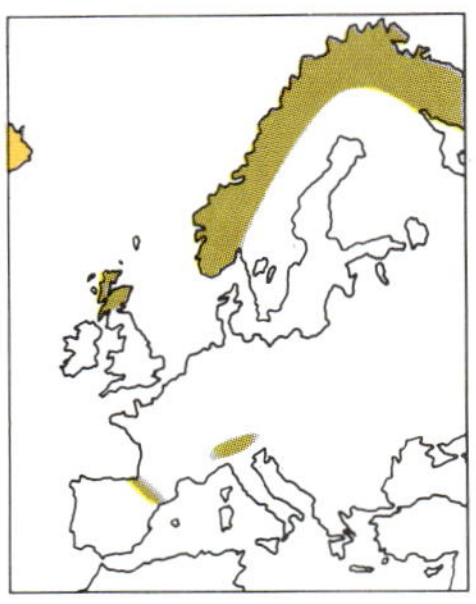

IDENTIFICATION Ailes et ventre blancs en toute saison. Mâle grisâtre en automne, tacheté de brun foncé en été. Femelle plus fauve ; en automne, plus sombre que le mâle. En hiver, plumage blanc pur chez les deux sexes avec queue noire ; mâle avec bandeau noir sur l'œil.
VOIX Appels râpeux et croassements. Le plus fréquent ressemble à une éructation.
HABITAT Limite supérieure de l'étage alpin, plus haut que le Lagopède des saules. Altitude moindre dans l'Arctique et au nord-ouest de l'Écosse.
NOURRITURE Pousses, bourgeons et baies, et autre végétation d'altitude.
NIDIFICATION Nid au sol. Jusqu'à 12 œufs, couvés par la femelle 24 à 26 jours. Les jeunes, élevés par le couple, volent à 10 jours.

Femelle

Mâle

Gèlinotte des bois

Tetrastes bonasia

35-36 cm

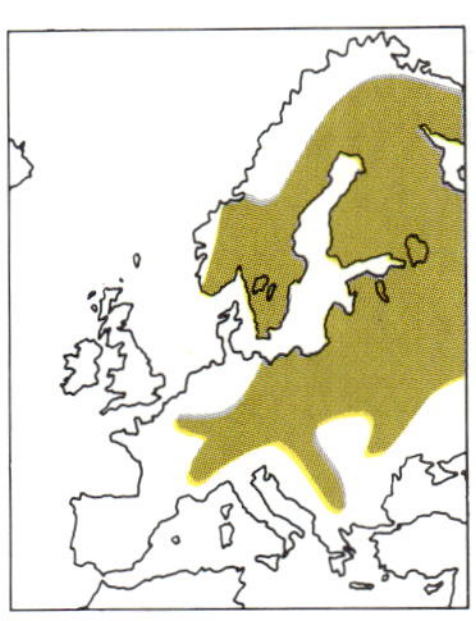

IDENTIFICATION Petit gibier avec une grande queue grise bordée de noir. Dessus allant du gris au rouille, très strié et tacheté, dessous plus pâle. Le mâle a la gorge noire, lisérée de blanc ; la femelle, la gorge blanche. Souvent perché dans les arbres.
VOIX Série de sifflements aigus.
HABITAT Bois mixtes de l'étage collinéen avec bouleaux et aulnes en particulier.
NOURRITURE Pousses, bourgeons et baies.
NIDIFICATION Nid à terre. 6 à 10 œufs, couvés par la femelle. Jeunes élevés par le couple.

Mâle

Femelle

Tétras lyre (ou Petit Coq de bruyère)

Lyrurus tetrix

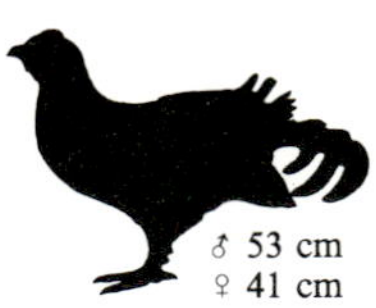

♂ 53 cm
♀ 41 cm

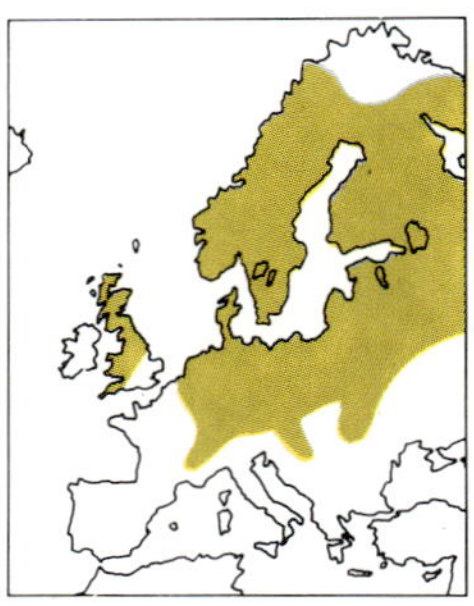

IDENTIFICATION Mâle noir avec barre alaire blanche et queue en forme de lyre. Femelle tachetée gris-brun avec barre alaire atténuée et queue fourchue. Perche volontiers dans arbres et buissons.
VOIX Roucoulement en chœur des mâles sur l'aire de parade collective (ou « lek ») et chant pareil à un éternuement.
HABITAT Landes et lisières des bois, tourbières, pentes rocheuses, bordure de champs cultivés.
NOURRITURE Pousses, bourgeons, baies et bourgeons de jeunes conifères.
NIDIFICATION Nid au sol. 6 à 10 œufs, couvés par la femelle 24 à 29 jours. Les jeunes, élevés par elle, volent à 2-3 semaines. Mâles polygames.

Grand Tétras (ou Grand Coq de bruyère)

Tetrao urogallus

♂ 86 cm
♀ 62 cm

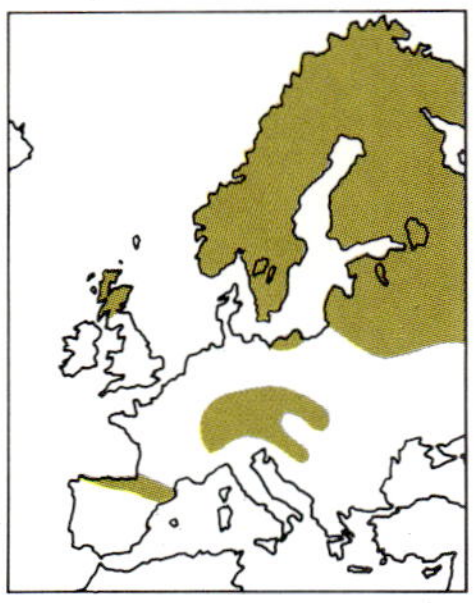

IDENTIFICATION Mâle de très grande taille, presque entièrement noirâtre avec queue large, ailes brunâtres, gorge et bec blanchâtres. Femelle plus petite, tachetée de brun, avec poitrine rousse et queue plus large et plus arrondie que la femelle du Tétras lyre.
VOIX Une série de brefs appels rauques. Le « chant » du mâle en parade est remarquable : une série de doubles notes accélérées, terminée par un « pop » (« tire-bouchon ») très distinct et des sifflements.
HABITAT Forêts de conifères ou zones buissonnantes proches. Souvent dans les arbres.
NIDIFICATION Nid au sol, généralement au pied d'un arbre. 5 à 8 œufs couvés par la femelle 4 semaines environ. Les poussins, élevés par elle, volent à 2-3 semaines. Mâles polygames.

Mâle

Femelle

Perdrix bartavelle

Alectoris graeca

33 cm

IDENTIFICATION Plus grise dessus que la Perdrix rouge, avec une calotte grise et une gorge crème soulignée d'un collier noir très marqué. Reconnaissable surtout à la voix.
VOIX Un « ouitt-ouitt-ouitt » sonore qui rappelle la Sitelle, un « pitchi-i » aigu et un « tchertsi-ouit-tchi » avec ses variantes.
HABITAT Collines rocheuses et moyenne montagne, avec un léger couvert. Descend en hiver.
NOURRITURE Analogue à celle de la Perdrix rouge.
NIDIFICATION Nid au sol. 8 à 10 œufs. Cycle de reproduction semblable à celui de la Perdrix rouge.

Perdrix rouge

Alectoris rufa

34 cm

IDENTIFICATION Une perdrix colorée avec sourcil blanc, bavette blanche lisérée de noir et flancs gris lavande striés de noir, blanc et châtain. Calotte châtaine, dessus brun pâle. Bec et pattes rouges.
VOIX On entend surtout le « tchouk-tchoukar » du mâle et d'autres cris, ainsi qu'un « krouk-ouk » quand on la lève.
HABITAT Zones cultivées dégagées, friches, landes, lisière des bois.
NOURRITURE Essentiellement végétaux ; graines, céréales, fruits, quelques insectes et vers.
NIDIFICATION Nid au sol caché dans la végétation. Jusqu'à 16 œufs, couvés par la femelle 23 à 25 jours. Parfois deux couvées simultanées, chacun des parents assurant l'incubation et l'élevage d'une couvée. Jeunes capables de voler à 2 semaines environ.

Mâle

Femelle

Perdrix grise

Perdix perdix

30 cm

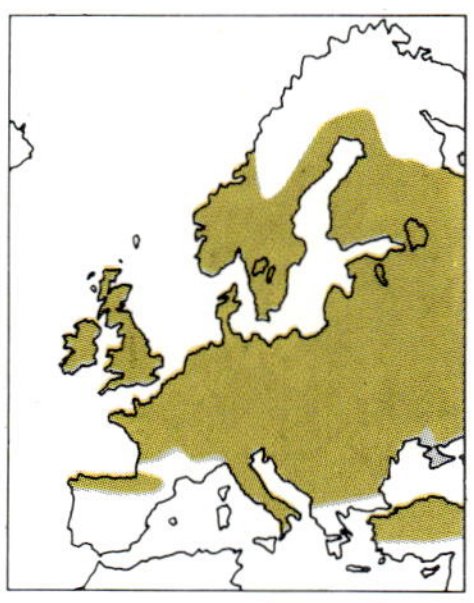

IDENTIFICATION Petit gibier, à la silhouette ronde, au plumage gris et brun. Cet oiseau se distingue par une face châtain clair, un cou et une poitrine gris et un fer à cheval sombre sur le ventre du mâle, moins marqué chez la femelle.
VOIX Doubles notes rauques et sonores : « kriik-kriik », « karr-ouic, Karr-ouic ».
HABITAT Terrain découvert, souvent cultivé. Semblable à celui de la Perdrix rouge.
NOURRITURE Régime identique à celui de la Perdrix rouge.
NIDIFICATION Nid au sol sous un couvert de végétation. Jusqu'à 20 œufs, couvés 23 à 25 jours par la femelle. Les jeunes, élevés par les deux parents, savent voler à 16 jours environ.

Caille des blés

Coturnix coturnix

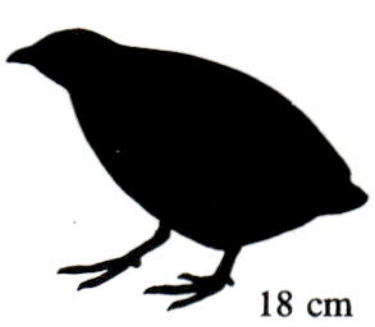

18 cm

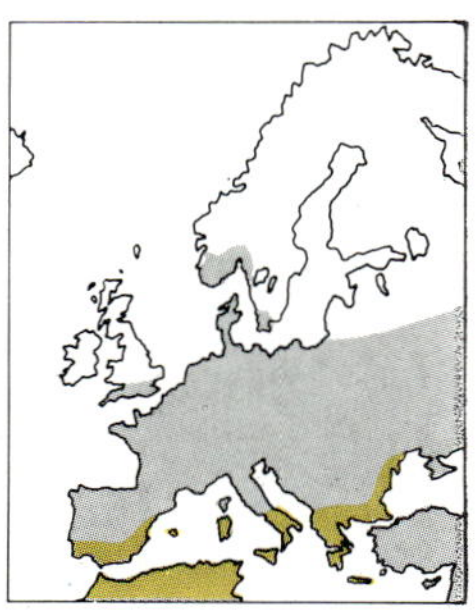

IDENTIFICATION Un petit oiseau au plumage de couleur sable, difficile à apercevoir et généralement repérable à sa voix caractéristique. Brun sable strié de blanc chamois et de noir. Calotte sombre avec bande blanc cassé au milieu et au-dessus de l'œil. Gorge du mâle striée de sombre.
VOIX Un « couic-ic-ic » coulé et ventriloque caractéristique émis de jour comme de nuit. Un râle en « couip-couip » chez la femelle.
HABITAT Prairies, champs de céréales, cultures. Rarement visible à découvert.
NOURRITURE Analogue à celle des perdrix.
NIDIFICATION Nid dans l'herbe ou les cultures. 7 à 12 œufs, couvés 16 à 21 jours par la femelle. Jeunes élevés par elle et capables de voler à 18-19 jours.

Faisan de Colchide

Phasianus colchicus

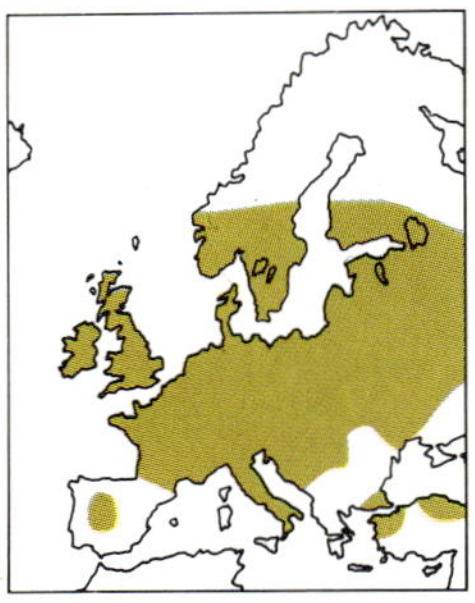

♂ 66-89 cm
♀ 53-63 cm

IDENTIFICATION Plumage très variable chez le mâle, caractérisé par divers bruns, dorés, gris et autres, une tête vert bouteille, une caroncule rouge autour de l'œil et une longue queue pointue. Femelle plus terne, généralement brun pâle tacheté de sombre, queue longue mais plus courte que le mâle.
VOIX Croassement sonore du mâle : « korr-kok ». Sifflement fin et discret de la femelle.
HABITAT Lisière des bois, champs cultivés, marais. Souvent à découvert.
NOURRITURE Toutes sortes de végétaux, insectes, vers et limaces.
NIDIFICATION Niche à terre sous un couvert de végétation. 8 à 15 œufs, couvés 22 à 27 jours par la femelle. Celle-ci élève les jeunes, ils volent à 2 semaines environ.

Femelle

Mâle

Faisan d'Amherst

Chrysolophus amherstiae

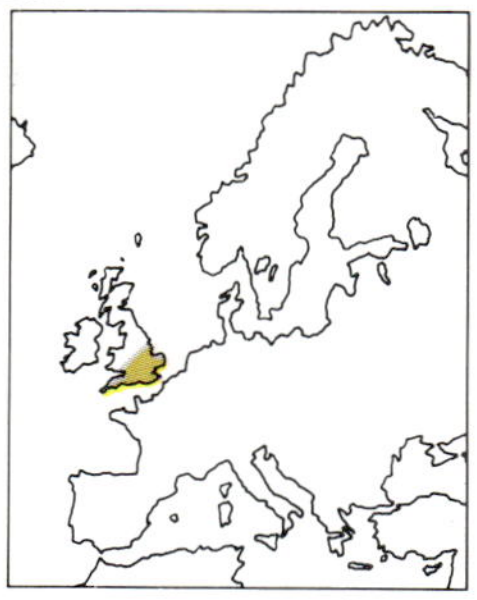

♂ 130-170 cm
♀ 66-68 cm

IDENTIFICATION Un faisan exotique retourné à l'état sauvage en Grande-Bretagne. Mâle facilement identifiable à la fraise blanche à festons, au dessus vert et bleu, dessous blanc et très longue queue blanche rayée de noir. La femelle ne se distingue de celle du Faisan doré que par le bec couleur corne (et non verdâtre), l'œil jaune à caroncule bleu-vert (et non rouge) et les pattes gris-bleu.
VOIX Identique à celle du Faisan doré.
HABITAT Analogue à celui du Faisan doré.
NOURRITURE Analogue à celle du Faisan doré.
NIDIFICATION Analogue à celle du Faisan doré : 7 œufs environ, couvés 3 semaines par la femelle. Chez ces deux espèces, poussins élevés apparemment par la mère.

Mâle

Mâle

Femelle

Faisan doré

Chrysolophus pictus

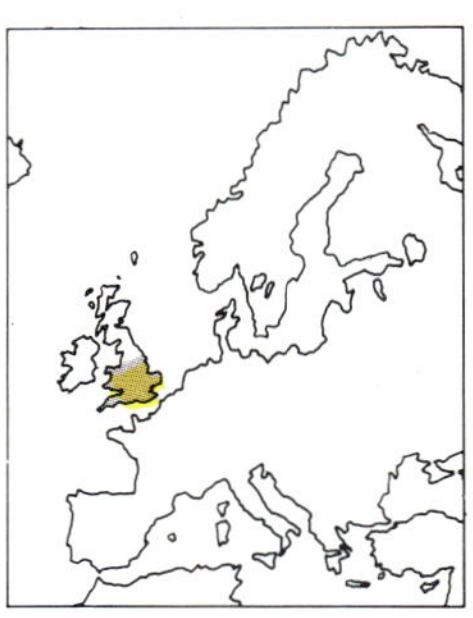

♂ 100-110 cm
♀ 66 cm

IDENTIFICATION Un oiseau exotique retourné à l'état sauvage en Grande-Bretagne. Mâle facilement reconnaissable à la calotte et à la fraise jaune d'or, dos jaune, ailes bleues, dessous rouge, très longue queue dorée. Femelle analogue à celle du Faisan de Colchide, en plus petit et plus pâle, avec une queue plus longue et plus rayée.
VOIX Appel généralement grinçant et haut perché.
HABITAT Bois et alentours.
NOURRITURE Analogue à celle du Faisan de Colchide.
NIDIFICATION Nid au sol. 8 œufs environ, couvés par la femelle à peu près 3 semaines. Poussins soignés par elle.

Grue cendrée

Grus grus

114 cm

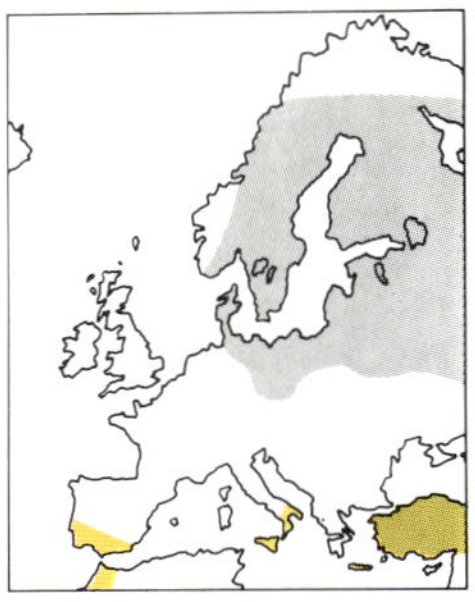

IDENTIFICATION Un grand oiseau qui rappelle la cigogne, largement gris, avec rémiges, tête et haut du cou noirs ; large bandeau blanc de l'œil au bas du cou, calotte rouge. Queue caractérisée par un petit « toupet » noir retombant. Immature plus brun, avec tête unie. Espèce timide et farouche.
VOIX Le plus souvent, un claironnement sonore répété et portant loin.
HABITAT En été, tourbières humides et marais dégagés ; champs, steppes et autres zones dégagées en hiver.
NOURRITURE Surtout végétale, mais aussi insectes, invertébrés divers, petits mammifères.
NIDIFICATION Nid au sol dans tourbières et marais dégagés. Généralement 2 œufs, couvés par le couple. Les jeunes volent à 9-10 semaines.

Marouette ponctuée

Porzana porzana

23 cm

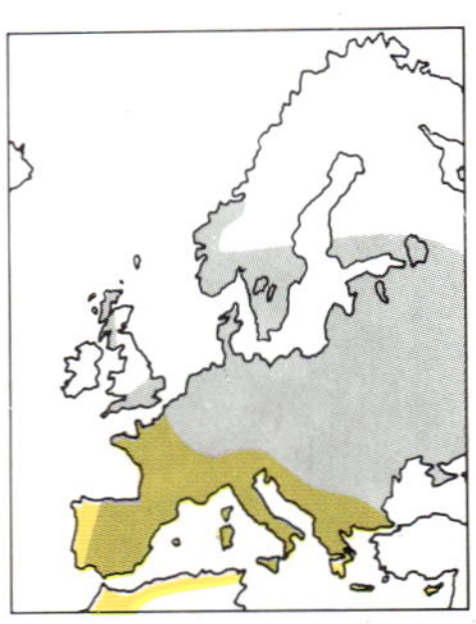

IDENTIFICATION Une petite marouette qui, comme les autres, se tient cachée, mais que l'on a des chances de voir à découvert. Plumage sombre, largement rayé et ponctué de blanc. Pattes verdâtres, bec jaune avec base rouge, sous-caudales chamois.
VOIX Appel le plus caractéristique : un « houitt... houitt » aigu, comme un coup de cravache.
HABITAT Paludicole, aime les rives à végétation dense.
NOURRITURE Petits insectes et mollusques surtout, graines.
NIDIFICATION Nid caché dans la végétation près de l'eau. 8 à 12 œufs, couvés par les deux adultes, qui élèvent ensemble les poussins.

Râle d'eau

Rallus aquaticus

28 cm

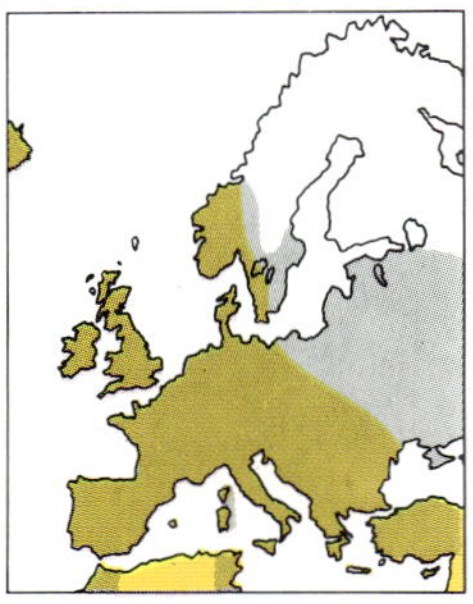

IDENTIFICATION Petit oiseau élancé, avec le corps brun dessus, strié de sombre ; la face, la gorge et le dessous bleu-gris ; les flancs rayés de noir et blanc ; long bec rouge et sous-caudales blanches ; il vit généralement caché.
VOIX Très caractéristique : un « tchep - tchep -tchep » très net, une variété de grognements et cris aigus, dont l'un rappelle celui que poussent les porcs.
HABITAT Niche dans la végétation dense du bord de l'eau, des marais surtout. En hiver, sous le couvert de plantes paludicoles, dans les fossés et zones d'épandage.

NOURRITURE Variée : insectes et autres invertébrés, petits poissons, végétaux.
NIDIFICATION Nid à l'abri de la végétation. 6 à 11 œufs, couvés par le couple 19 ou 20 jours. jeunes soignés par les parents, jusqu'à ce qu'ils sachent voler, vers 7-8 semaines.

Râle des genêts

Crex crex

27 cm

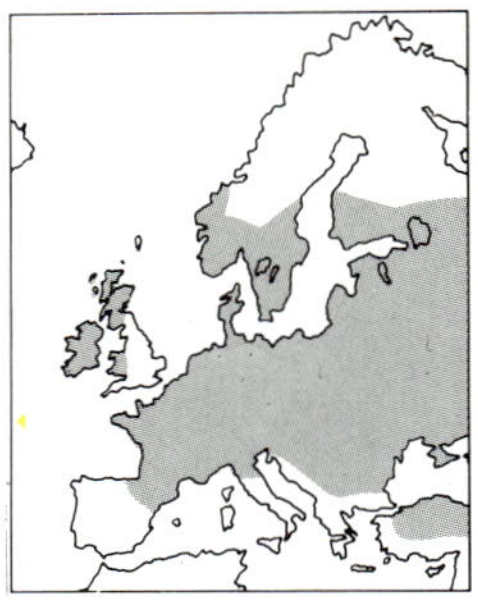

IDENTIFICATION On entend plus qu'on ne voit cet oiseau timide qui vit lui aussi caché. Plumage jaune-chamois, strié de sombre, taches châtaines sur les ailes, visibles quand on le débusque. Très bruyant et actif la nuit, comme beaucoup de râles.
VOIX Un « arrp-arrp » râpeux et monotone, émis de jour comme de nuit.
HABITAT Pâturages, cultures, ou autres terrains secs bordés de végétation.
NOURRITURE Surtout insectes et invertébrés, quelques graines et plantes.
NIDIFICATION Nid dans les herbes hautes. 8 à 12 œufs, couvés surtout par la femelle. Les jeunes n'ont toutes leurs plumes qu'à 7-8 semaines, mais volent à 5 semaines.

Foulque macroule

Fulica atra

38 cm

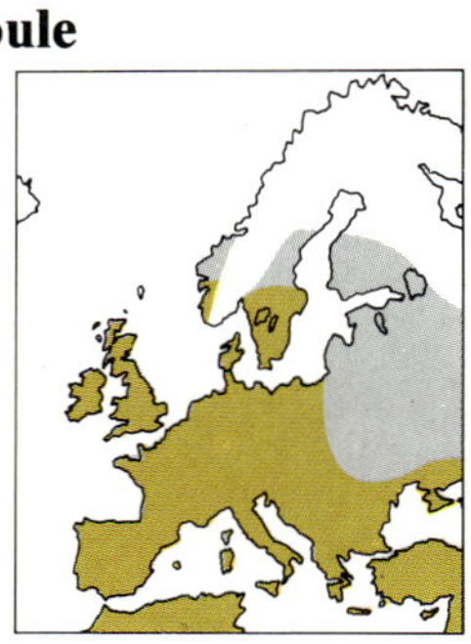

IDENTIFICATION Aisément reconnaissable à son corps rondelet, entièrement noir, son bec et son bouclier blancs jusque sur le front, ses pattes vertes aux doigts largement palmés. Bordure blanchâtre de la queue aux rémiges.
VOIX Divers cris aigus : « tiouk », « pik », « t'kauk » et autres, parfois en double note.
HABITAT Plans d'eaux plus ouverts que ceux fréquentés par la Poule d'eau, dont les réservoirs ; hiverne parfois en mer.
NOURRITURE Surtout les plantes et quelques invertébrés aquatiques. Plonge de la surface et remonte avec un léger rebond caractéristique, ou pâture à découvert dans les champs.
NIDIFICATION Nid près de l'eau, souvent à découvert. 6 à 10 œufs, couvés par le couple 21 à 24 jours. Jeunes indépendants à 8 semaines.

Adulte et poussin

Poule d'eau

Gallinula chloropus

33 cm

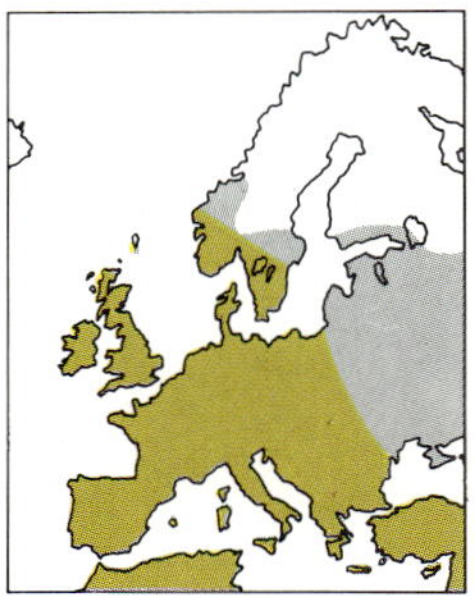

Immature (à droite) et adulte

IDENTIFICATION Un oiseau aquatique familier, noirâtre, plus brun dessous, avec fer à cheval blanc sous la queue, raie blanche sur les flancs et bec rouge et jaune. Longues pattes vertes. Marche et nage en hochant la tête et la queue de façon caractéristique.
VOIX Cris variés : « prrouk » ou « keutteuk » soudains, en simples notes aiguës.
HABITAT Pratiquement tous les plans d'eau douce. Évite cependant les très vastes étendues d'eau ouvertes.
NOURRITURE Surtout végétaux. Quelques insectes et autres invertébrés.
NIDIFICATION Nid près de l'eau, parfois à découvert. 5 à 12 œufs, couvés par le couple 3 semaines. Les jeunes, soignés par lui (ou par les aînés, s'il s'agit de la seconde couvée), volent à 6-7 semaines.

Outarde barbue

Otis tarda

♂ 102 cm
♀ 76 cm

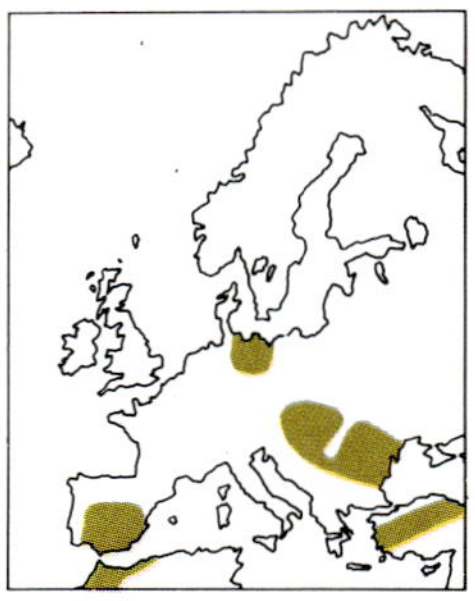

IDENTIFICATION Très gros oiseau terrestre, très farouche et puissant voilier. Dessus couleur sable, dessous blanc, avec cou gris et épais, poitrine châtaine. Mâle avec moustaches blanches. Ailes largement blanches, rémiges noires. Mâle beaucoup plus gros et plus massif que la femelle.
VOIX Plutôt silencieux. Aboiement bourru en saison des nids.
HABITAT Plaines dégagées dépouvues d'arbres, steppes naturelles ou cultivées.
NOURRITURE Surtout végétaux ; insectes, mollusques, lézards, petits mammifères.
NIDIFICATION 2 ou 3 œufs, dans une dépression dégagée dans la végétation. La femelle couve 25 à 28 jours et élève les petits durant 5 semaines.

Femelle

Outarde canepetière

Otis tetrax

43 cm

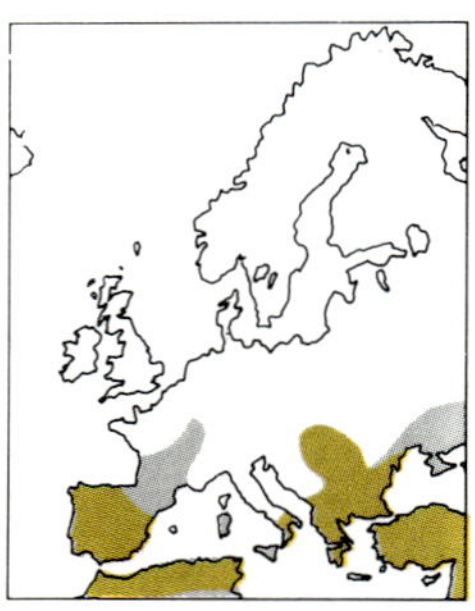

IDENTIFICATION Plus petite et plus svelte que l'Outarde barbue. Plumage presque identique, brun dessus et blanc dessous, ailes tachées de blanc. Le mâle a un dessin caractéristique, noir et blanc, sur le cou. Femelle avec tête et cou striés de brun. Espèce prudente et très discrète.
VOIX Divers cris monosyllabiques et brefs ; notamment un « prrett » d'ébrouement portant loin..
HABITAT Plaines dégagées, vastes champs cultivés et pâturages.
NOURRITURE Végétaux, quelques insectes, vers et mollusques.
NIDIFICATION 3 ou 4 œufs, couvés 3 semaines par la femelle, dans un nid au sol sous un couvert de plantes. Jeunes élevés par la femelle.

Femelle et mâle (en médaillon)

Plumage d'été et d'hiver

Huîtrier pie

Haematopus ostralegus

43 cm

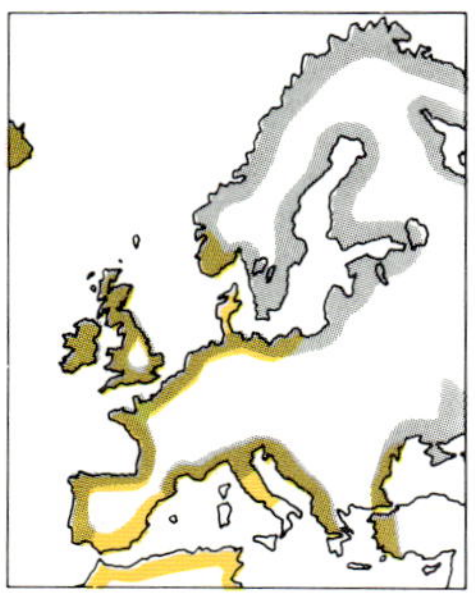

IDENTIFICATION Impossible de ne pas reconnaître ce gros limicole noir et blanc avec des barres alaires blanches voyantes, un long bec rouge orangé et des pattes roses. Collier blanc sur la gorge en hiver.
VOIX Oiseau bruyant : des « klipe-klipe » et « pic-pic-pic » sonores. Chant : un trille retentissant, de plus en plus rapide.
HABITAT Surtout côtier, mais aussi pâturages et rivières caillouteuses de l'intérieur. Très grégaire hors de la saison des nids.
NOURRITURE Mollusques, quelques crustacés et vers.
NIDIFICATION Nid au sol, parfois sur rocher ou poteau. 3 œufs couvés par le couple 4 semaines. Envol des jeunes à 5 semaines.

Vanneau huppé

Vanellus vanellus

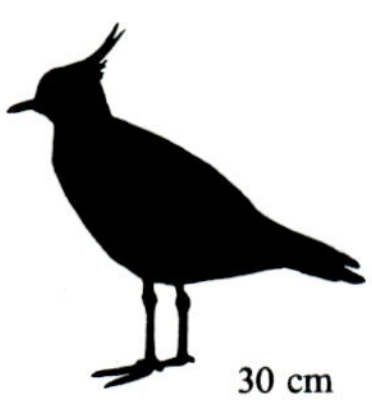

30 cm

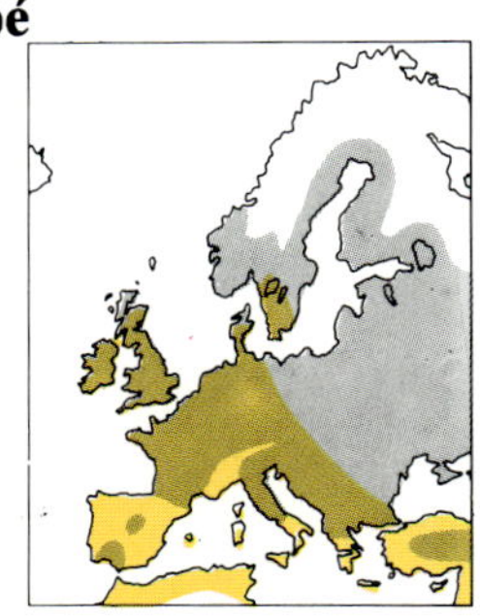

IDENTIFICATION Paraît noir et blanc vu de loin, mais a en fait le dessus du corps vert irisé. Longue huppe, plastron noir, dessous de la queue châtain. Ailes arrondies noir et blanc caractéristiques. Très grégaire hors de la saison des nids.
VOIX Des « pii-ouit » sonores, avec nombreuses variantes.
HABITAT Niche dans les marais, champs cultivés, landes. Hivernage en plaines dégagées et près des côtes.
NOURRITURE Insectes, mollusques, vers, crustacés et quelques végétaux.
NIDIFICATION Nid au sol. 4 œufs couvés par le couple 24 à 27 jours. Jeunes capables de voler à 33-42 jours.

Été et hiver (en médaillon)

Grand Gravelot

Charadrius hiaticula

19 cm

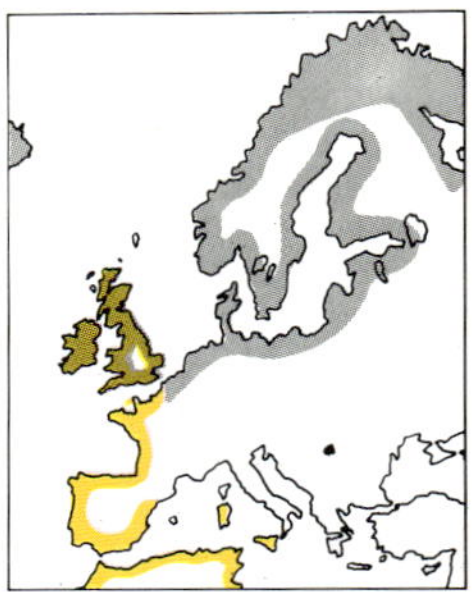

IDENTIFICATION Un petit pluvier brun clair dessus, blanc dessous avec barres alaires blanches. Front, sourcil et collier blancs, joue tachée de noir, large raie noire barrant la poitrine. Pattes et base du bec jaune orangé. Chez l'immature, tête et poitrine partiellement ou vaguement marquées, pattes jaunâtres.
VOIX Un « touou-liip » musical. Chant : une série de « couitouou-ouiouou » en trille.
HABITAT Grèves sableuses et vaseuses, parfois à l'intérieur, surtout hors de la saison des nids.
NOURRITURE Mollusques principalement, insectes et vers.
NIDIFICATION Nids dans le sable ou le gravier des plages, des îles, et dans le Nord, sur la toundra. 4 œufs couvés par le couple 24 ou 25 jours. Vol des jeunes à 25 jours environ.

Été

Hiver

Petit Gravelot

Charadrius dubius

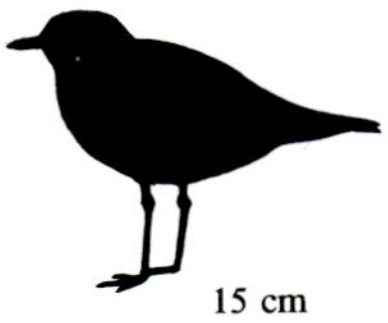

15 cm

IDENTIFICATION Très proche du Grand Gravelot, en plus svelte et légèrement plus petit. Barre alaire blanche absente, pattes jaunâtres ou couleur chair, raie blanche sur le front passant au-dessus de l'œil. Généralement, diffère aussi du précédent par la voix et l'habitat.
VOIX Un « pii-ouou » typique. Émet, comme le Grand Gravelot, un trille, souvent en vol de parade, de « tououii-eu » répétés.
HABITAT En eau douce, gravières et îlots des rivières.
NOURRITURE Surtout insectes, parfois mollusques et petits vers.
NIDIFICATION Nid dans les galets, la vase séchée ou l'herbe. 4 œufs couvés par le couple 24 à 26 jours. Vol des jeunes à 24 jours environ.

Gravelot à collier interrompu

Charadrius alexandrinus

16 cm

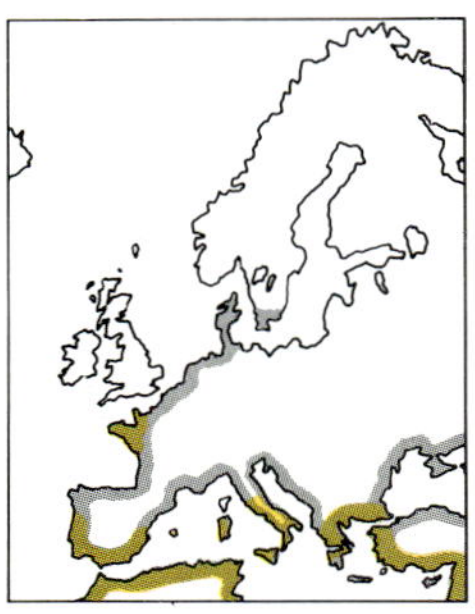

IDENTIFICATION Ressemble au Grand Gravelot, en plus petit et plus pâle. Plumage peu marqué : noir sur la calotte, noir traversant l'œil et encadrant la poitrine, le tout plus brun et plus réduit chez la femelle. Barre alaire blanche. Bec noirâtre et pattes noires.
VOIX Un doux « pouou-ouiit » et un « ouit-ouit-ouit » tranquille. En parade, long trille accéléré.
HABITAT Surtout littoral, dans sable et galets ou zones de marais asséchés.
NOURRITURE Analogue à celle des autres Gravelots.
NIDIFICATION Nid dans les galets, la vase sèche, etc. 3 œufs couvés par le couple 24 jours environ. Vol des jeunes à 6 semaines.

Mâle

Hiver, avec Bécasseau variable (à droite, au deuxième plan)

Pluvier argenté

Pluvialis squatarola

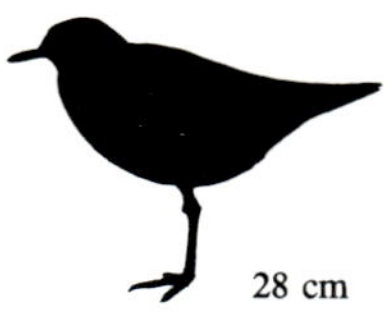

28 cm

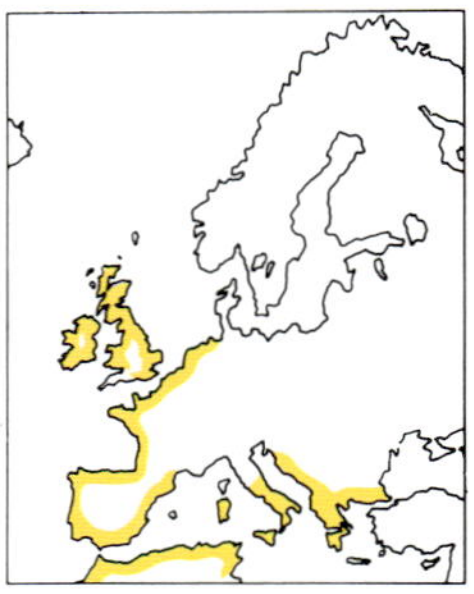

IDENTIFICATION Un pluvier assez gros, à la tête arrondie. En hiver, dessus gris-brun très pâle et dessous blanchâtre. Bec court et sombre, œil large et pattes grisées. Seul limicole à montrer en vol des aisselles noires. En été, dessus gris argenté tacheté de noir, et bande noire bordée de blanc du menton au ventre.
VOIX Un trille mélancolique : « tlii-ou-ii ».
HABITAT Principalement littoral. Visiteur hivernal, migrateur venant des régions arctiques.
NOURRITURE Mollusques, crustacés, vers, insectes et quelques végétaux.

Pluvier doré

Pluvialis apricaria

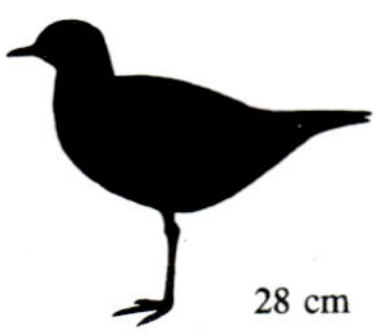

28 cm

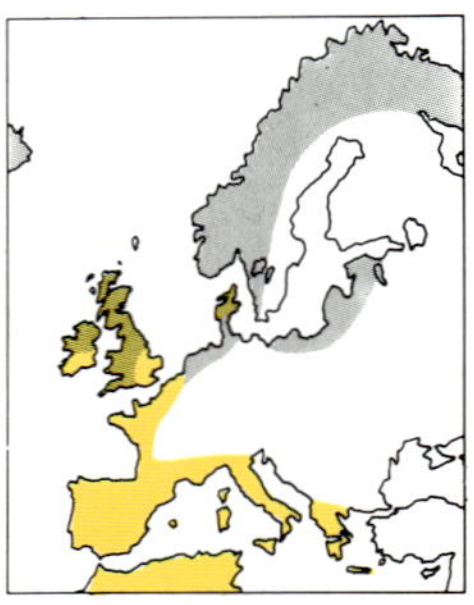

IDENTIFICATION Dessus plutôt sombre tacheté de jaune d'or, plus vif en été. En hiver, dessous clair avec poitrine striée. En été, variantes allant d'une bande noire lisérée de blanc, couvrant ventre et menton, à des taches noires moins distinctes et plus petites dessous.
VOIX Un « tilououii » plaintif facile à reconnaître, souvent en vol. Chant : un trille musical, sur une série de « tououii » en double note.
HABITAT Niche sur landes et collines. En hiver, dans les champs et sur le rivage.
NOURRITURE Insectes, vers, mollusques, graines, baies et graminées.
NIDIFICATION Nid au sol. 4 œufs, couvés par le couple 28 jours environ. Vol des jeunes à 28 jours.

Été

Hiver

Pluvier guignard

Eudromias morinellus

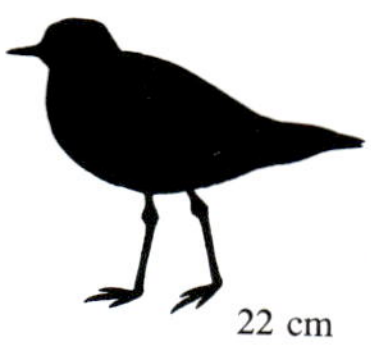

22 cm

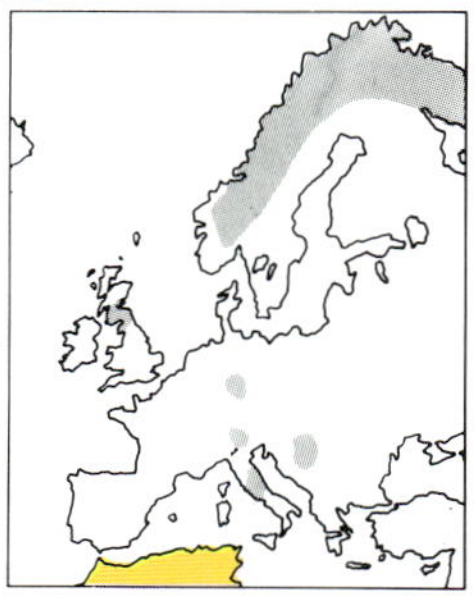

IDENTIFICATION Facile à reconnaître, à son manteau brun, sa poitrine brune séparée du dessous orange par une étroite bande blanche, ventre noir. Sourcils blancs se joignant à la nuque. Femelle plus vivement colorée que le mâle. En hiver, plus pâle et moins distinctement marqué. Espèce souvent facile à approcher.
VOIX Appel en vol analogue à celui du Pluvier doré, en plus haut, et un gazouillis sur trois notes.
HABITAT Niche à terre sur de hauts plateaux rocheux, dans la toundra et les polders de Hollande. En migration, landes et champs.
NOURRITURE Insectes surtout, parfois mollusques et végétaux.
NIDIFICATION Nid au sol. Rôles sexuels inversés : le mâle couve 3 œufs 25 à 27 jours, et élève habituellement seul les petits jusqu'à ce qu'ils volent, vers 28-30 jours.

Été

Hiver

Tournepierre à collier

Arenaria interpres

23 cm

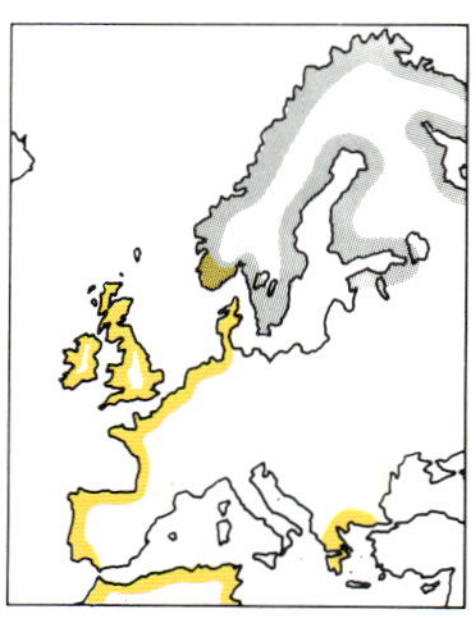

IDENTIFICATION Un petit limicole robuste doté d'un bec court et épais. Plumage nuptial châtain avec manteau noir, motifs noir et blanc sur la tête, large bande pectorale sombre. En hiver, brun foncé dessus. Dessous blanc. Montre en vol un dessin caractéristique noir et blanc sur l'aile et le dos.
VOIX Cliquetis de notes aiguës en trille.
HABITAT Niche en terrain rocheux, surtout près des côtes. Le reste de l'année, côtes pierreuses ou rocheuses, jetées, dessous des pontons.
NOURRITURE Mollusques, crustacés et insectes qu'il trouve en retournant les pierres.
NIDIFICATION Uniquement nordique. Nid au sol. Les deux sexes se partagent l'incubation et les soins aux petits.

Bécassine des marais

Gallinago gallinago

27 cm

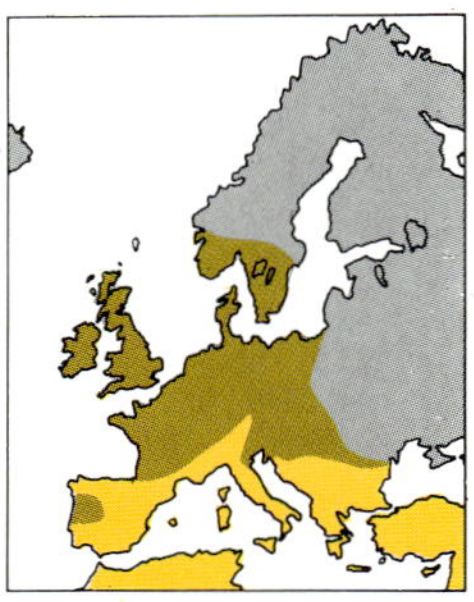

IDENTIFICATION Dessus brun et noir, strié de chamois clair, rectrices externes blanches. Calotte rayée, long bec sombre, pattes assez courtes. Oiseau assez discret, que l'on ne voit qu'en le débusquant et qui fuit alors en un rapide zigzag. Visible parfois, quand il se nourrit à découvert.
VOIX Cri râpeux, quand on la lève. Chant : un « tchikeu-tchikeu » répété, émis au sol ou perché sur un poteau. Vol nuptial en cercle et plongée, avec vibration caractéristique des rectrices externes déployées.
HABITAT Marais, tourbières, bords des lacs.
NOURRITURE Vers, insectes, mollusques, parfois graines et graminées.
NIDIFICATION Nid au sol. 4 œufs couvés 19-20 jours par la femelle. Plumage adulte à 7 semaines. Jeunes capables de voler à 14 jours.

Bécassine sourde

Lymnocryptes minimus

19 cm

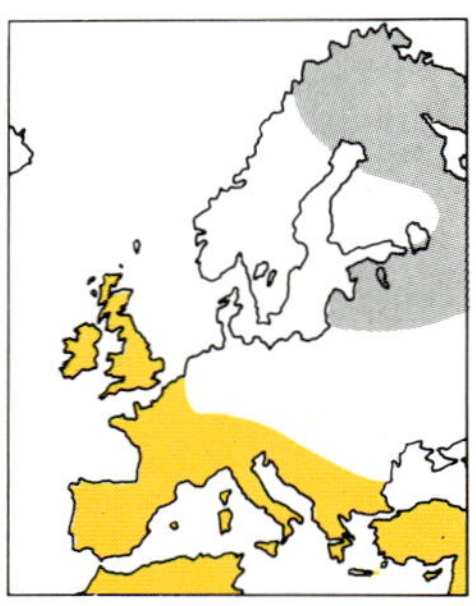

IDENTIFICATION Ressemble à celle des marais, en plus petit et plus farouche : levée par un bruit de pas, s'envole sans un cri pour se poser plus loin. Bec plus court, raies brillantes sur le dos contrastant avec les reflets violet foncé. Pas de blanc à la queue. Hoche la tête et le corps comme un pantin, quand elle mange.
VOIX Généralement silencieuse. Bref croassement. Battement sourd comme un galop de cheval au loin, lors des parades en vol ou au sol.
HABITAT Analogue à celui de la précédente. Niche dans les marais et les tourbières nordiques.
NOURRITURE Invertébrés, quelques végétaux.
NIDIFICATION Nid au sol. 4 œufs couvés 24 jours par la femelle.

Bécasse des bois

Scolopax rusticola

34 cm

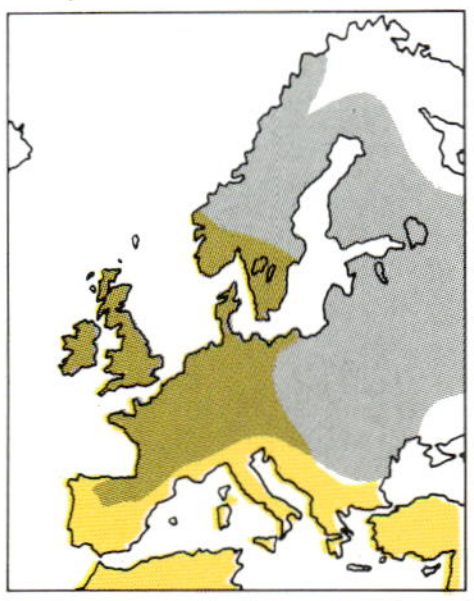

IDENTIFICATION Gros oiseau trapu avec des pattes courtes, faisant penser à une Bécasse des marais en plus rond et plus volumineux, avec le bec plus épais et les ailes plus arrondies. Un beau plumage mêlant brun, chamois et beige lui assure son camouflage. Calotte rayée de sombre. Oiseau solitaire et surtout crépusculaire.
VOIX Le mâle en parade émet deux notes distinctes : un double croassement sourd et un « tii-ouic » aigu ; plus sonore quand il survole lentement son territoire au crépuscule.
HABITAT Bois où domine une végétation dense et humide. Se nourrit la nuit, à découvert, dans champs et marais.
NOURRITURE Vers de terre, parfois insectes et leurs larves.
NIDIFICATION Nid au sol, le plus souvent dans les bois. 4 œufs couvés 20-21 jours par la femelle. On peut parfois voir un adulte voler en tenant un petit entre les pattes.

Courlis cendré

Numenius arquata

53-58 cm

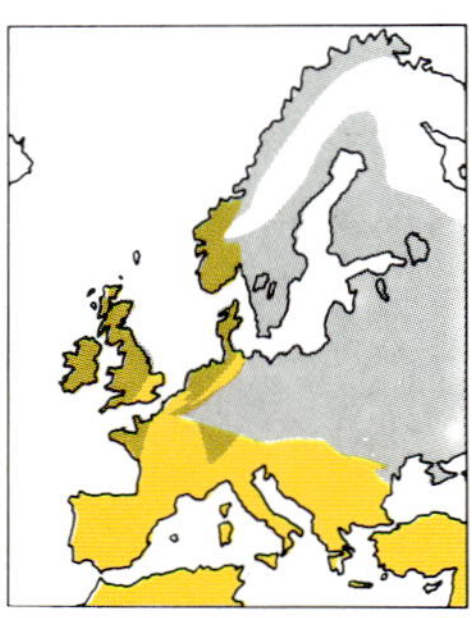

IDENTIFICATION Le plus grand des limicoles. Plumage gris-brun strié avec ventre et croupion clairs et très long bec recourbé. Oiseau très grégaire hors de la saison des nids.
VOIX Un « cour-li » sonore avec nombreuses variantes. Beau chant glougloutant et trille lors du vol nuptial ou au sol.
HABITAT Landes, prairies dégagées, marais ; en hiver, bancs de sable côtiers.
NOURRITURE Mollusques, crustacés, vers, insectes et quelques végétaux.
NIDIFICATION Nid au sol. 4 œufs, couvés par les deux adultes 28 à 30 jours. Vol des jeunes vers 5-6 semaines.

Adulte (à droite) avec deux Chevaliers gambette

Courlis courlieu

Numenius phaeopus

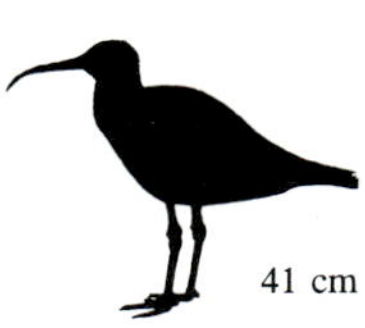

41 cm

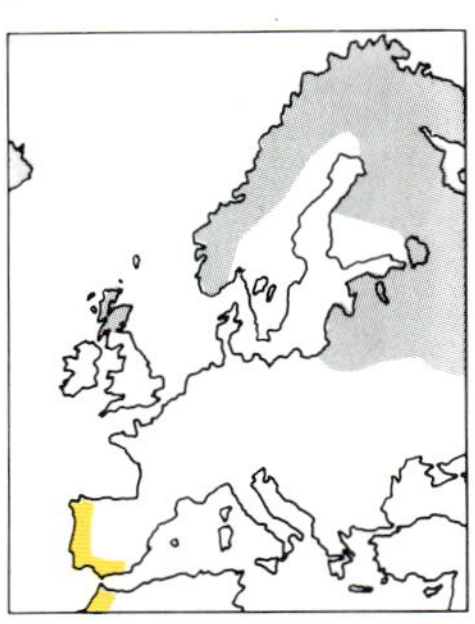

IDENTIFICATION Rappelle fortement le Courlis cendré en plus petit, avec un bec nettement plus court et deux larges rayures sombres encadrant une bande claire sur la calotte.

VOIX Généralement une série de sept sifflements aigus. Chant glougloutant et flûté, semblable par endroits à celui du Courlis cendré.

HABITAT Analogue à celui du précédent, qu'il relaie dans la partie la plus septentrionale de l'Europe.

NOURRITURE Analogue à celle du Courlis cendré.

NIDIFICATION Nid au sol. 4 œufs, couvés 24 jours environ par les deux adultes. Vol des jeunes vers 4 semaines.

Barge à queue noire

Limosa limosa

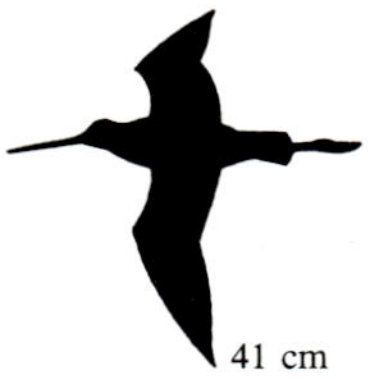

41 cm

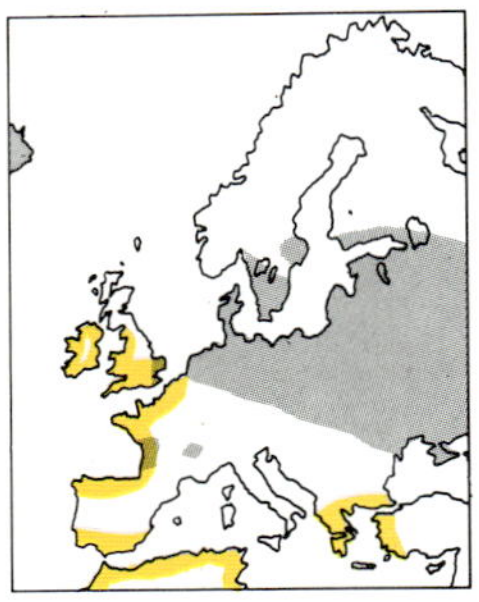

IDENTIFICATION Un grand échassier, avec de longues pattes, un bec pratiquement droit, de larges barres alaires et une queue blanche bordées d'une large raie noire. Tête et poitrine châtaines, avec flancs et ventre blanchâtres, rayés de sombre. En hiver, dessus gris-brun et dessous clair. En vol, les pattes dépassent de la queue.
VOIX Un « wik-eu-wik-eu-wik-eu » clair en vol. Des « tiiou-ii-tiiou » et des « kouiitt » en saison des nids.
HABITAT Prairies inondées, landes humides. Côtes et marais en hiver.
NOURRITURE Vers, crustacés et mollusques, insectes et leurs larves.
NIDIFICATION Nid au sol. 4 œufs, couvés 24 jours par les deux adultes qui élèvent ensemble les petits.

Été

Été

Hiver

Barge rousse

Limosa lapponica

38 cm

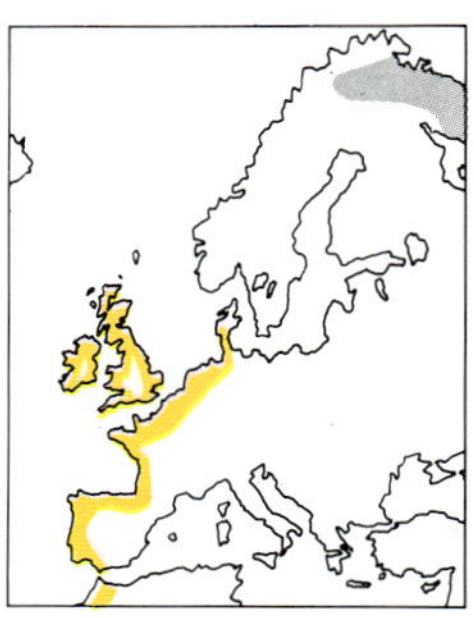

IDENTIFICATION Rappelle en toute saison la Barge à queue noire, avec un plumage nuptial plus roux et généralement plus pâle en hiver. Barres alaires absentes, croupion clair, queue barrée. Pattes beaucoup plus courtes, et bec plus court et plus relevé.
VOIX En vol, un « keurreutt » bas caractéristique. Cri d'alarme perçant : « krrick ».
HABITAT Analogue à celui du précédent en hiver, mais plus maritime et souvent en larges troupes. Niche dans les marais et tourbières du Grand Nord. Rare dans nos régions.
NOURRITURE Crustacés, vers, mollusques, insectes. Fouille la vase, comme le précédent, grâce à son très long bec.
NIDIFICATION Nid au sol. Les deux parents couvent (4 œufs, 3 semaines) et élèvent les petits.

Chevalier culblanc

Tringa ochropus

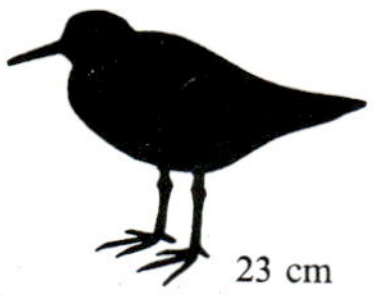

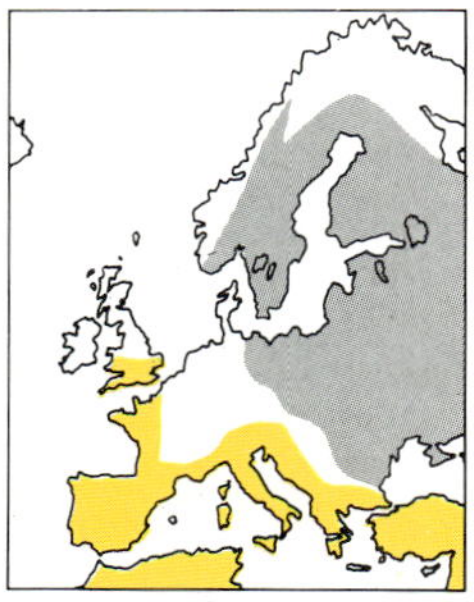

IDENTIFICATION Dessus presque noir, ponctué de blanc cassé en été, poitrine striée, ventre blanc, dessous des ailes sombre, absence de barres alaires. Croupion blanc qui contraste fortement avec l'ensemble. Ressemble de dos à une grosse Hirondelle de fenêtre.
VOIX Chant : un « titti-loui, titti-loui » en trille aigu et flûté. En vol, « ouiite, louitt, ouiit-ouiit » très clair.
HABITAT Niche dans les forêts marécageuses nordiques. En hiver, marais, étangs, gravières, champs d'épandage. Rarement près des côtes.
NOURRITURE Surtout insectes, mais aussi vers, petits mollusques et crustacés.
NIDIFICATION Nid généralement dans un arbre, utilise souvent un vieux nid de grive. 4 œufs, couvés 3 semaines, surtout par la femelle. Jeunes soignés par le couple.

Chevalier sylvain

Tringa glareola

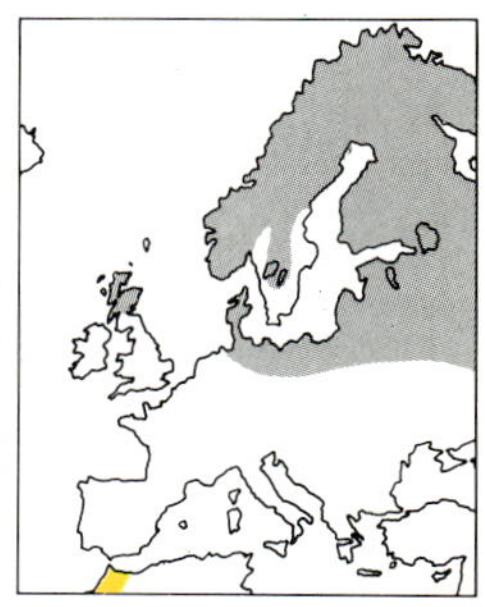

IDENTIFICATION Ressemble au Chevalier culblanc, en plus brun olive, avec dessous de l'aile clair. Croupion blanc, moins contrasté en « noir et blanc » que le Chevalier culblanc. Manteau finement ponctué de blanc en été. Sourcil blanc très net.
VOIX Un trille clair et coulé en « tlouii ». Levé, il émet un « tchiff-tchiff-tchiff ». Vole haut dans le ciel avec un « tliieu, tliieu, tliieu » continu et musical.
HABITAT Analogue au précédent en hiver. Niche en région humide des forêts nordiques et près des étangs de la toundra.
NOURRITURE Insectes, vers, mollusques, quelques végétaux.
NIDIFICATION Nid généralement au sol, parfois dans un arbre (dans le vieux nid d'une autre espèce). 4 œufs. Cycle de reproduction pareil à celui du Culblanc.

Chevalier guignette

Tringa hypoleucos

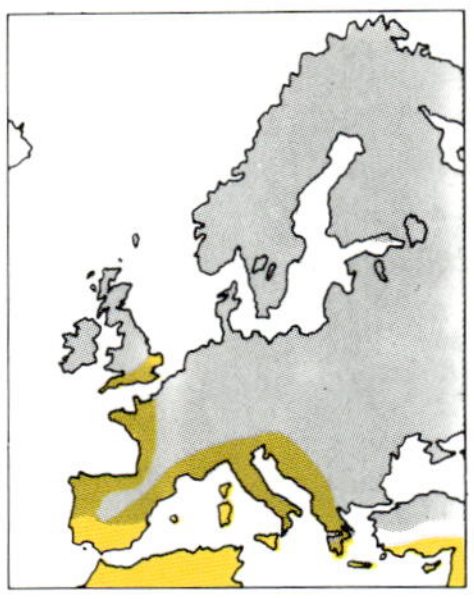

IDENTIFICATION Dessus et poitrine vert olive, barres alaires et dessous blancs. Posé, il agite sans cesse la tête et la queue. Vol saccadé caractéristique, alternant rapides battements d'ailes et brefs vols planés, ailes recourbées.
VOIX Un « touii-sii-sii » flûté typique. Chant : « tittk-ouiiti, titti-ouiiti » rapide et aigu.
HABITAT Niche près des cours d'eau rapides et sur les galets au bord des lacs. De passage en zone littorale et en eaux douces.
NOURRITURE Insectes, quelques crustacés, mollusques et vers.
NIDIFICATION Nid au sol. Le couple couve (4 œufs, 3 semaines) et élève les petits.

Chevalier gambette

Tringa totanus

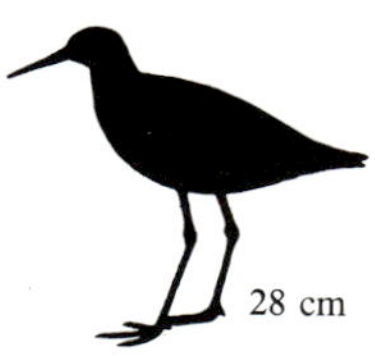

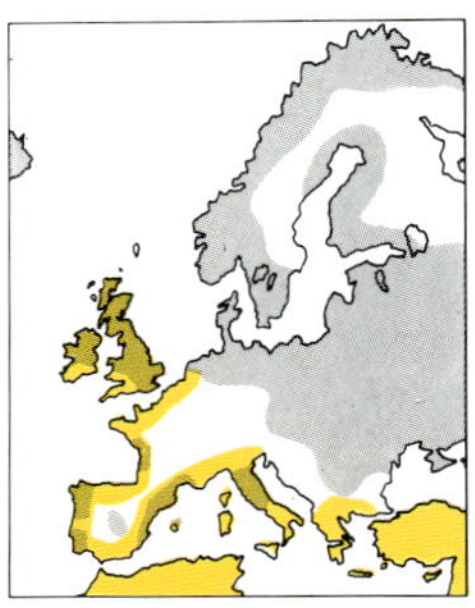

IDENTIFICATION Oiseau brun, avec dessus et poitrine très marqués de sombre, dessous finement rayé. Bordure blanche, très visible à l'arrière de l'aile, croupion blanc. Bec rouge avec bout noir, pattes rouge orangé vif.
VOIX Très bruyant. Un « tlou-you-you » haut perché, entre autres notes. Cri d'alarme : « teuk-teuk » insistant. Levé, il émet une explosion surprenante de cris stridents. Chant : brèves phrases musicales répétées.
HABITAT Marais, landes et prés inondés, salines, estuaires.
NOURRITURE Mollusques, crustacés, vers, insectes, petits poissons, végétaux.
NIDIFICATION Nid au sol. 4 œufs, couvés 22-24 jours par le couple. Vol des jeunes vers un mois.

Mue

Été

Chevalier arlequin

Tringa erythropus

30 cm

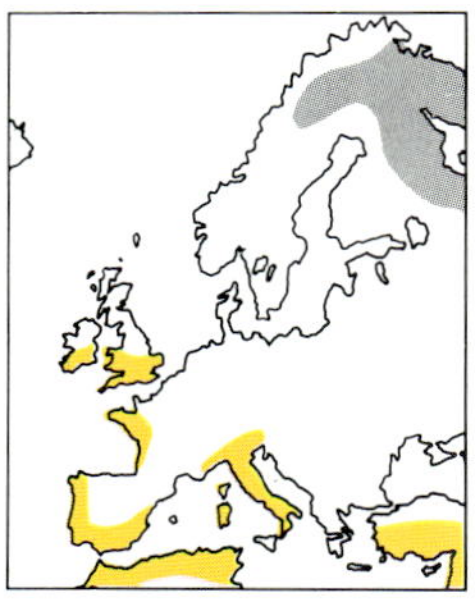

IDENTIFICATION Plus svelte que le Chevalier gambette, pattes et bec plus longs. Plumage nuptial typique, couleur de suie, ponctué de blanc dessus. Manteau gris pâle en hiver, dessous blanchâtre. Croupion blanc s'étendant en V sur le dos, pas de barre alaire.
VOIX Un « tiouit » sonore. Chant en vol : une série mélodieuse de doubles notes répétées.
HABITAT Analogue à celui du Chevalier gambette. Niche dans les marais nordiques et les eaux de la toundra.

NOURRITURE Insectes, petits poissons, mollusques, crustacés.
NIDIFICATION Nid au sol. 4 œufs, couvés probablement par le mâle environ 25 jours. Le couple soigne les petits qui volent vers un mois.

Chevalier aboyeur

Tringa nebularia

30,5 cm

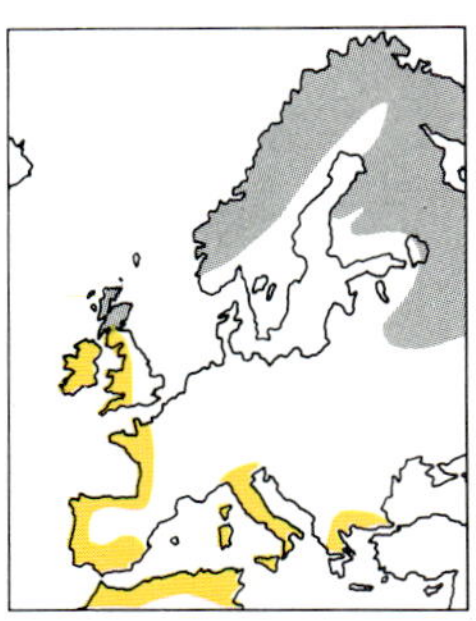

IDENTIFICATION Un échassier svelte, au plumage plutôt pâle, doté de longues pattes. Se reconnaît à sa face claire, ses pattes vert pâle, ses ailes unies et son croupion blanc s'étendant sur le dos. Bec noirâtre légèrement relevé.
VOIX Un « tiou-tiou-tiou » flûté caractéristique. Chant : « tioui-tioui-tioui » musicaux répétés.
HABITAT Niche dans les landes et forêts clairsemées nordiques, généralement près de l'eau. Hiverne, ou de passage, dans les mêmes zones que le Chevalier gambette.

NOURRITURE Insectes, crustacés, vers, mollusques, petits poissons.
NIDIFICATION Nid au sol. 4 œufs, couvés 24 ou 25 jours par le couple. Vol des jeunes vers un mois.

Été

Hiver

Bécasseau maubèche

Calidris canutus

25 cm

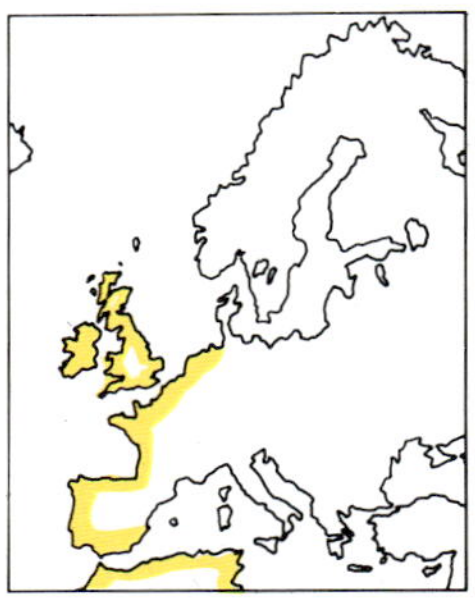

IDENTIFICATION Robuste limicole, aux pattes et au bec courts. Poitrine et dessous du corps d'un roux rosé, manteau châtain tacheté. Dessus gris clair festonné et dessous blanchâtre en hiver. Barre alaire, croupion et queue clairs.
VOIX Un « kneut » bas avec variantes, souvent en vol, et un « touitt-itt » en vol.
HABITAT Estuaires, côtes sablonneuses ou vaseuses. Souvent en vastes bandes. Rare à l'intérieur. Visiteur hivernal et migrateur de passage venant de l'extrême Arctique.
NOURRITURE Mollusques, crustacés, vers et insectes.
NIDIFICATION Niche au Groenland et en Sibérie. Pond 4 œufs au sol. Incubation de 3-4 semaines.

Bécasseau violet

Calidris maritima

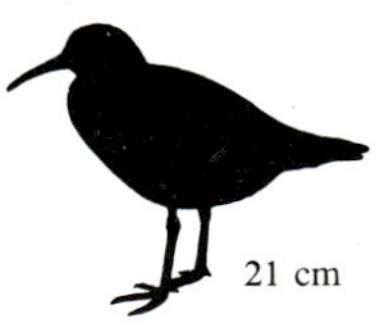

21 cm

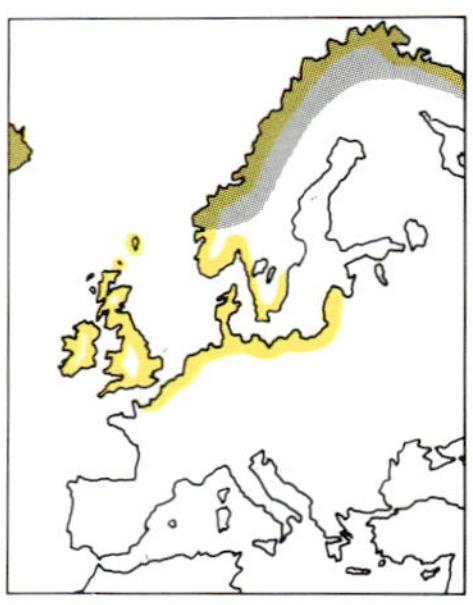

IDENTIFICATION Un petit échassier robuste nettement plus sombre que le Bécasseau variable et espèces affines, au bec jaunâtre, à l'aile rayée de blanc.
VOIX Un « trrit-trrit » ou « ouiit-ouitt » bref.
HABITAT Niche dans la toundra ou le long des côtes de l'Arctique. Hiverne presque uniquement sur les côtes rocheuses, rarement sur les plages ou les vasières.
NOURRITURE Mollusques, crustacés, petits poissons, insectes, quelques végétaux.
NIDIFICATION Nid au sol. 4 œufs couvés, surtout par le mâle, 3 semaines environ. Jeunes capables de voler 3 semaines plus tard.

Hiver

Bécasseau minute

Calidris minuta

13 cm

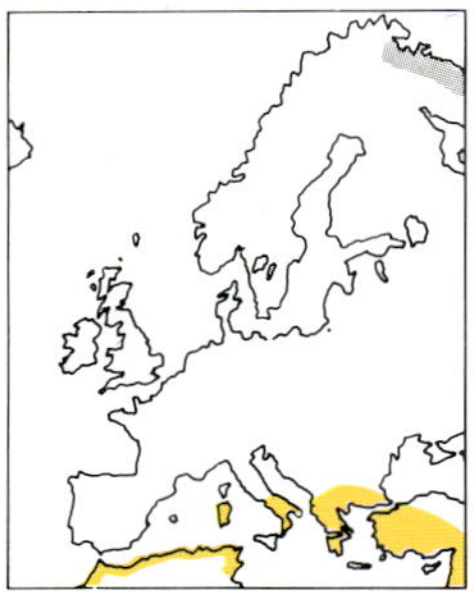

Hiver

IDENTIFICATION Un tout petit limicole au bec sombre, court, avec des pattes noires, une étroite bande blanche sur l'aile et les flancs blancs jusqu'au croupion. Manteau roux et dessous blanc en été, plus pâles et plus gris en hiver. Immature marqué de deux V pâles sur le dos. Pattes noires.
VOIX Un « trit » ou « tirri-trit-trit » aigu. Chant en long trille.
HABITAT Niche dans la toundra, les marais et îles nordiques. Le reste de l'année, rivages et estuaires, ou sites variés de l'intérieur, terrains d'épandage, etc.
NOURRITURE Principalement insectes ; petits vers, mollusques et crustacés.
NIDIFICATION Nid au sol. 4 œufs, probablement couvés par les deux parents qui soignent ensemble les petits. Vol à 2 ou 3 semaines.

Bécasseau de Temminck

Calidris temminckii

14 cm

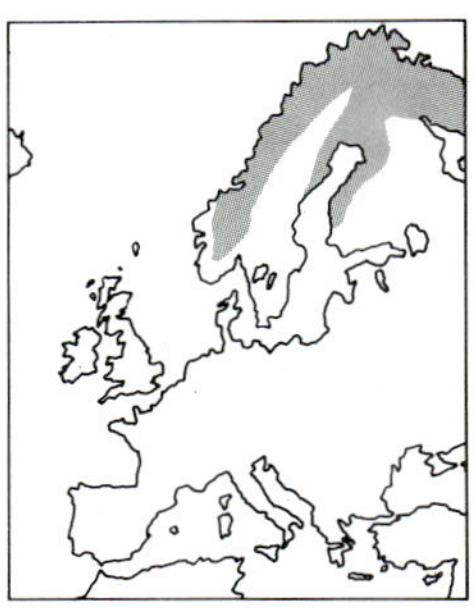

Hiver

IDENTIFICATION Ressemble au Bécasseau minute et, en plumage nuptial, au Chevalier guignette (en plus petit), avec un plumage assez terne, brun olive dessus et blanc dessous. Plus gris et d'une couleur plus uniforme en automne que le Bécasseau minute, avec les rectrices externes marquées de blanc (grises chez le précédent) et les pattes verdâtres ou brunâtres.
VOIX Un « teurrr » bref. Chant : un trille clair et prolongé, émis en vol, au sol ou d'un perchoir.
HABITAT Niche sur la toundra, autour des marais et zones humides nordiques. En migration, eaux intérieures, marais et champs d'épandage, etc. Rarement sur les côtes.
NOURRITURE Analogue à celle du Bécasseau minute.
NIDIFICATION Nid au sol. 4 œufs couvés par le couple 3 semaines. Parfois 2 couvées simultanées, incubation par chaque adulte. Vol des jeunes entre 2 et 2 semaines et demie.

Eté

Hiver

Bécasseau variable

Calidris alpina

17-19 cm

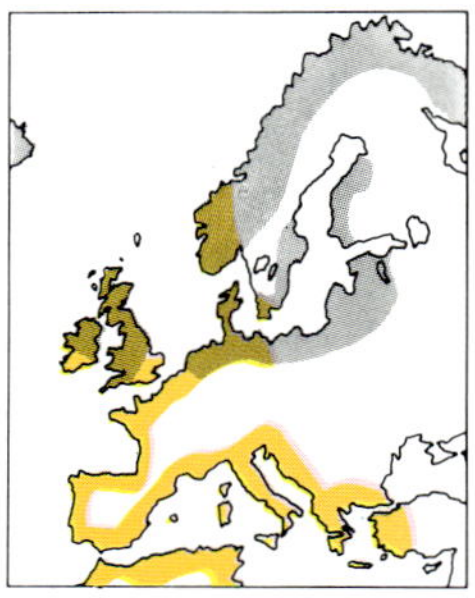

IDENTIFICATION De petite taille, c'est le plus courant des échassiers. L'été, dessus du corps brun-châtain, plus pâle dessous avec ventre noir. Beaucoup plus pâle et plus gris l'hiver, avec ventre blanc. Bec sombre, légèrement recourbé, pattes noirâtres, barre alaire blanche et côtés blancs jusqu'au croupion et à la queue sombres.
VOIX Un « triii » bref et aigu avec variantes. Chant : long ronflement en trille.
HABITAT Niche sur les landes d'altitude, tourbières, marais d'eau douce ou salée. Hiverne sur les vasières littorales et sur les eaux de l'intérieur, champs d'épandage, etc.
NOURRITURE Insectes, mollusques, crustacés et vers.
NIDIFICATION Nid au sol. 4 œufs couvés par le couple 3 semaines. Vol des jeunes 3 semaines plus tard.

Hiver

Bécasseau cocorli

Calidris ferruginea

19 cm

IDENTIFICATION Rappelle le Bécasseau variable, en plus svelte, légèrement plus haut sur pattes, avec le cou plus long. Bec plus long, plus mince et plus régulièrement recourbé. Croupion blanc. Plumage d'été rouge brique, avec manteau plus sombre largement strié et tacheté. Le reste de l'année, pareil au Bécasseau variable, avec un sourcil plus brillant et la poitrine moins striée.
VOIX Un « tchirrip » caractéristique.
HABITAT Analogue à celui du Bécasseau variable. Niche dans l'Arctique extrême-orientale. En migration dans nos régions.
NOURRITURE Voir le Bécasseau variable.
NIDIFICATION Nid au sol. 4 œufs couvés par les deux parents.

Hiver

Bécasseau sanderling

Calidris alba

20 cm

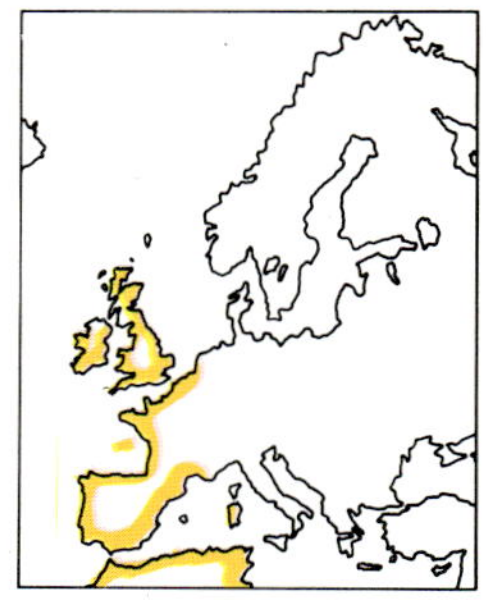

IDENTIFICATION Un petit limicole actif, rondelet, qui court par à-coups brefs et poursuit les vagues. Paraît presque blanc l'hiver, quoique gris très pâle dessus avec tache sombre aux scapulaires. Au printemps et en automne, dessus châtain, ponctué de sombre, contrastant avec le dessous blanc. Court bec sombre.
VOIX Un « touick » bref, avec variantes.
HABITAT Côtes sablonneuses, principalement. Niche dans les hautes latitudes de l'Arctique. En Europe, l'hiver et en migration.
NOURRITURE Petits crustacés, mollusques, vers.
NIDIFICATION Nid au sol. 4 œufs couvés 23 ou 24 jours. Envol des jeunes à 2 semaines.

Hiver

Bécasseau tacheté

Calidris melanotos

19 cm

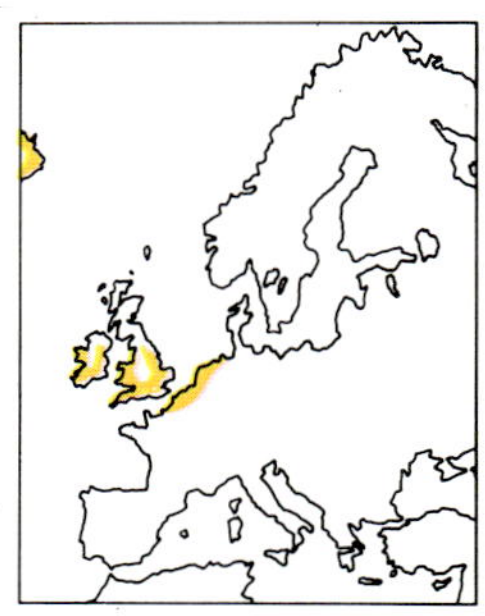

IDENTIFICATION Légèrement plus gros que le Bécasseau variable. Manteau brun strié de sombre, avec raies chamois le long du dos, calotte sombre, sourcil et menton blanchâtres. Poitrine striée, très nettement démarquée du blanc pur du dessous. Très vague barre alaire. Pattes ocre.
VOIX Un « trrrp, trrrp » caractéristique.
HABITAT Marais, lagunes peu profondes, champs d'épandage. Moins souvent sur les côtes. Oiseau nord-américain, visiteur assez régulier en Europe occidentale, surtout en Grande-Bretagne et en Irlande.
NOURRITURE Insectes, crustacés, vers et quelques végétaux.

Hiver

Chevalier combattant

Philomachus pugnax

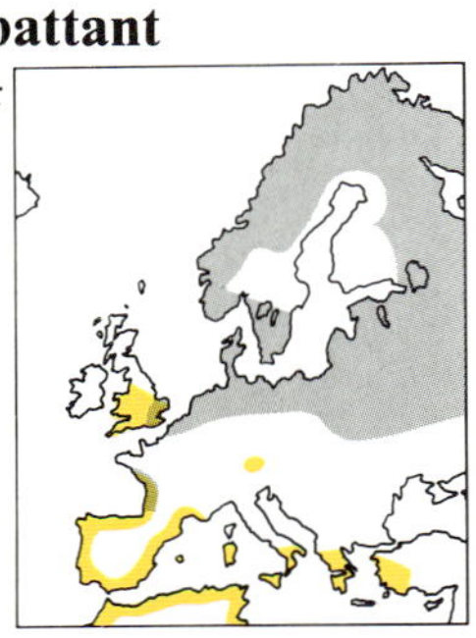

♂ 29 cm
♀ 23 cm

IDENTIFICATION Impossible de ne pas reconnaître le mâle au printemps avec ses plumes en « oreilles » et sa fraise diversement chamarrées. Fort banal le reste du temps, avec le dessus brun festonné et la poitrine chamois ; absence de barre alaire ; taches blanches ovales à la base de la queue ; pattes grises, marron, vertes ou orange. Femelle comme le mâle hors de la saison des nids, nettement plus petite. Posture dressée caractéristique de l'espèce.
VOIX Généralement silencieux. Grincement bas et bref ou double note grave, à l'occasion.
HABITAT Niche sur les marais intérieurs et les toundras et tourbières nordiques. L'hiver et en migration, marais et eaux intérieures, parfois près des côtes.
NOURRITURE Insectes, vers, mollusques, graines.
NIDIFICATION Les mâles, polygames, se livrent à des parades collectives élaborées. Nid au sol. La femelle couve 4 œufs 21 jours environ et élève seule les petits.

Femelle, plumage nuptial

Mâle, plumage nuptial

Avocette

Recurvirostra avosetta

43 cm

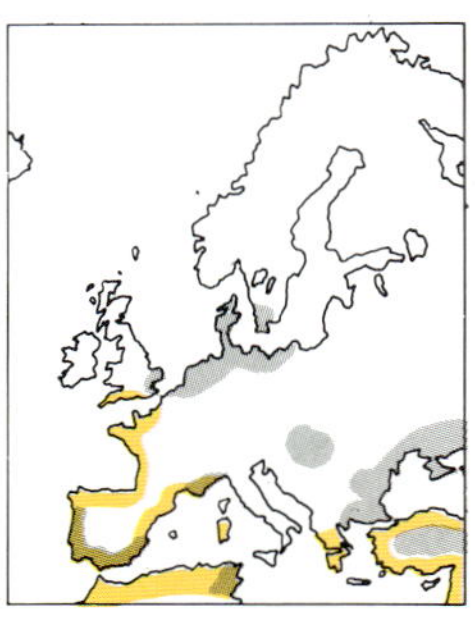

IDENTIFICATION Grand et mince échassier aisément reconnaissable, tout blanc avec calotte et nuque noires et ailes marquées de noir. Longues pattes bleu-gris et long bec noir récurvé.
VOIX Un « clou-ite » ou « kliiip » flûté.
HABITAT Niche dans les salines, le delta des fleuves. Le reste de l'année, estuaires, bancs de vase et de sable.
NOURRITURE Crustacés, mollusques, insectes et frai.
NIDIFICATION En colonie. Pond 4 œufs dans un nid au sol. Les deux adultes couvent 22 à 24 jours et soignent les petits qui volent à 6 semaines environ.

Hiver

Été

Phalarope à bec large

Phalaropus fulicarius

20,5 cm

IDENTIFICATION On le voit constamment nager. Plumage d'été facilement reconnaissable, avec calotte sombre, face blanche et dessous du corps châtain. Femelle beaucoup plus colorée que le mâle. En hiver, il est blanc avec le dessus gris pâle, une ligne sombre sur l'œil, et une barre alaire blanche. Bec épais et assez court, avec une base souvent jaune.
VOIX Un « ouit » ou « priip » bref.
HABITAT Étangs de la toundra l'été. Hiverne en mer ; se rencontre de passage sur les côtes ou les eaux intérieures, surtout par gros temps.
NOURRITURE Insectes, crustacés, mollusques. Nage parfois en toupie quand il pêche.
NIDIFICATION En Islande uniquement. Nid au sol. Rôles sexuels inversés : le mâle assure l'incubation 19 jours durant et élève seul les petits.

Phalarope à bec mince

Phalaropus lobatus

18 cm

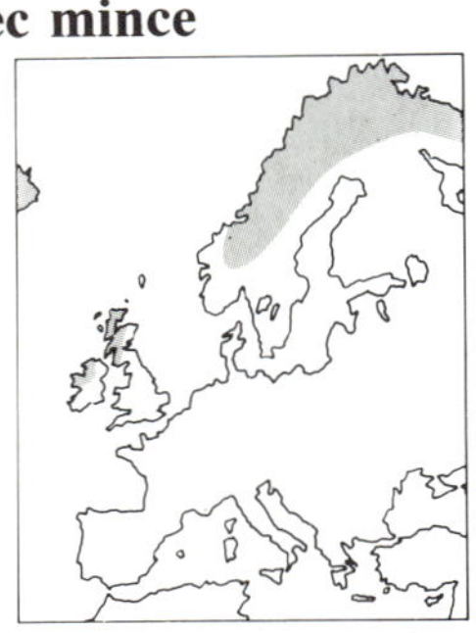

IDENTIFICATION En été, femelle plus vivement colorée que le mâle, avec calotte, nuque et poitrine bordées de gris, menton blanc et base du cou châtain. Manteau sombre à larges rayures claires. Semblable au précédent en hiver, avec le dos plus sombre et plus strié, et un mince bec noir. Se voit surtout sur l'eau.
VOIX Voir ci-dessus.
HABITAT Niche dans les étangs et marais nordiques. Hiverne en mer et se rencontre à son passage, ou par gros temps, sur les eaux côtières ou de l'intérieur.
NOURRITURE Voir ci-dessus. Nage parfois en « toupie ».
NIDIFICATION Nid au sol. Rôles sexuels inversés : le mâle couve 4 œufs 20 jours environ et élève seul les jeunes.

Phalarope de Wilson

Phalaropus tricolor

23 cm

Hiver

IDENTIFICATION Un grand phalarope élancé, se distinguant des deux autres par le croupion blanc, l'absence de barre alaire et que l'on voit plus souvent à terre que sur l'eau. Plumage d'été immédiatement repérable avec bandes châtaines sur le cou. L'hiver, manteau gris pâle et dessous blanc. Bec fin noir et pattes jaunes.
VOIX Un bref grognement nasal. Émet un « tchiou » en vol.
HABITAT Zones humides variées. Oiseau nord-américain qui s'égare en Europe.
NOURRITURE Analogue à celle des autres phalaropes. Se nourrit cependant plus souvent hors de l'eau et se montre très actif.

Mâle

Femelle

Échasse blanche

Himantopus himantopus

38 cm

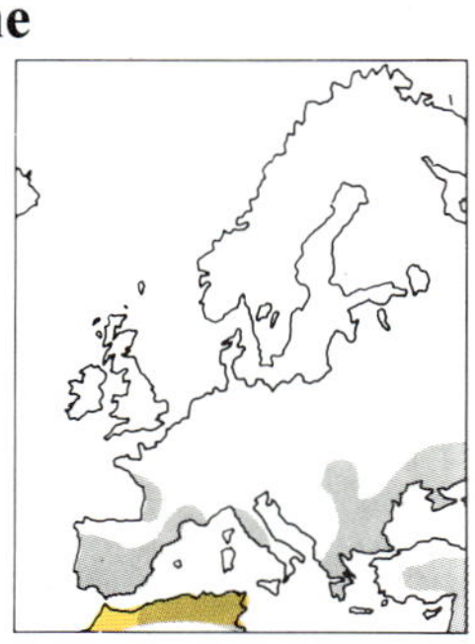

IDENTIFICATION Échassier blanc, élancé, immédiatement reconnaissable à ses ailes et son dos noirs, son fin bec noir et ses pattes roses incroyablement longues. En plumage d'été, le mâle a la tête et le dos noirâtres.
VOIX Un « kiick-kiick-kiick » strident.
HABITAT Zones marécageuses humides, généralement lagunes et mares dégagées.
NOURRITURE Insectes, vers, mollusques, têtards, œufs de grenouille. Pataugе en eau plus profonde que les autres échassiers.
NIDIFICATION Les deux adultes couvent 3 ou 4 œufs 25 ou 26 jours durant dans un nid au sol, les pattes maladroitement repliées et les genoux faisant saillie hors du nid. Vol des jeunes vers 4 semaines.

Œdicnème criard

Burhinus oedicnemus

41 cm

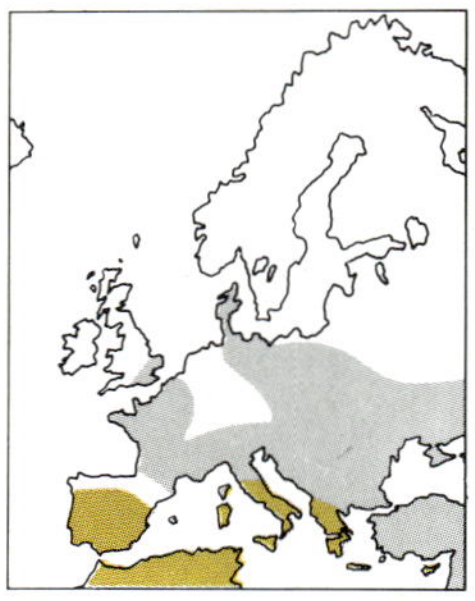

IDENTIFICATION Un oiseau assez gros, au plumage fauve strié de sombre, avec deux larges barres alaires, une tête ronde et des pattes épaisses et jaunes. Furtif et prudent, il est surtout actif au crépuscule et la nuit.
VOIX Un « couour-lii » et des variantes qui rappellent le Courlis cendré. S'entend surtout la nuit.
HABITAT Landes océaniques dénudées, et autres terrains dégagés, pierreux et secs. Hiverne parfois sur les côtes.
NOURRITURE Escargots, limaces, vers et insectes.
NIDIFICATION Nid au sol. 2 œufs, couvés par le couple 25 à 27 jours. Vol des jeunes vers 6 semaines.

Glaréole à ailes noires

Glareola nordmanni

IDENTIFICATION Pratiquement impossible à distinguer de la Glaréole à collier, si ce n'est par l'aisselle noire qui n'est visible qu'à

23 cm

l'envol et à l'atterrissage, et souvent paraît aussi noire chez l'autre espèce. Absence de bordure blanche aux rémiges secondaires.
VOIX Semblable à celle de la Glaréole à collier.
HABITAT Voir ci-après. Migrateur de passage dans le sud-est de l'Europe, égaré ailleurs.
NOURRITURE Voir ci-après.
NIDIFICATION Voir ci-après.

Glaréole à collier

Glareola pratincola

25 cm

IDENTIFICATION Tient à la fois des sternes et des échassiers par son allure. Dessus brun olive, dessous clair, gorge crème lisérée de noir, aisselle châtaine (paraissant souvent noire). Longues ailes et vol analogue à celui des sternes. Pattes très courtes.
VOIX S'entend surtout en vol : un « kiyik » comme une sterne et un long bavardage sur des notes analogues.
HABITAT Bancs de vase sèche avec végétation basse, marais, plaines, etc., généralement près de l'eau.
NOURRITURE Surtout insectes.

NIDIFICATION 3 œufs, couvés par le couple 17-18 jours dans un nid au sol.

Huîtrier pie *Haematopus ostralegus* Noir et blanc en vol, avec ailes larges, barre blanche et V sur le croupion. Cri en vol aigu et flûté, d'une syllabe. Voir page 107.

Tournepierre à collier *Arenaria interpres* Semble à première vue noir et blanc, mais on remarque les dessins en écaille sur le dos. Plus petit que l'Huîtrier pie avec zones blanches plus éparses. Cri : un « kiiiou » net, doublé en gazouillis. Voir page 111.

Pluvier argenté *Pluvialis squatarola* L'« aisselle » noire est le meilleur des repères. Silhouette identique au Pluvier doré, avec barres alaires plus nettes et croupion clair. Voir page 110.

Pluvier doré *Pluvialis apricaria* Se rencontre généralement en vastes bandes en hiver, souvent en compagnie de Vanneaux huppés, jamais d'oiseaux à ailes pointues. Poitrine et ventre noirs visibles l'été. Voir page 110.

Bécassine des marais *Gallinago gallinago* Vol rapide en zigzag, avec un long bec souvent visible. Au printemps, le vol nuptial est spectaculaire : l'oiseau plonge vers le sol à 45° et l'on entend le ronflement produit par les rectrices externes. Voir page 112.

Bécassine sourde *Lymnocryptes minimus* Bec plus court, plumage plus sombre, queue plus pointue que la Bécassine des marais. Attend le dernier moment pour s'envoler quand on la débusque, puis se précipite dans la végétation. Voir page 112.

Courlis cendré *Numenius arquata* Rappelle les barges, le Courlis corlieu et le Chevalier aboyeur en nettement plus gros. V blanc sur le croupion. Long bec recourbé très visible, mais de longueur variable. Lance en vol son célèbre « couour-lii ». Voir p. 114.

Courlis corlieu *Numenius phaeopus* Battements d'ailes plus rapides et bec plus court que le Courlis cendré. Calotte striée parfois visible et pattes dépassant à peine de la queue en vol. Émet un gazouillis en vol. Voir p. 115.

Barge à queue noire *Limosa limosa* Un peu plus grosse que la Barge rousse, avec croupion blanc, barres alaires blanches et queue noire. Peut se confondre avec l'Huîtrier pie quand elle s'envole, mais plus svelte, avec des taches brunes. Voir page 116.

Échasse blanche *Himantopus himantopus* Les pattes s'allongent démesurément derrière la queue, en conséquence, le bec à l'air court. Le corps semble tout blanc et les ailes noires. Voir page 127.

Avocette *Recurvirostra avosetta* Vue de dessus, les taches alaires sont visibles, mais de dessous seul apparaît le bout des ailes noir. Le bec incurvé est un sérieux point de repère. Voir page 125.

Vanneau huppé *Vanellus vanellus* Échassier très répandu à l'intérieur. Les ailes arrondies apparaissent nettement. On peut voir en hiver de vastes bandes de vanneaux briller au soleil en vol. Cri en vol : un « pi-ouit » familier. Voir page 107.

Bécasseau sanderling *Calidris alba* Très clair en hiver. Barres alaires blanches et taches sombres sur les ailes très visibles. Voir p. 123.

Bécasseau variable *Calidris alpina* Le plus commun des petits limicoles, que l'on voit généralement en bandes. De même taille que le Sanderling, mais brun et non gris et privé de taches sombres sur les ailes. Voir p. 122.

Chevalier guignette *Tringa hypoleucos* Barres alaires blanches très visibles. Vole au ras de l'eau, les ailes raides et recourbées. Cri en vol : un « toui-oui-oui » strident. Voir p. 118.

Barge rousse *Limosa lapponica* Avec ses ailes au bout sombre et le V blanc sur le croupion, on a toutes les chances de la prendre pour un Courlis corlieu. Noter cependant la tête qui paraît plutôt grosse et le bec droit, à peine relevé.

Chevalier gambette *Tringa totanus* Seul échassier de taille moyenne avec un croupion blanc et le bord postérieur de l'aile blanc. Pattes rouges dépassant de la queue. Plutôt bruyant, surtout quand on le lève. Voir p. 118.

Chevalier aboyeur *Tringa nebularia* Moins sombre que le Chevalier gambette et légèrement plus gros. Large V blanc sur le croupion, mais ailes privées de blanc. Comparer avec le Chevalier gambette sur cette photo. Voir page 119.

Grand Labbe

Stercorarius skua

58 cm

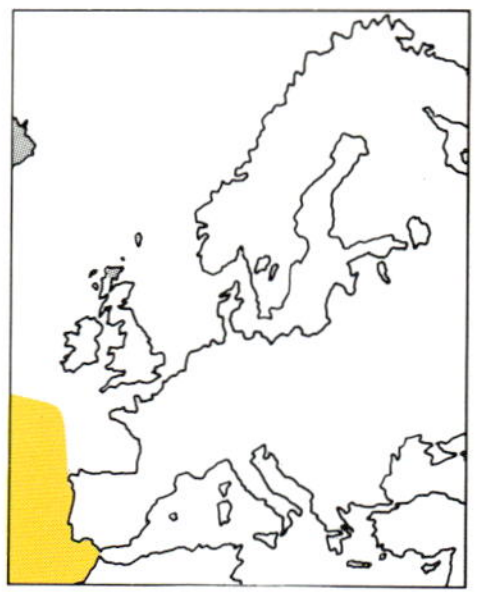

IDENTIFICATION Ressemble à un gros goéland, puissant de stature, avec la poitrine imposante, mais doté d'ailes plus courtes. Plumage de bruns variés avec larges taches blanchâtres à la base des ailes. Bec et pattes noirâtres.
VOIX Un « skirr » rauque et divers aboiements brefs et gutturaux.
HABITAT Niche sur les landes maritimes et sur des îles. Marin ou littoral le reste de l'année.
NOURRITURE Poursuit les goélands, fous et autres oiseaux marins pour leur faire dégorger des poissons. Prend également des oiseaux en vol et mange charognes et déchets.
NIDIFICATION Nid au sol, qu'il défend, ainsi que ses petits, avec férocité. 2 œufs couvés par le couple 28 à 30 jours. Vol des jeunes à 6-7 semaines.

Labbe à longue queue

Stercorarius longicaudus

51-56 cm

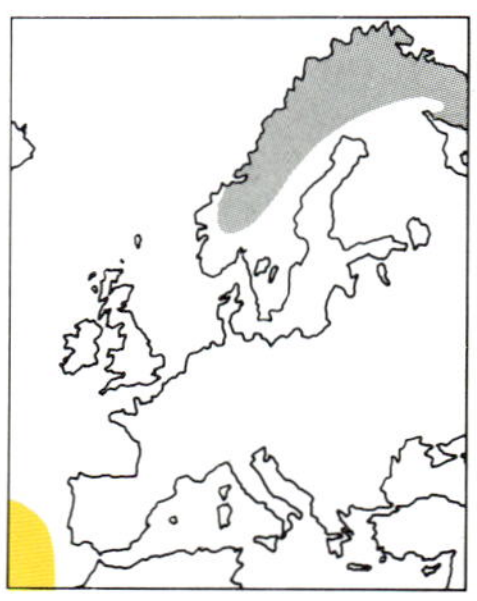

Phase claire

IDENTIFICATION Plus petit et plus élancé que le Labbe parasite. Rectrices médianes très longues et flexibles chez l'adulte. Vol léger caractéristique. La phase sombre semble devenue très rare. Calotte sombre, collier blanc, dos clair, joues jaunes, dessous blanchâtre. Pattes grisées, noirâtres chez le Labbe parasite. Immature plus élancé et généralement plus gris-brun que celui du Labbe parasite.
VOIX Un « krii » aigu sur les sites de reproduction, assez silencieux autrement.
HABITAT Niche sur les hauteurs rocheuses et les landes arctiques. En mer et dans les eaux côtières le reste du temps.
NOURRITURE Analogue à celle du Labbe parasite, mais en été absorbe aussi rats musqués et lemmings qu'il chasse en long vol plané.
NIDIFICATION 2 œufs couvés par le couple 23 jours environ, dans un nid au sol. Vol des jeunes vers 4 semaines.

Phase claire

Phase sombre

Labbe parasite

Stercorarius parasiticus

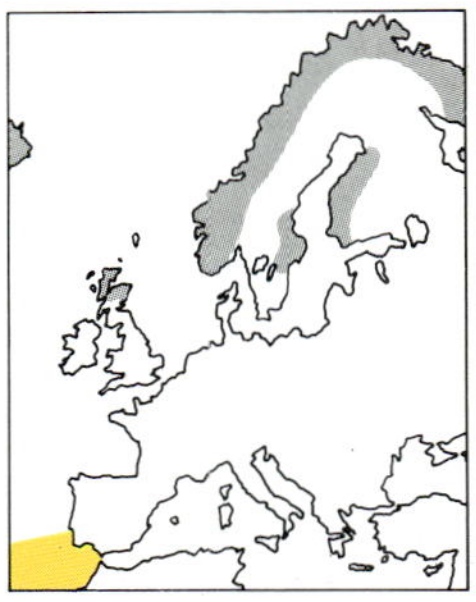

46 cm

IDENTIFICATION Plus petit et plus svelte que le Pomarin, et plus vif et rapide en vol. Le plumage passe par une phase sombre et plusieurs phases claires, avec des marques analogues à celles du Pomarin. L'adulte en plumage nuptial a les rectrices centrales allongées. Immatures brun sombre tacheté. Traces blanches à tout âge.
VOIX Un « yii-err » strident et un « ya-ouaou » net avec variantes. Généralement silencieux en mer.
HABITAT Niche sur les landes et îles nordiques, toundra. Autrement, eaux côtières et mer.
NOURRITURE Essentiellement piscivore, il pourchasse sans répit mouettes et sternes pour leur faire lâcher leur proie ou dégorger leur dernier repas.
NIDIFICATION 2 œufs, couvés 24 à 28 jours par le couple dans un nid au sol. Vol des jeunes vers 4-5 semaines.

Adulte

Goéland marin

Larus marinus

64-79 cm

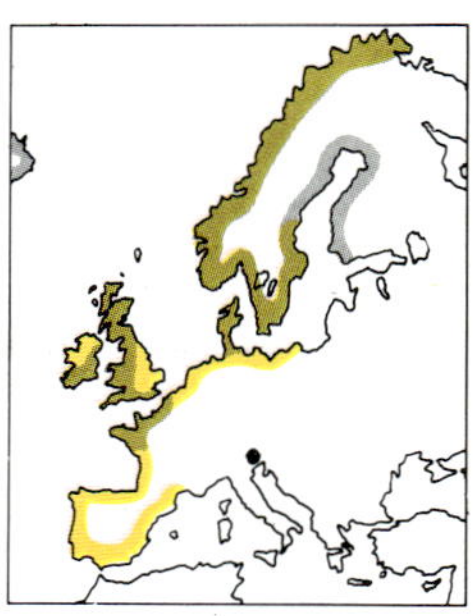

IDENTIFICATION Un très gros Goéland. Dos noir, plus sombre que chez le Goéland brun. Pattes couleur chair ou très pâles. Tête et bec d'aspect massif.
VOIX Comme celle du Goéland argenté, en plus gutturale. Un aboiement rauque aux sites de nidification.
HABITAT Niche surtout sur les côtes rocheuses et les landes du bord de mer. En dehors de la saison des nids, fréquente toutes les côtes. Plus rare à l'intérieur que les autres goélands.

NOURRITURE Charognes qu'il déchire jusqu'à l'os, poissons, invertébrés marins et parfois végétaux. Tue oiseaux et mammifères jeunes ou malades pour les manger.
NIDIFICATION En colonie. Ponte progressive de 2 à 4 œufs couvés par le couple 26 à 28 jours dans un nid volumineux. Éclosion étagée sur plusieurs jours. Jeunes nourris par les parents 50 jours jusqu'à leur envol.

Adulte

Immature

Goéland brun

Larus fuscus

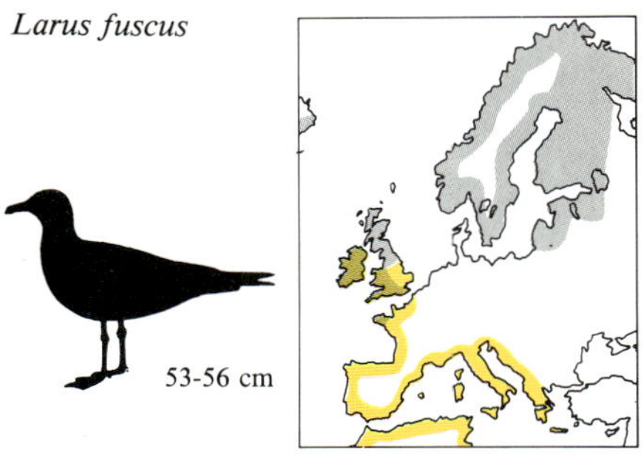

IDENTIFICATION De même taille que le Goéland argenté et bien moins massif que le Goéland marin. Pattes jaunes. Ailes et dos gris ardoise chez la sous-espèce écossaise, ailes noires chez la scandinave. Immatures très proches de ceux du Goéland argenté.
VOIX Comme celle du Goéland argenté, en plus grave et plus sonore.
HABITAT Voir Goéland argenté. Se rencontre plus souvent loin en mer que ce dernier.
NOURRITURE Voir Goéland argenté.
NIDIFICATION En colonie. Ponte progressive de 3 œufs, à des intervalles, inférieurs à 2 jours, couvés par le couple près de 4 semaines et éclos à 3-4 jours d'intervalle. Jeunes nourris par la femelle 32 jours.

Adulte

Goéland argenté

Larus argentatus

56-66 cm

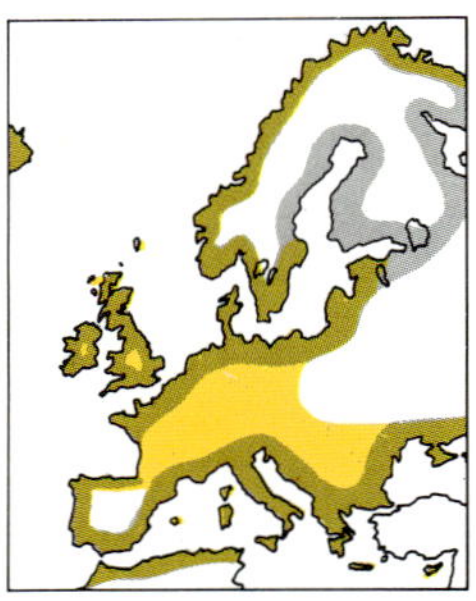

IDENTIFICATION Rappelle le Goéland cendré, en plus gros et plus massif, avec un bec plus lourd et des pattes couleur chair. S'en distingue aussi par la tache rouge du bec. Immature brun et gris tacheté, comme celui du Goéland brun.
VOIX Cris variés, dont le plus fréquent est un « kiaou, kiaou, kiaou » bruyant, très apprécié pour les effets sonores radiophoniques.
HABITAT Niche un peu partout sur les côtes, sur les falaises, pentes, côtes basses et bâtiments dans les ports. Regagne en vastes bandes l'intérieur des terres après les nids.
NOURRITURE Très variée : poissons, invertébrés marins, poussins et œufs, charognes et déchets.
NIDIFICATION En colonies. Ponte alternée de 2 à 4 œufs, dans un gros nid de végétaux, couvés par le couple 25 à 27 jours. Éclosion étagée tous les 3 jours. Plumes de vol des jeunes, nourris par le couple, à 42 jours environ.

Juvénile

Adulte

Immature

Goéland à ailes blanches

Larus glaucoides

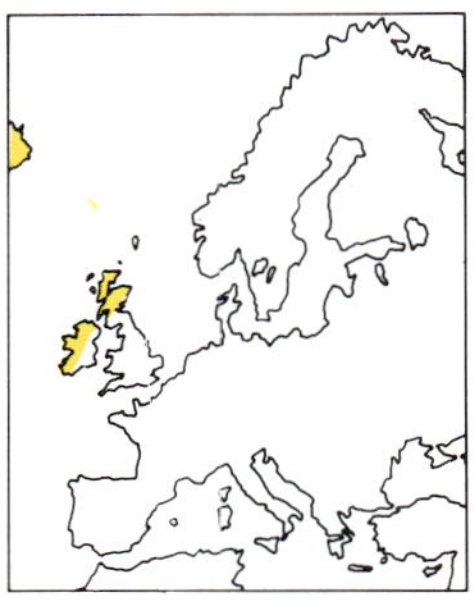

55-66 cm

IDENTIFICATION Ressemble au Goéland bourgmestre en plus petit, au point qu'on distingue difficilement un petit Goéland bourgmestre d'un gros Goéland à ailes blanches. Bec plus petit et tête moins massive. Au repos, les ailes se rejoignent en pointe et dépassent de la queue.
VOIX Comme celle du Goéland bourgmestre, en plus strident.
HABITAT Voir Goéland bourgmestre.
NOURRITURE Variée : petits poissons, charognes, déchets, crustacés, mollusques, graines et baies.
NIDIFICATION En colonies, généralement sur des corniches de falaises, parfois sur des côtes basses. 2 ou 3 œufs.

Goéland bourgmestre

Larus hyperboreus

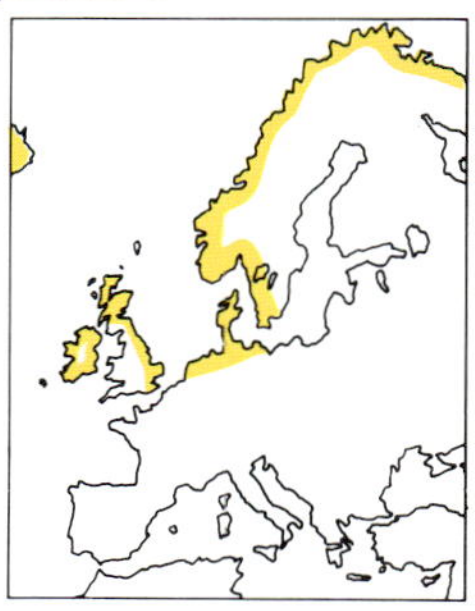

64-81 cm

IDENTIFICATION De taille variable, allant de celle du Goéland argenté à celle du Goéland marin. Plumage gris pâle, parfois presque blanc. De même couleur que le précédent, mais plus gros et plus massif. Au repos, les ailes dépassent à peine de la queue.
VOIX Gémissements, comme ceux du Goéland argenté.
HABITAT Niche sur côtes plates ou rocheuses. Côtier en hiver, rare à l'intérieur.
NOURRITURE Charognes, petits oiseaux de mer, poissons, insectes et végétaux.
NIDIFICATION En colonies en haut des falaises et sur des côtes basses. La taille du nid varie selon la végétation disponible. 2 à 4 œufs, couvés par le couple 4 semaines.

Adulte. En médaillon : immature

Adulte

Premier hiver

Mouette mélanocéphale

Larus melanocephalus

39 cm

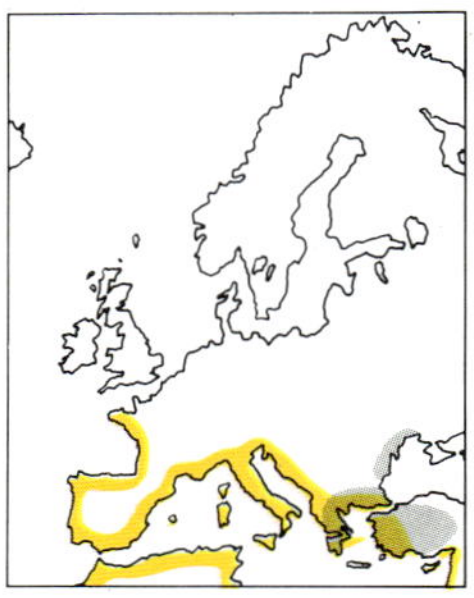

IDENTIFICATION Rappelle par la taille la Mouette rieuse, quoique plus massive. Le capuchon, noir, descend plus bas sur le cou. Absence de noir aux ailes. Bec plus lourd avec chevrons sombres.
VOIX Cri rauque de sterne.
HABITAT Marais, marécages, lagunes peu profondes et marais salants. Fréquente peu l'intérieur des terres.
NOURRITURE Régime varié de petits poissons, mollusques et insectes, ainsi que végétaux.
NIDIFICATION 3 œufs, couvés par le couple 22 à 24 jours. Plumes de vol à 30 jours environ.

Mouette pygmée

Larus minutus

28 cm

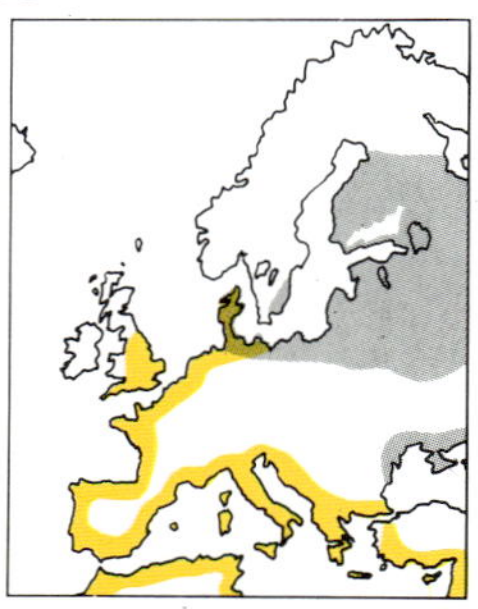

IDENTIFICATION Se distingue de la Mouette rieuse et de la Mélanocéphale par sa petite taille et son capuchon noir qui descend derrière la nuque. Absence de noir aux ailes ardoisées dessous. Barre alaire noire en diagonale chez l'immature.
VOIX Un « kek-kek-kek » ou « ka-ka-ka » rauque. Voix plus basse que le cri de la Mouette rieuse.
HABITAT En été, marais et lacs. Eaux côtières et lacs intérieurs après les nids.
NOURRITURE Petits poissons, vers, insectes, mollusques, crustacés et quelques végétaux.
NIDIFICATION Nid dans des touffes d'herbes. Ponte alternée de 3 œufs, à des intervalles peuvent atteindre 40 heures. Incubation par le couple : 23 jours. Plumes de vol à 21-24 jours.

Adulte (été)

Adulte (été)

Mouette rieuse

Larus ridibundus

35-38 cm

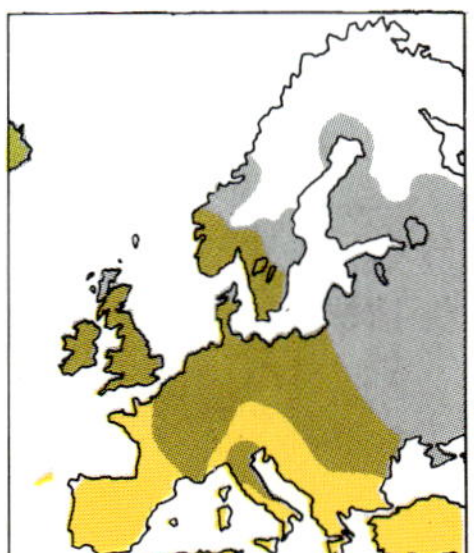

IDENTIFICATION En été, capuchon chocolat s'arrêtant au-dessus de la nuque. Pattes et bec rouge sang. Plus mince d'allure que le Goéland cendré et la Mouette tridactyle. En hiver, le brun de la tête disparaît pour faire place à une tache grise en virgule derrière l'œil. Ailes marquées de brun chez l'immature. En vol, l'avant de l'aile blanc est un repère sûr.
VOIX Divers cris rauques, dont le plus fréquent est un « kouarr » râpeux.
HABITAT Terrestre et maritime. Niche dans les tourbières, les marais salants et autour des lacs. Souvent présente sur les décharges et en ville.
NOURRITURE Variée, avec une préférence pour les poissons, insectes, crustacés, mollusques et vers.
NIDIFICATION Nids en colonies, généralement au sol. Ponte alternée (un œuf toutes les 24 heures) de 2 à 4 œufs. Incubation de 22 à 24 jours par les deux sexes. Les poussins, éclos à des intervalles de 24 heures, sont nourris par le couple et volent à 5-6 semaines.

Premier hiver

Été

Hiver

Goéland cendré

Larus canus

41 cm

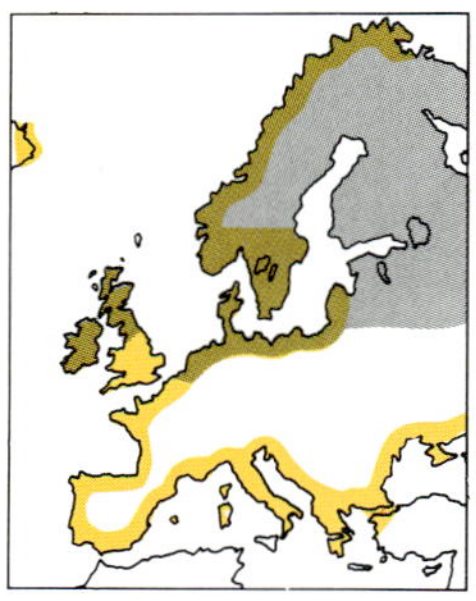

IDENTIFICATION Plus petit que le Goéland argenté avec une tête beaucoup plus délicate et un bec vert sans tache rouge. Posé, les ailes dépassant de la queue effilent la silhouette.
VOIX Plus stridente que celle du Goéland argenté.
HABITAT Très répandu hors de la saison des nids sur le littoral, les eaux intérieures et les champs cultivés. Apparemment en extension dans les zones urbaines. Niche sur les côtes et, à l'intérieur, près de l'eau.
NOURRITURE Variée : vers, insectes, mollusques, crustacés, détritus et poissons morts.
NIDIFICATION En colonies. Nid fait de végétaux. Ponte de 2 ou 3 œufs, couvés par le couple 22 à 24 jours. Éclosion étagée toutes les 24 heures. Les jeunes, nourris par les parents, volent à 4-5 semaines.

Adulte

Immature

Mouette tridactyle

Rissa tridactyla

41 cm

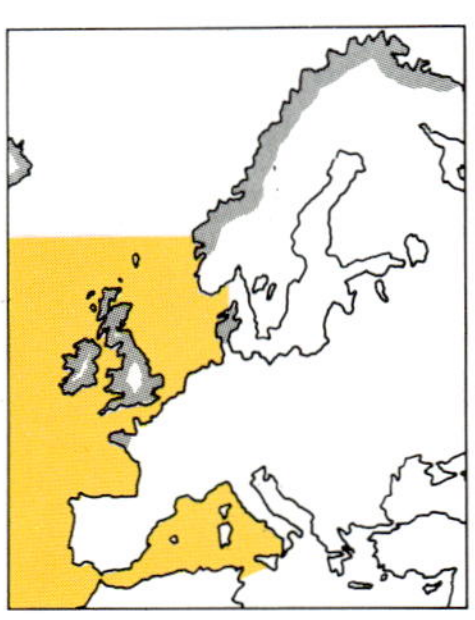

IDENTIFICATION Identique au Goéland cendré en plus petit et plus délicat. Bout des ailes noir et privé de blanc. Manteau plus gris que le Goéland cendré sur l'aile, pattes noires. Chez les jeunes dessins noirs caractéristiques et collier noir qui disparaît dès la seconde année.
VOIX Le plus souvent un « kitti-ouek » caractéristique. A aussi un cri plaintif de bébé qui pleure et un « ouk-ouk-ouk » bas.
HABITAT La plus pélagique des mouettes, souvent au large et dans les océans hors de la saison des nids. Niche sur des falaises littorales.
NOURRITURE Petits poissons, invertébrés marins et petites quantités de végétaux.
NIDIFICATION En colonie, sur des corniches de falaises. Nid bien construit d'herbe, de mousse et d'algues. Le couple couve 2-3 œufs 24 jours et nourrit les petits 4 à 5 semaines.

Adulte (été)

Guifette noire

Chlidonias niger

24 cm

IDENTIFICATION Toute noire en été, avec les ailes et la queue grises et le dessous de la queue blanc. Tachetée de gris, noir et blanc à la mue. En hiver, front, cou et dessous blancs, dessus sombre avec tache sombre de part et d'autre de la poitrine.
VOIX Plutôt silencieuse. Quelques brefs cris rauques.
HABITAT Niche dans marais et lagunes. De passage en migration sur les côtes et les eaux intérieures.
NOURRITURE Essentiellement insectes et leurs larves, et divers invertébrés aquatiques. Pêche en effleurant du bec la surface de l'eau.
NIDIFICATION Souvent en colonie, sur des nids flottants. 3 œufs couvés, par la femelle surtout, 14 à 17 jours. Vol des jeunes vers 4 semaines.

Guifette leucoptère

Chlidonias leucoptera

24 cm

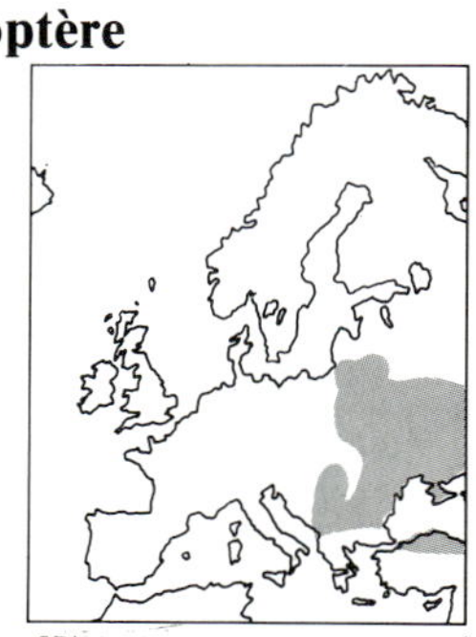

IDENTIFICATION En été, ressemble à la Guifette noire, mais avec la queue et les couvertures alaires blanches qui contrastent fortement avec le noir de l'ensemble. En automne et en hiver, elle lui ressemble encore, mais sans les marques noires qui encadrent la poitrine. Chez l'immature, plaque dorsale (ou « selle ») sombre contrastant avec les ailes grises.
VOIX Comme celle de la Guifette noire.
HABITAT, NOURRITURE ET NIDIFICATION Identiques à ceux de la Guifette noire.

Adulte (hiver)

Sterne arctique

Sterna paradisaea

35 cm

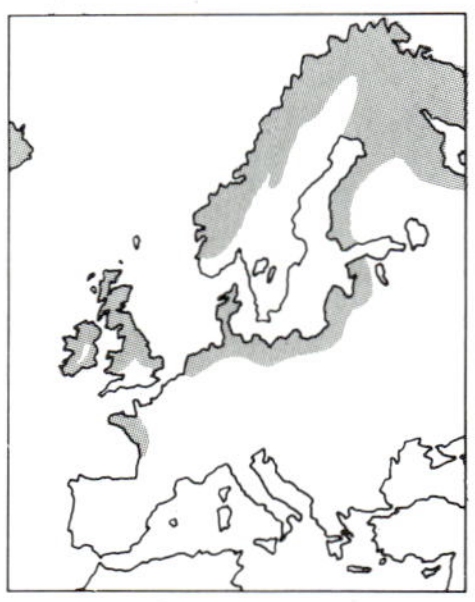

IDENTIFICATION Ressemble fort à la Sterne pierregarin (voir page 143) ; mais avec un bec plus court, rouge sang profond, généralement sans noir au bout. Dessous souvent plus gris, en contraste avec les joues blanches : rémiges transparentes en contre-jour. Les pattes plus courtes et les rectrices un peu plus longues ne sont pas des repères d'identification sûrs.
VOIX Comme la Sterne pierregarin. Ne se différencie qu'avec l'habitude.
HABITAT Voir Sterne pierregarin. Cependant, rare à l'intérieur. On la rencontre sur les côtes nordiques plus rocheuses.
NOURRITURE Voir Sterne pierregarin.
NIDIFICATION Cycle identique à la Sterne pierregarin. Souvent très agressive, elle pique du bec les intrus, hommes ou bêtes, qui pénètrent dans la colonie.

Guifette moustac

Chlidonias hybrida

25 cm

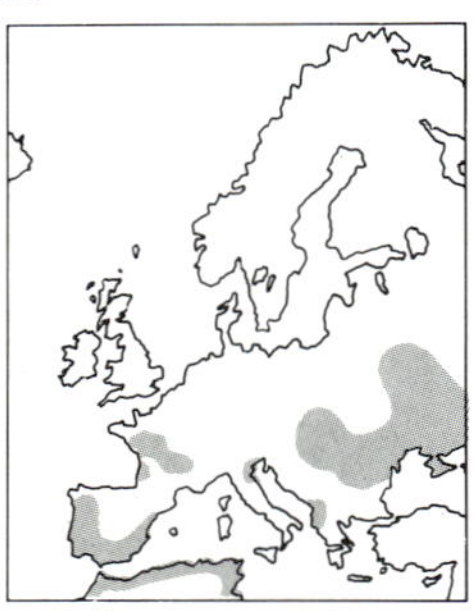

IDENTIFICATION Une petite « sterne des marais », plus pâle en tous plumages que les autres, avec, en été, une calotte noire, des joues blanches, le cou encadré de blanc, le dessous gris foncé, le dessous des ailes et de la queue blanc. Manteau plus clair en hiver que chez la Guifette noire, absence de tache sombre aux épaules. L'immature a une plaque dorsale sombre, irrégulière et le croupion gris clair.
VOIX Divers cris rauques à deux syllabes.
HABITAT Voir Guifette noire.
NOURRITURE Voir Guifette noire. Pêche aussi en plongée, comme les Sternes marines.
NIDIFICATION En colonies, dans des nids flottants sur les marais. 3 œufs. Cycle comme la Guifette noire.

Sterne pierregarin

Sterna hirundo

35 cm

IDENTIFICATION Un oiseau svelte et gracieux, doté de longues ailes et de « filets » à la queue. Dessus gris pâle, dessous et queue blancs, calotte noire (en automne et en hiver, front blanc), bec rougeâtre à apex noir, courtes pattes rouges. En vol, seule une partie des rémiges primaires est translucide.
VOIX Bruyante, elle émet un long « krii-eurr », un « keurr-keurr », un « kik-kik-kik-kik » en staccato, et d'autres cris.
HABITAT Surtout littoral. Parfois eaux intérieures et bords de rivières.
NOURRITURE Petits poissons, crustacés, mollusques, vers, etc., capturés en légers piqués.
NIDIFICATION En colonies, dans des nids au sol. 3 œufs, couvés par le couple 3-4 semaines. Vol des jeunes vers 4 semaines.

Sterne de Dougall

Sterna dougallii

38 cm

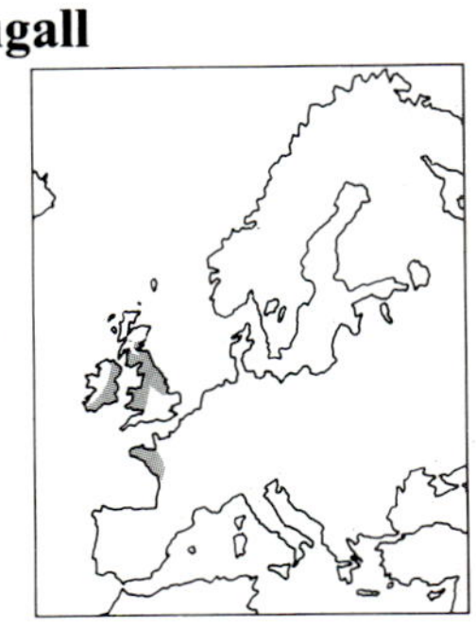

IDENTIFICATION Généralement, se distingue facilement des Sternes pierregarin et arctique par son plumage plus blanc et sa silhouette légèrement plus massive. Bec noir, souvent rouge à la base, et très longues plumes qui prolongent la queue.
VOIX Rappelle les Sternes pierregarin et arctique par certains cris, mais s'en distingue par un « aark » rauque et par un doux « tchou-ic ».
HABITAT Côtier. Niche souvent sur des îles. Beaucoup plus marin que les autres sternes.
NOURRITURE Surtout des petits poissons, qu'elle pêche assez au large.
NIDIFICATION En colonie, dans des nids au sol. 1 ou 2 œufs, couvés par le couple 21 à 26 jours. Vol des jeunes vers 4 semaines.

Adulte et poussin

Sterne naine

Sterna albifrons

24 cm

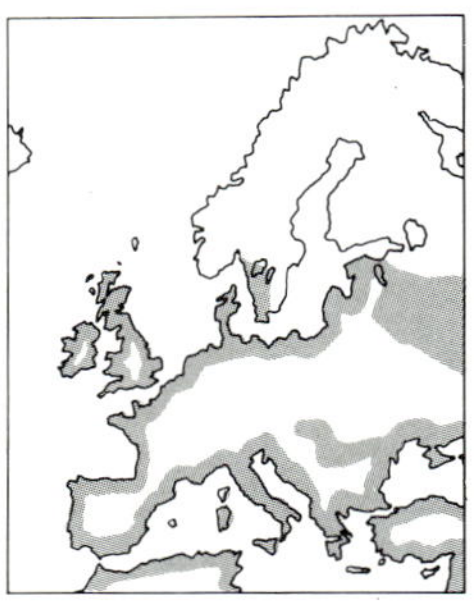

IDENTIFICATION Nettement plus petite que toutes les autres, elle a en toute saison un front blanc que les autres n'acquièrent qu'à la fin de l'été. Bec jaune avec un bout noir, pattes jaunes.
VOIX Un « krii-ik » aigu, un « kitt » net et un long cliquetis : « kirri-kirri-kirri ».
HABITAT Surtout littoral, plages de sable et de galets. Parfois à l'intérieur. Dans certaines régions, niche sur les îles au milieu des rivières.
NOURRITURE Petits poissons, crustacés, mollusques, et quelques insectes. Comme les autres sternes au-dessus de l'eau, mais capture aussi des insectes en vol.
NIDIFICATION Nids au sol en colonies. 2-3 œufs, couvés par le couple 19 à 22 jours. Jeunes capables de voler vers 4 semaines.

Adulte (à droite) et poussin

Sterne caugek

Sterna sandvicensis

41 cm

IDENTIFICATION Une grosse sterne de mer, aux ailes longues, à la queue courte et fourchue privée des plumes qui la prolongent. Plumage nettement plus blanc que les Sterne pierregarin et arctique. Crête en désordre, bec noir, avec bout jaune, pattes noires.
VOIX Un « kiirit » râpeux très caractéristique et des variantes. Généralement très bruyant sur les sites de reproduction. Appels fréquents.
HABITAT Littoral. Niche sur les plages des îles. Rare à l'intérieur.
NOURRITURE Surtout piscivore, pêche en mer.
NIDIFICATION Nids au sol en colonies. 1 ou 2 œufs, couvés par le couple près de 24 jours. Vol des jeunes vers 5 semaines.

Sterne hansel

Gelochelidon nilotica

38 cm

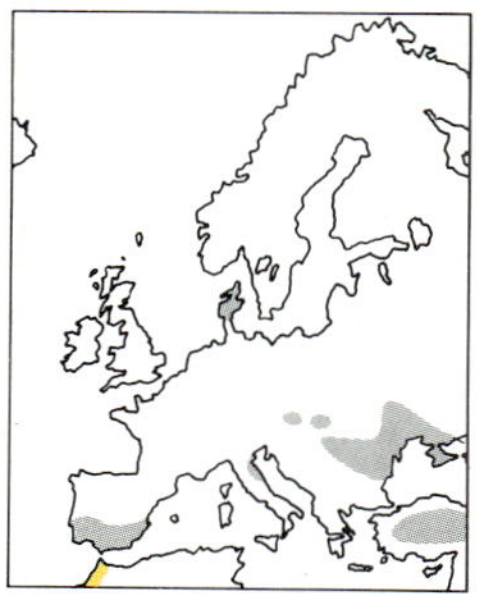

IDENTIFICATION Ressemble en toute saison à la Sterne caugek, mais avec un corps plus massif, des ailes plus larges et une queue grisâtre. Bec noir court et assez épais.
VOIX Très différente de celle de la Sterne caugek. Notes râpeuses, doublées ou triplées.
HABITAT Côtes et eaux intérieures.
NOURRITURE Nettement plus variée que chez les autres sternes : petits mammifères, jeunes oiseaux, lézards, grenouilles, vers, etc. Capture des insectes en planant au-dessus des champs.
NIDIFICATION En colonie, dans des nids au sol. 2-3 œufs, couvés par le couple 22-23 jours. Vol des jeunes vers 4 semaines.

Sterne caspienne

Sterna caspia

53 cm

IDENTIFICATION La plus grande sterne d'Europe, presque aussi grosse que le Goéland argenté, avec un bec massif rouge orangé. En hiver, la calotte noire devient grisâtre et moins distincte. Le vol rappelle celui des goélands et laisse voir le dessous sombre des rémiges primaires.
VOIX Divers cris bruyants et profonds : « kraagh », etc.
HABITAT Surtout côtier, mais aussi lacs et grands fleuves.
NOURRITURE Essentiellement piscivore.
NIDIFICATION Nids au sol en colonies. 2 ou 3 œufs, couvés par le couple 21-22 jours. Vol des jeunes vers 4-5 semaines.

Pingouin torda

Alca torda

41 cm

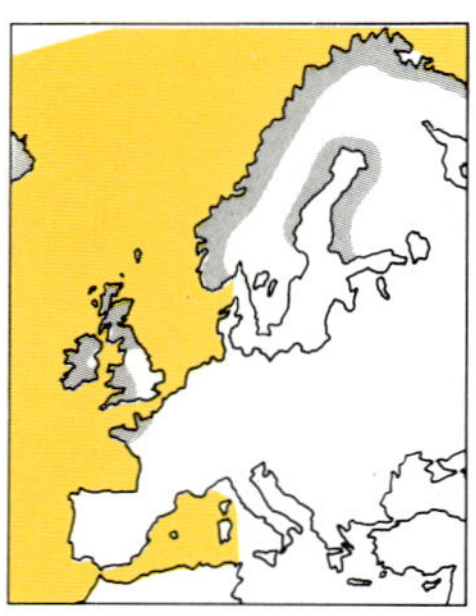

IDENTIFICATION Un pingouin trapu, avec une tête et un manteau noirs et l'arrière de l'aile barré de blanc. Bec comprimé qui lui est particulier, traversé au milieu d'une ligne blanche. Ligne blanche allant du bec à l'œil. En hiver, joues et gorge blanches. Plus massif que le Guillemot de Troïl. Relève souvent la queue à la nage.
VOIX Grognements divers sur les sites de reproduction et un curieux sifflement.
HABITAT Surtout littoral et marin. Niche sur les falaises côtières, les pitons rocheux, etc.

NOURRITURE Poissons, crustacés. Plonge de la surface et pêche en nageant sous l'eau.
NIDIFICATION Nids dans un trou ou une crevasse de falaise ou parmi les rochers. Un œuf, couvé par le couple 33 à 36 jours. Départ des jeunes en mer à 18 jours environ.

Adultes (été), forme bridée à droite, avec poussins

Hiver

Guillemot de Troïl

Uria aalge

42 cm

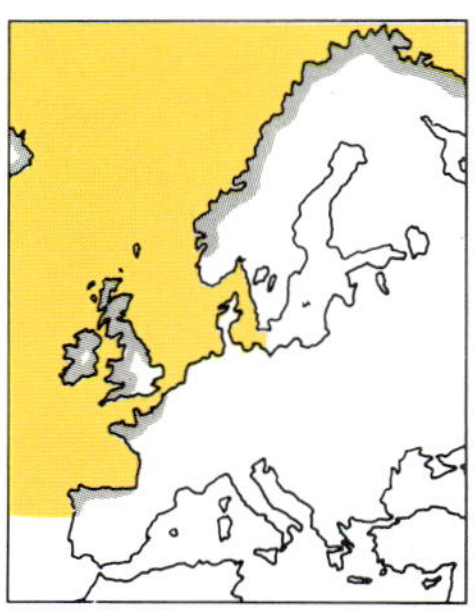

IDENTIFICATION Rappelle superficiellement un manchot. Manteau plus brun que chez le Petit Pingouin, bec pointu et assez long. Certains ont des « lunettes » blanches avec une ligne derrière l'œil (forme bridée). Vol typique de pingouin rapide et au ras de l'eau. En hiver, côtés de la tête blancs avec ligne sombre traversant les yeux.
VOIX Divers cris rauques sur les sites de reproduction, comme « aaaarr ».
HABITAT Voir Petit Pingouin.
NOURRITURE Voir Petit Pingouin.
NIDIFICATION En colonies, souvent nombreuses sur des corniches de falaises, des pitons rocheux dans la mer, etc. Un œuf, couvé par le couple 28 à 36 jours. Départ des jeunes en mer à 14-21 jours, comme chez le Petit Pingouin, bien avant qu'ils sachent voler.

Été

Hiver

Guillemot à miroir

Cepphus grylle

34 cm

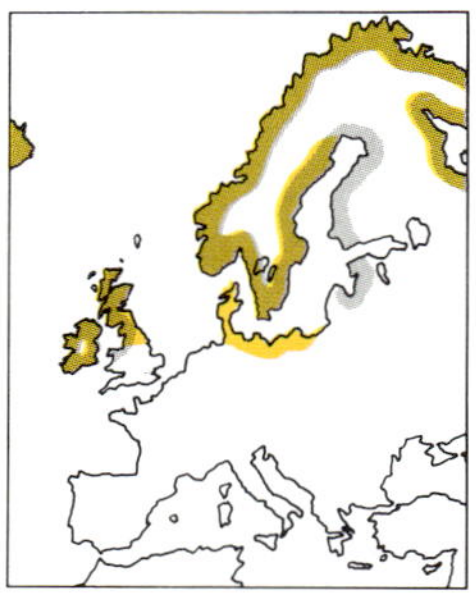

IDENTIFICATION Facile à reconnaître en été, avec son plumage noir, de grandes taches alaires blanches et des pattes rouges vif. En hiver, dessous blanchâtre et dessus tacheté de blanc qui le distingue de tous les autres oiseaux de mer.
VOIX Un faible sifflement, parfois prolongé en long trille.
HABITAT Eaux intérieures, fjords retirés et autres lochs.
NOURRITURE Petits poissons, crustacés, mollusques, vers, algues.
NIDIFICATION En colonies clairsemées, dans des crevasses, des rochers, de vieux murs, etc. 2 œufs, couvés par le couple 3-4 semaines. Les jeunes quittent le nid une fois qu'ils ont leur plumes de vol, à 34-36 jours.

Mergule nain

Plautus alle

20 cm

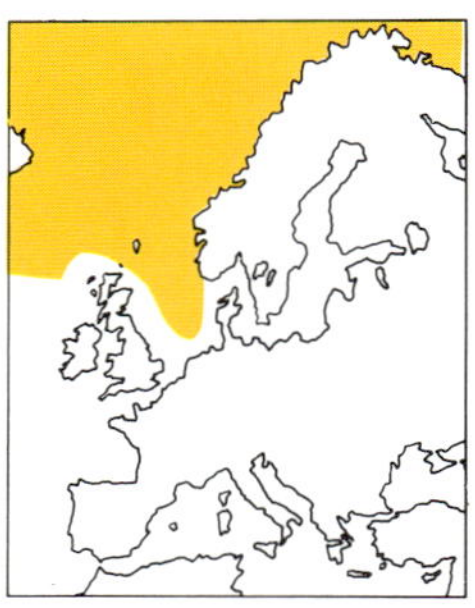

IDENTIFICATION Un tout petit oiseau de mer noir et blanc, au bec très court et tronqué, que l'on voit en hiver avec le dessus des oreilles, la gorge et la poitrine blancs.
VOIX Silencieux, sauf sur les sites de reproduction.
HABITAT Niche en vastes colonies dans l'extrême Arctique. Pélagique en hiver. Seules de violentes tempêtes les ramènent sur la côte ou parfois loin dans les terres.
NOURRITURE Petits crustacés et zooplancton.
NIDIFICATION En colonies, sur les hautes falaises littorales. Un seul œuf dans une fissure ou dans les rochers, sans nid. Le couple couve 24 jours environ et les jeunes peuvent voler vers 4 semaines.

Été

Macareux moine

Été

Fratercula arctica

30 cm

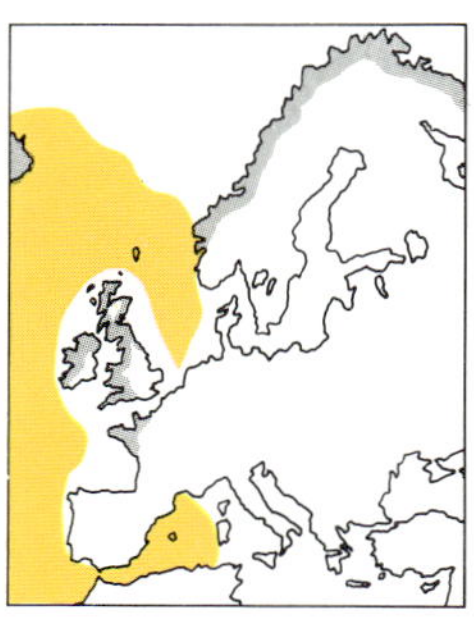

IDENTIFICATION Plus petit qu'un pingouin ou un guillemot, il est facile à reconnaître en été à son plumage noir et blanc, ses joues blanc grisé et son bec multicolore triangulaire. En hiver, joues plus ternes, bec grisâtre plus petit.

VOIX Grognements divers sur les sites de reproduction.

HABITAT Niche sur îles et falaises. Maritime et pélagique le reste du temps.

NOURRITURE Poissons, mollusques et autres invertébrés marins, quelques algues.

NIDIFICATION Nid dans un terrier, éventuellement de lapin ou de puffin, dans l'herbe, au sommet des falaises ou dans un crevasse, souvent en vastes colonies. Ponte d'un œuf, couvé 7 semaines environ. Au bout de 40 jours, les parents abandonnent le jeune, qui descend de nuit vers la mer, environ une semaine plus tard.

Mergule nain *Plautus alle* De la taille d'un étourneau, avec des ailes étroites et un vol très rapide. Noter le dessous sombre de l'aile. Joues et gorges blancs en hiver. Voir p. 148.

Pingouin torda *Alca torda* Corps massif avec des ailes courtes et étroites qui produisent un ronflement rapide en vol. Vu de dessus, paraît plus sombre que le Guillemot de Troïl et montre des flancs blancs. Voir page 146.

Guillemot de Troïl *Uria aalge* De même taille que le Petit Pingouin, mais plumage plus chocolat en vol et flancs blancs. Voir p. 147.

Macareux moine *Fratercula arctica* Plus petit que le Petit Pingouin et le Guillemot de Troïl. Mouvement des ailes apparemment frénétique. Le bec, volumineux, agrandit encore la taille de la tête. Voir page 149.

Fou de Bassan *Sula bassana* Le plumage de l'immature va d'un brun sombre à un plumage presque identique à celui de l'adulte, en passant par divers noir et blanc. Noter, cependant, le corps « en cigare » et la forme caractéristique du bec. Voir page 36.

Fou de Bassan *Sula bassana* L'adulte en vol est d'un blanc éclatant. Noter le bout des ailes noir, plus marqué que chez les goélands. Battements d'ailes puissants, alternés de glissades. Voir page 36.

Grand Cormoran *Phalacrocorax carbo* Son long cou déplié et ses lents battements d'ailes donnent au Grand Cormoran un peu l'allure d'une oie. Noter cependant la longueur de la queue. Bout des ailes assez carré. Voir page 35.

Cormoran huppé *Phalacrocorax aristotelis* Ses battements d'ailes plus rapides et ses ailes au bout moins carré évitent de le confondre avec le Grand Cormoran. A tendance à voler au ras de l'eau. Voir page 34.

Puffin des Anglais *Puffinus puffinus* Corps en forme de torpille avec de longues ailes étroites. Le vol en torsades laisse voir le dessus et le dessous en alternance. Noter le contraste entre le dessus sombre et le dessous clair. Vole au ras de l'eau. Voir p. 38.

Mouette pygmée *Larus minutus* En plumage d'été, l'adulte rappelle la Mouette mélanocéphale, mais avec le dessous des ailes gris. L'immature ci-dessus a les barres alaires et la nuque tachetée caractéristiques. Voir p. 138.

Mouette mélanocéphale *Larus melanocephalus* Très facilement confondue avec la Mouette rieuse. Remarquez cependant le capuchon noir plus développé ; le bec rouge et massif avec un dessin près du bout, et les rémiges primaires blanches. Voir p. 138.

Mouette rieuse *Larus ridibundus* Tête chocolat et non noire. Bout des ailes noir avec bord antérieur blanc. En hiver, le noir de la tête se réduit à une virgule grise à l'arrière de l'œil. Voir page 139.

Goéland argenté *Larus argentatus* Vol vigoureux, avec glissades et planés fréquents. Se distingue du Goéland brun par sa tête et son bec légèrement plus massifs et du Goéland cendré par la tache rouge du bec. Voir p. 136.

Mouette tridactyle *Rissa tridactyla* Vol très gracieux. Rappelle le Goéland cendré, mais sans blanc aux ailes. On peut souvent la voir se laisser porter par les courants ascendants près des falaises où elle niche. En mer, elle suit fréquemment les navires. Voir page 140.

Mouette tridactyle *Rissa tridactyla* Immature plus gros et plus largement marqué que celui de la Mouette pygmée. Bande terminale noire à la queue et collier noir. Voir page 140.

Grand Labbe *Stercorarius skua* Fait penser, à première vue, à un gros Goéland argenté immature, mais noter le corps plus massif, les ailes plus courtes et les taches blanches sur les rémiges primaires. Voir page 132.

Labbe parasite *Stercorarius parasiticus* Montre, en phase claire, un contraste entre le dessus et le dessous. En phase sombre ressemble à un goéland immature très sombre. Noter les deux plumes qui allongent la queue en son milieu. Voir page 133.

Labbe à longue queue *Stercorarius longicaudus* Semblable au Labbe parasite en phase claire, mais sans le collier sombre. La queue est longue et le vol plus gracieux que chez celui-ci. Voir page 132.

Goéland bourgmestre *Larus hyperboreus* Aussi gros qu'un Goéland marin, mais le dos et les ailes gris argenté pâle donnent à l'adulte un aspect uniformément blanc. Rare dans les terres. Voir page 137.

Goéland bourgmestre *Larus hyperboreus* En plumage de second hiver, cet oiseau n'a pas encore le bec jaune taché de rouge de l'adulte, mais plutôt le bout noir qui en alourdit l'aspect. Le plumage strié de gris paraît crème. Voir page 137.

Goéland cendré *Larus canus* Plus petit que le Goéland argenté auquel il ressemble, mais sans la tache rouge du bec et avec des pattes jaune-vert. En hiver, tête striée (comme ci-dessus). Voir page 140.

Goéland brun *Larus fuscus* Immature brun tacheté, très difficile à distinguer du Goéland cendré immature, mais noter la queue noire plus solide et le bout des ailes plus sombres. Voir page 135.

Goéland marin *Larus marinus* Très gros quand on le voit parmi d'autres, mais chercher la tête massive et le vol lent quand il est seul. Plus lié au littoral que le Goéland cendré et le Goéland brun. Voir page 134.

Goéland brun *Larus fuscus* Le cou moins massif et le vol plus léger le distinguent du Goéland marin. Chez la sous-espèce scandinave, manteau et ailes sont aussi sombres que chez celui-ci, mais d'un gris plus ardoisé chez celle d'Europe occidentale. Voir p. 135.

Fulmar glacial *Fulmarus glacialis* Ressemble à première vue à un goéland, mais noter le corps massif et le cou ramassé. En vol, les ailes sont rigides. Noter l'absence de bout sombre aux ailes. Voir page 37.

Sterne naine *Sterna albifrons* Très petite, à peine plus grosse qu'un étourneau. Le vol saccadé donne l'impression qu'elle est accrochée à un fil. Noter le front blanc et le bec jaune avec un bout noir. Voir page 144.

Guifette noire *Chlidonias niger* En été, tête et corps paraissent noirs et les ailes et la queue gris foncé. En hiver (voir photo) le noir du dessous disparaît et l'oiseau a un collier blanc. Le vol est gracieux. Voir p. 141.

Sterne pierregarin *Sterna hirundo* Très semblable à la Sterne arctique. Les amateurs, incapables de faire la distinction, les regroupent sous le nom de sternes « comiques ». Chez la Sterne pierregarin, le bout du bec est vermillon plutôt que carmin. Voir p. 143.

Sterne arctique *Sterna paradisaea* Bec carmin sans noir au bout. Longs filets à la queue. Se distingue de la Sterne pierregarin par des ailes plus translucides et l'aspect souvent plus gris de la poitrine et du dessous. Voir page 142.

Sterne de Dougall *Sterna dougallii* En vol, les meilleures repères d'identification sont les longs filets, le bec noir et le dessous apparemment blanc. Rare à l'intérieur. Voir page 143.

Sterne caugek *Sterna sandvicensis* Vol plus lourd que celui des Sternes pierregarin, arctique et de Dougall, en compagnie desquelles elle niche souvent. Se distingue des Sternes hansel et caspienne par son bec noir au bout jaune. Voir page 144.

Sterne hansel *Gelochelidon nilotica* Seule sterne à avoir un bec court et épais. La queue, courte, est grise, les ailes assez larges ; c'est la plus trapue des sternes. Voir p. 145.

Sterne caspienne *Sterna caspia* Presque aussi grosse qu'un Goéland argenté, c'est la plus grande des sternes d'Europe avec un bec rouge et massif et le bout des ailes sombre. Voir page 145.

Guifette moustac *Chlidonias hybrida* La moins sombre des guifettes et la seule sterne d'Europe avec une calotte noire séparée de la poitrine gris foncé par des moustaches blanches. Sous-caudales blanches visibles en vol. Voir page 142.

Guifette leucoptère *Chlidonias leucoptera* En été, le plumage noir s'étend vers l'avant sur les deux tiers du corps et sous le bord antérieur de l'aile. Croupion et queue sont blancs. Voir page 141.

Guifette leucoptère *Chlidonias leucoptera* L'immature a le dos gris foncé, les ailes grises et le ventre blanc. Ailes et nuque privées de taches sombres. Voir page 141.

Pigeon colombin

Columba oenas

33 cm

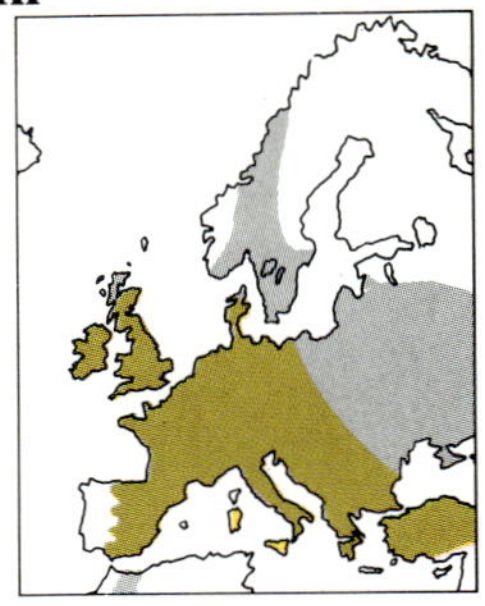

IDENTIFICATION Un pigeon au plumage bleu-gris assez foncé, plus petit que le Pigeon ramier, avec tache vert irisé sur le cou. En vol, les ailes apparaissent bordées de sombre et montrent des barres alaires interrompues.
VOIX Un « ouou-rouou » assez monotone, avec le premier « ou » accentué.
HABITAT Zones boisées, parcs, terres agricoles, falaises, etc.
NOURRITURE Végétaux (graines, céréales, fruits, baies, etc.) et quelques insectes et vers.
NIDIFICATION Nid dans les cavités des vieux arbres, des falaises, des vieux bâtiments, 2 œufs, couvés par le couple. Vol des jeunes vers 3 ou 4 semaines.

Pigeon biset

Columba livia

33 cm

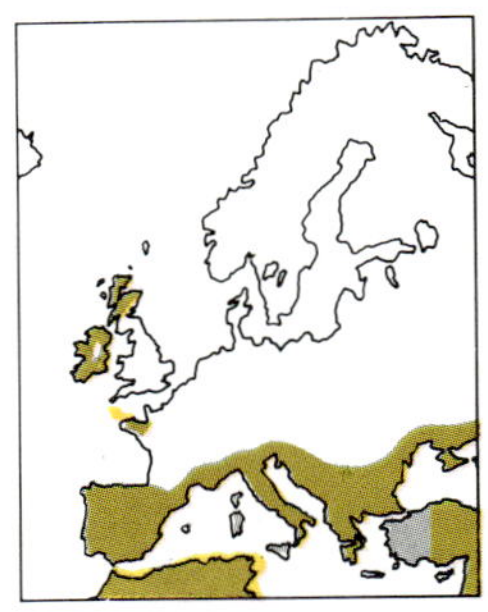

IDENTIFICATION Ancêtre des espèces domestiques, retournée à l'état sauvage (férales). Plumage bleu-gris avec dos clair et croupion blanc, aile traversée de deux bandes noires et dessous de l'aile blanc. Bande terminale noire à la queue.
VOIX Roucoulement caractéristique : « ouou-rou-couou ».
HABITAT Falaises rocheuses littorales ou dans les terres. Se mêlent dans bien des régions aux Pigeons domestiques retournés à l'état sauvage, avec lesquels ils se croisent.
NOURRITURE Céréales, pois, graines variées, algues, etc.
NIDIFICATION L'espèce sauvage pure niche dans des fissures de rochers et des grottes en bord de mer. Ponte d'un œuf couvé par le couple 17 à 19 jours. Vol des jeunes vers 5 semaines.

Pigeon domestique

Columba livia

33 cm

IDENTIFICATION Plumage très variable, allant d'un blanc presque pur à une couleur tirant sur le noir, en passant par une large gamme de couleurs. Certains individus ressemblent de près à d'authentiques Pigeons biset sauvages.
VOIX Voir Pigeon biset.
HABITAT Se mêle parfois à des populations indigènes de Pigeons biset. Autrement, on trouve surtout dans les villes et villages la forme domestique issue du Pigeon biset.
NOURRITURE Voir Pigeon biset.
NIDIFICATION Cycle de reproduction analogue à celui du Pigeon biset, mais les nids sont sur des bâtiments ou à l'intérieur, y compris dans les plus animés des centres de villes.

Pigeon ramier

Columba palumbus

IDENTIFICATION Un gros pigeon corpulent, au plumage gris, à l'aile traversée de blanc,

41 cm

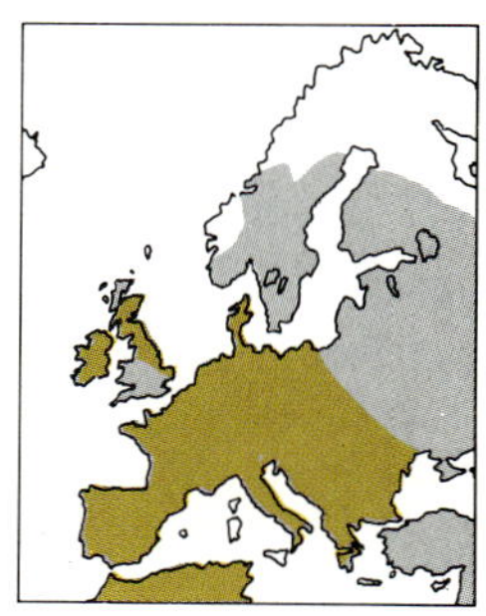

avec une tache blanche sur le côté du cou et une bande terminale sombre à la queue. Cou et haut de la poitrine brun rosé.
VOIX Cinq notes roucoulées.
HABITAT Répandu, il se rencontre presque partout, y compris en zone urbaine ; ne dépasse pas la limite supérieur de l'étage subalpin.
NOURRITURE Voir le Pigeon colombin.
NIDIFICATION Dans un arbre ou un fourré. Ponte de 2 œufs, couvés par le couple 17 à 19 jours. Vol des jeunes entre 16 et 35 jours.

Tourterelle turque

Streptopelia decaocto

32 cm

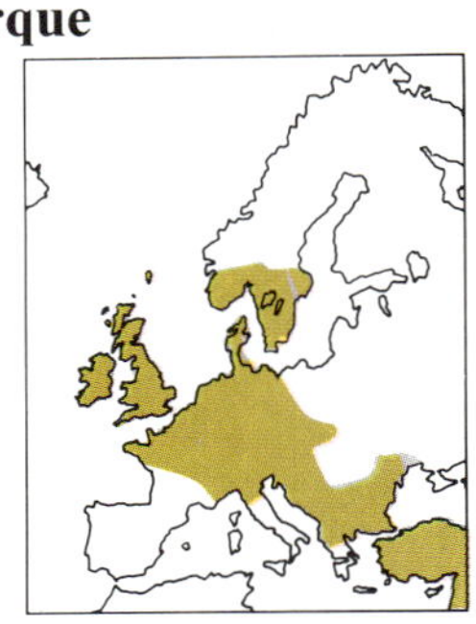

IDENTIFICATION Une petite tourterelle à la queue plutôt longue, avec un plumage clair rosé ou brun grisé, un demi-collier noir, des rémiges primaires noirâtres et vue de dessous, les rectrices externes blanches et la moitié de la queue noirâtre.
VOIX Un « couou-couou-couou » monotone accentué sur la deuxième syllabe. En vol, un gémissement étrange très caractéristique.
HABITAT Villes, villages, alentours des fermes, etc.
NOURRITURE Presque exclusivement végétale.
NIDIFICATION Nid généralement dans un arbre, parfois sur un bâtiment. 2 œufs couvés, 2 semaines environ, par les deux sexes. Vol des jeunes vers 3 semaines.

Tourterelle des bois

Streptopelia turtur

IDENTIFICATION Une tourterelle plus fine et plus petite encore que la Tourterelle turque.

27 cm

Dessus brun sable, avec festons noirâtres, gorge et poitrine rosées, ventre blanc. Queue noire lisérée de blanc. Vol très vif et folâtre.
VOIX Un ronronnement curieusement assoupi : « rourrr... »
HABITAT Bois avec clairières, friches peu boisées, haies fournies et bosquets.
NOURRITURE Surtout végétale (céréales, graines, feuilles, etc.)
NIDIFICATION 2 œufs, couvés par le couple 13-14 jours, dans un nid, dans un buisson ou le haut d'une haie. Vol des jeunes vers 3 semaines.

Adulte. En médaillon : jeune

Coucou d'Europe (ou Coucou gris)

Cuculus canorus

33 cm

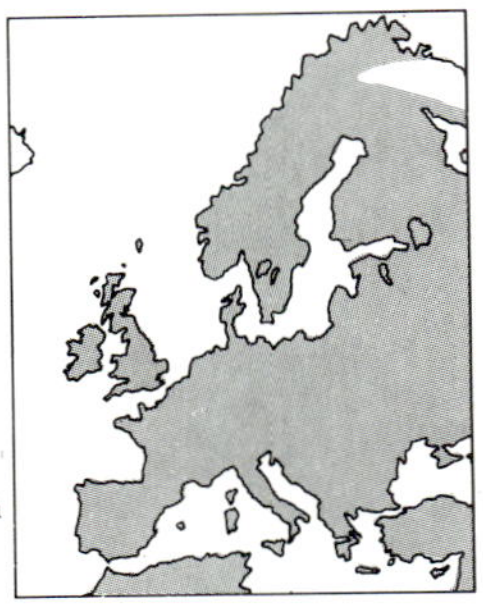

IDENTIFICATION L'allure générale est celle d'un faucon, gris dessus, finement strié dessous, avec de longues ailes pointues et une longue queue marquée de blanc au bout. Femelle parfois brun-roux, rappelant le jeune, brun strié de sombre avec la nuque tachée de blanc.

VOIX Le fameux « coucou ». La femelle émet un appel glougloutant et modulé.

HABITAT Répandu presque partout, surtout en lisière des bois, dans les friches, champs cultivés, marais, etc.

NOURRITURE Surtout insectes et leurs larves.

NIDIFICATION Parasite. Ôte un œuf du nid d'un petit oiseau pour y déposer l'un des siens. Le jeune Coucou d'Europe éjecte du nid les autres œufs ou poussins et se fait ensuite nourrir par ses parents adoptifs. Vol vers 3 semaines.

Poitrine en phase sombre

Chouette effraie

Tyto alba

34 cm

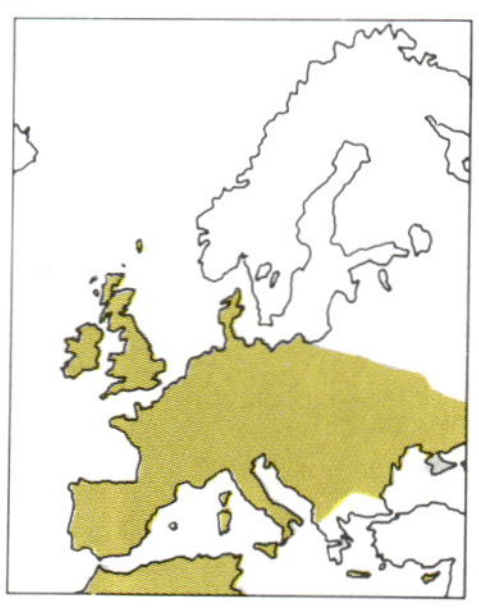

IDENTIFICATION Un oiseau nocturne, qui chasse aussi de jour. Face blanche avec des yeux noirs, dessous blanc, dessus doré clair, ponctué de taches sombres. Pattes longues. Le blanc du plumage a, la nuit, quelque chose de fantômatique. Poitrine parfois sombre chez la population continentale.
VOIX Un long et étrange cri strident. Ronflements et chuintements divers. Émet un jappement en vol.
HABITAT Ruines, bâtiments agricoles, terrains dégagés avec arbres épars, falaises.
NOURRITURE Surtout petits mammifères, souvent petits oiseaux, parfois insectes.
NIDIFICATION Nid dans des ruines ou des bâtiments abandonnés, une cavité dans un arbre ou une falaise. 4 à 7 œufs, couvés 32 à 34 jours par la femelle. Vol des jeunes à 9-12 semaines.

Poitrine en phase claire

Hibou grand-duc

Bubo bubo

66-71 cm

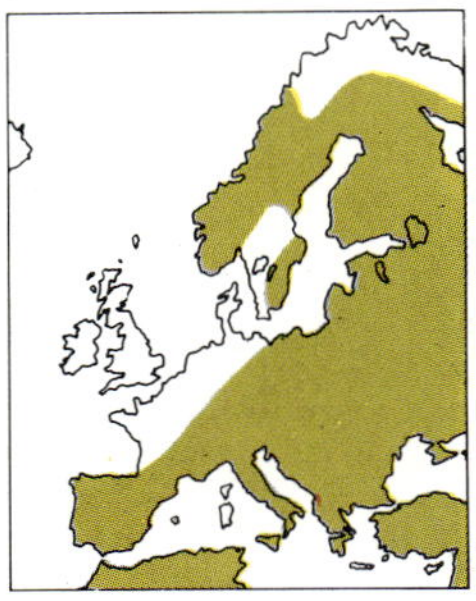

IDENTIFICATION Un hibou massif et de grande taille, qui se reconnaît à ses touffes de plumes aux oreilles. Plumage largement fauve strié de sombre, dessous plus clair. Les yeux sont orange et l'expression féroce.
VOIX Très variée, où dominent un « kveck » fort et aigu et le chant, un sifflement faible, profond, sur trois notes, avec la dernière accentuée.
HABITAT Forêts avec falaises, ravins et gorges, ou stations dégagées avec relief analogue.
NOURRITURE Ce puissant oiseau tue des mammifères de la taille d'un daim et de nombreux oiseaux (dont rapaces diurnes et nocturnes) de la taille d'un Grand Tétras.
NIDIFICATION Nid sur une corniche, un arbre creux, parfois le vieux nid d'un autre oiseau. La femelle couve 2-3 œufs 34 à 36 jours. Les jeunes volent à 14 semaines, mais quittent le nid bien avant.

Chouette harfang

Nyctea scandiaca

53-66 cm

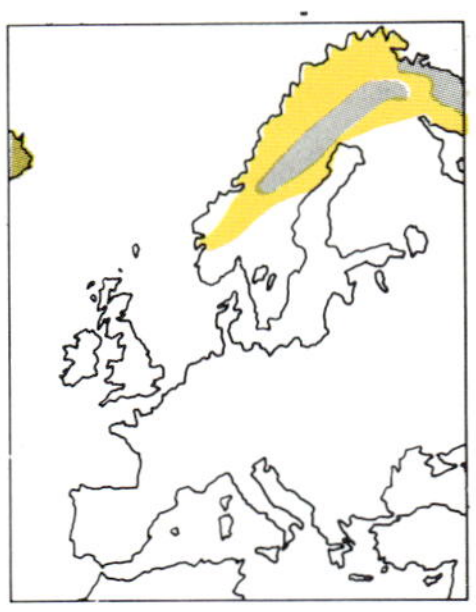

Femelle

IDENTIFICATION Une très grande chouette, principalement diurne avec des yeux jaunes. Mâle presque tout blanc, femelle barrée de brun de façon très variable et immatures plus contrastés encore.
VOIX Plutôt silencieuse. Aboiements et grincements divers près du nid.
HABITAT Toundra et landes nordiques. Descend plus au sud en hiver, dans des zones sauvages et dégagées, dont les marais littoraux.
NOURRITURE Lemmings et oiseaux de petite et moyenne taille, lapins et rongeurs.
NIDIFICATION Exclusivement dans l'Arctique, bien qu'elle ait été récemment signalée à plusieurs reprises dans les Shetland. Selon la quantité de nourriture disponible, la ponte, au sol, peut atteindre une dizaine d'œufs. Cycle de reproduction de 3 mois environ. Égaré en Europe l'hiver.

Chouette épervière

Surnia ulula

36-40 cm

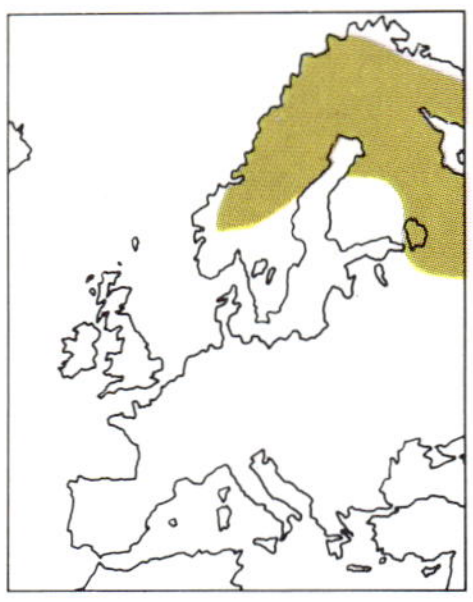

IDENTIFICATION Une chouette essentiellement diurne, à l'allure d'un faucon avec sa longue queue et ses ailes courtes et pointues. Larges raies brun-noir et tête marquée de disques blancs très visibles, largement bordés de noir.
VOIX Un « ki-ki-ki » haut perché et autres cris rappelant plus le faucon que la chouette.
HABITAT Forêts de conifères et terrains broussailleux avec bouleaux et autres arbres.
NOURRITURE Oiseaux et petits mammifères.
NIDIFICATION Nid dans un trou d'arbre ou le vieux nid d'un autre oiseau. 3 ou 4 œufs, couvés surtout par la femelle 25 à 30 jours. Départ des jeunes vers 3 semaines.

Chouette lapone

Strix nebulosa

69 cm

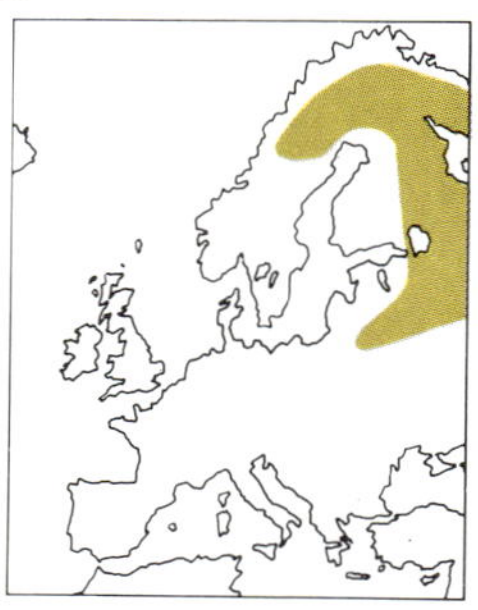

IDENTIFICATION Une grande chouette au plumage pâle grisâtre, rayé dessous, avec une tête ronde et un disque facial souligné de cercles concentriques, de petits yeux jaunes, des « parenthèses » blanches sous le bec et un menton noir.
VOIX Un appel de hulotte : « kiouik » et un « hiou-hiou-hou » grave.
HABITAT Taïga.
NOURRITURE Malgré sa grande taille, se nourrit, de petits mammifères.
NIDIFICATION Généralement dans un vieux nid de rapace qu'elle défend farouchement comme la Hulotte. La femelle couve 3 à 5 œufs près d'un mois. Vol des jeunes à 30 à 40 jours.

Chouette de l'Oural

Strix uralensis

61 cm

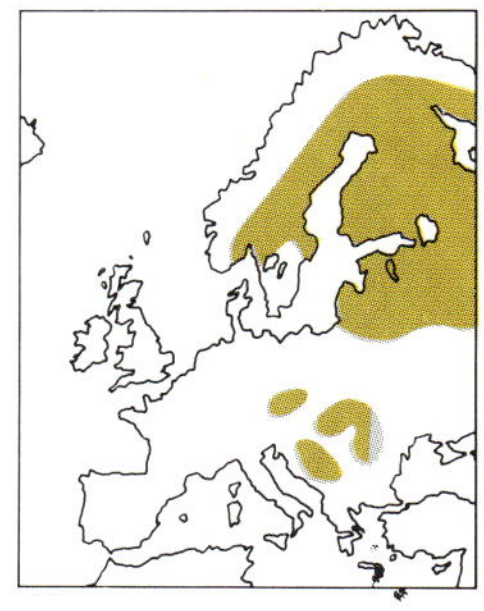

IDENTIFICATION Une grande chouette au plumage clair et à la queue longue, rappelant la Chouette hulotte. Corps blanc strié de brun foncé, avec les ailes et la queue rayées. Disque facial régulier, clair et uni, avec des yeux sombres.
VOIX Un « ke-vek » rauque et un aboiement « oua-oua-oua » répété sur un rythme irrégulier.
HABITAT Forêts mixtes, bois, bosquets, alentours boisés des villes et villages.
NOURRITURE Petits mammifères, quelques oiseaux et insectes.
NIDIFICATION Nid dans un trou d'arbre, un nid abandonné au sol. La femelle couve 3 ou 4 œufs près d'un mois. Départ des jeunes environ 1 mois plus tard.

Chouette hulotte

Strix aluco

38 cm

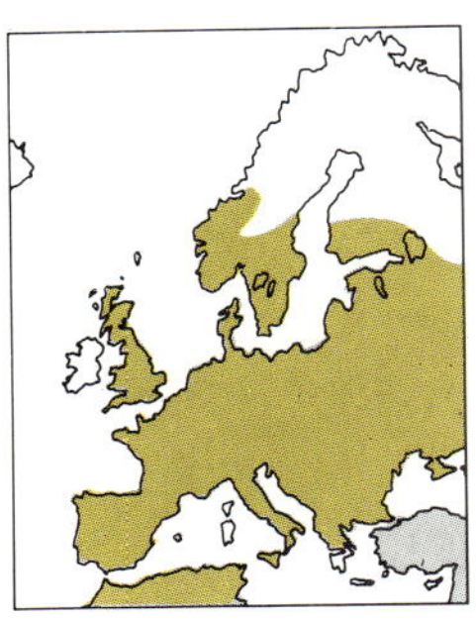

IDENTIFICATION Une chouette de taille moyenne qui chasse la nuit, avec une grosse tête ronde, des yeux noirs, le dessus variant du brun au grisâtre, rayé et tacheté de clair et le dessous pâle.
VOIX Cri le plus fréquent : un « kiou-ik » aigu. Chant : le fameux hululement indécis précédé d'un long coup de sifflet.
HABITAT Zones boisées, parcs, grands jardins, localement en ville.
NOURRITURE Petits mammifères, oiseaux, insectes, grenouilles.
NIDIFICATION Le plus souvent dans un arbre creux, un bâtiment, ou même une cavité du sol. La femelle couve jusqu'à 4 œufs 28 à 30 jours. Départ des jeunes vers 7 semaines.

Hibou moyen-duc

Asio otus

36 cm

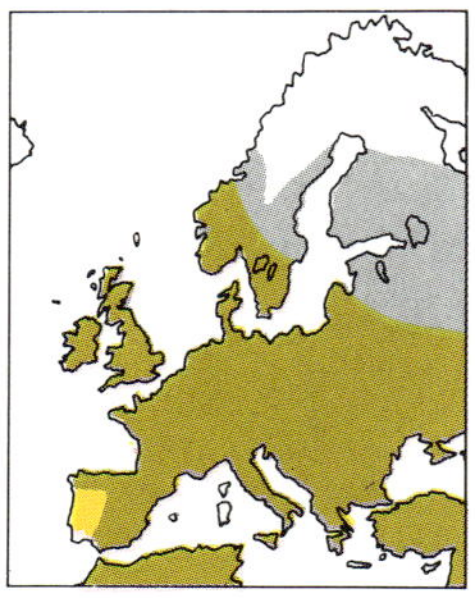

IDENTIFICATION Un hibou de taille moyenne, plutôt svelte, avec des touffes de plumes aux oreilles. Dessus brunâtre, ponctué et taché, dessous plus clair strié de sombre. Yeux orangés. Chasseur essentiellement nocturne qui se tient perché en groupe l'hiver.
VOIX Des jappements divers. Chant : un hululement bas et sourd. Claquements d'ailes à la saison des nids.
HABITAT Forêts, notamment de conifères, bosquets et bois, halliers, etc.
NOURRITURE Petits mammifères et quelques petits oiseaux qu'il chasse à découvert.
NIDIFICATION 4 ou 5 œufs, couvés 27-28 jours par la femelle dans un vieux nid de corbeau ou de faucon. Départ des jeunes au bout de 23 jours environ.

Hibou des marais

Asio flammeus

38 cm

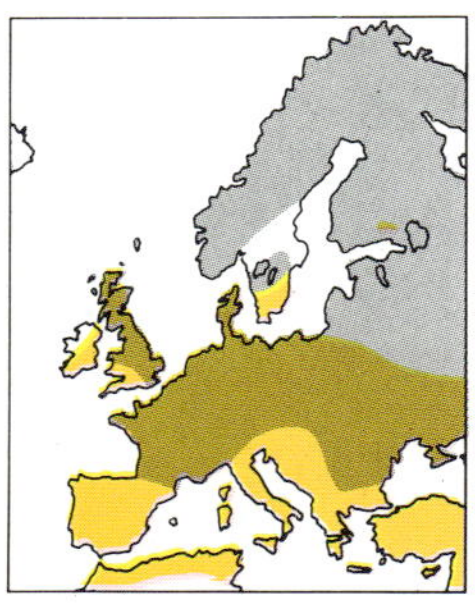

IDENTIFICATION Un hibou essentiellement diurne, et dépourvu d'aigrettes. Longues ailes, plumage fauve assez clair, rayé et strié de sombre ; yeux jaunes et tache sombre sur le coude visible en vol. Se distingue des autres hiboux par le fait qu'il perche plus souvent à l'horizontale et au sol.
VOIX Cri : un aboiement aigu. Chant : un « bou-ououp » profond accompagnant parfois le vol et des claquements d'ailes.
HABITAT Terrains dégagés : marais, landes, dunes, etc ; en hiver sur les côtes.
NOURRITURE Petits mammifères et oiseaux, quelques insectes.
NIDIFICATION Nid au sol sous un couvert de plantes. 4 à 8 œufs, parfois plus, couvés par la femelle près de 4 semaines. Départ des jeunes à 2 semaines, premier vol 2 semaines plus tard environ.

Chouette chevêche

Athene noctua

22 cm

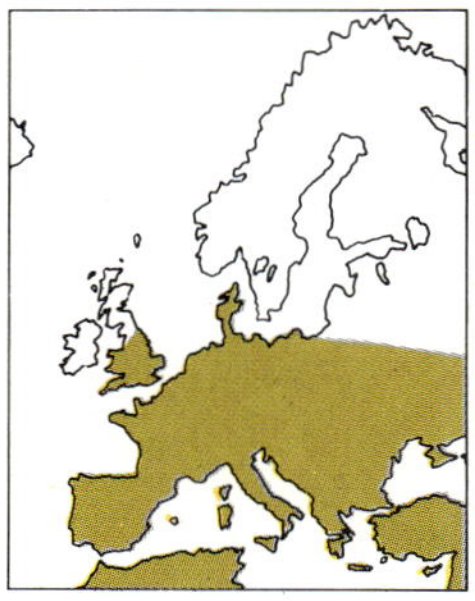

IDENTIFICATION Petite, ramassée, avec le sommet du crâne aplati. Principalement diurne. Dessus brun foncé tacheté et rayé de blanc, dessous clair avec de larges stries foncées. Yeux jaunes. Se perche sur les piquets, arbres, poteaux télégraphiques et autres points où elle est aisément repérable.
VOIX Chant : un « kiou » plaintif, répété. Cris les plus fréquents : des « oui-ao » sauvages et puissants.
HABITAT Très varié, avec une préférence pour les terrains découverts et cultivés.
NOURRITURE Petits rongeurs, petits oiseaux, nombreux vers et insectes.
NIDIFICATION Nid dans une cavité dans un arbre, un bâtiment ou une falaise. 3 à 5 œufs, couvés par la femelle à peine plus de 4 semaines. Vol des jeunes à 4-5 semaines.

Hibou petit-duc

Otus scops

19 cm

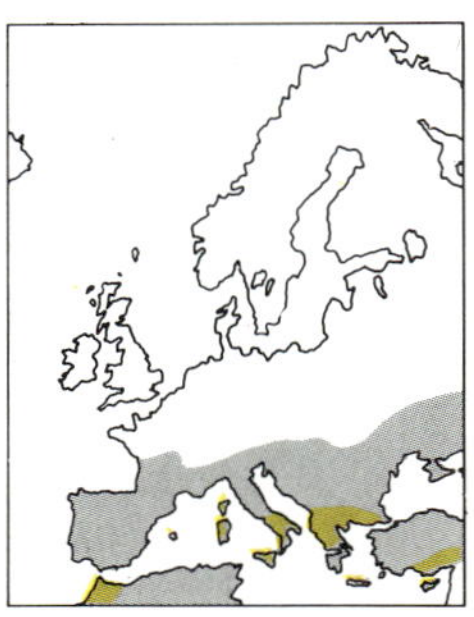

IDENTIFICATION Un tout petit hibou svelte avec des touffes de plumes aux oreilles. Plumage joliment marqué de fins motifs gris et bruns, difficiles à voir de jour quand il est perché. Chasse surtout la nuit.
VOIX S'entend plus qu'il ne se voit. Chant : un « kiou... kiou... kiou » répété et monotone.
HABITAT Bois dégagés, parcs, grands jardins, arbres au bord des routes. Parfois en ville.
NOURRITURE Surtout insectes.
NIDIFICATION Nid dans une cavité dans un arbre, un mur ou un bâtiment. 4 à 5 œufs, couvés près de 24 jours par la femelle. Vol des jeunes à 3 semaines environ.

Chouette chevêchette

Glaucidium passerinum

16,5 cm

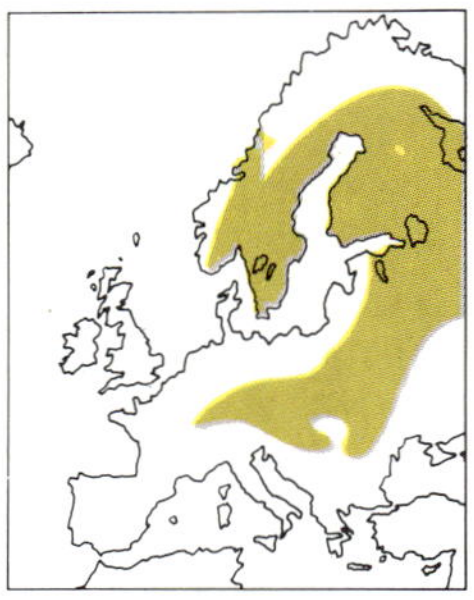

IDENTIFICATION Plus petite encore qu'un étourneau, avec une tête également petite. Partiellement diurne. Dessus brun tacheté de blanc, dessous clair avec stries noirâtres. Les yeux sont petits et jaunes. Hoche souvent la queue à la manière d'un Troglodyte.
VOIX Sifflements variés. Chant : un « ouii... ouii... ouii » sourd.
HABITAT Vieilles forêts, de conifères surtout, principalement en région montagneuse.
NOURRITURE Petits rongeurs, petits oiseaux parfois pris au vol.
NIDIFICATION Nid dans un trou d'arbre ou le trou abandonné d'un pic. 2 à 7 œufs, couvés 4 semaines environ par la femelle. Envol des jeunes à 4-5 semaines.

Chouette de Tengmalm

Aegolius funereus

25 cm

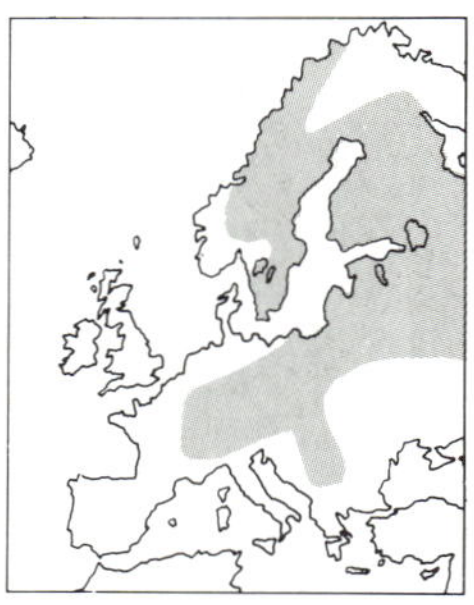

IDENTIFICATION Une petite chouette, avec une tête ronde et un grand disque facial. Dessus très sombre marbré de blanc cassé, dessous clair à stries peu marquées. Face blanche à « liséré » sombre, yeux jaunes. Immature presque uniformément brun foncé.
VOIX Appel ordinaire : un « pouou-pouou-pouou » rapide, répété 3 à 6 fois, s'achevant parfois en trille.
HABITAT Surtout forêts de conifères d'altitude, parfois bois mixtes. Descend l'hiver dans les vallées.
NOURRITURE Petits mammifères et oiseaux.
NIDIFICATION Nid dans un trou d'arbre, parfois de pic. La femelle couve 3 à 6 œufs 25 jours environ. Vol des jeunes vers 5 semaines.

Engoulevent d'Europe

Caprimulgus europaeus

27 cm

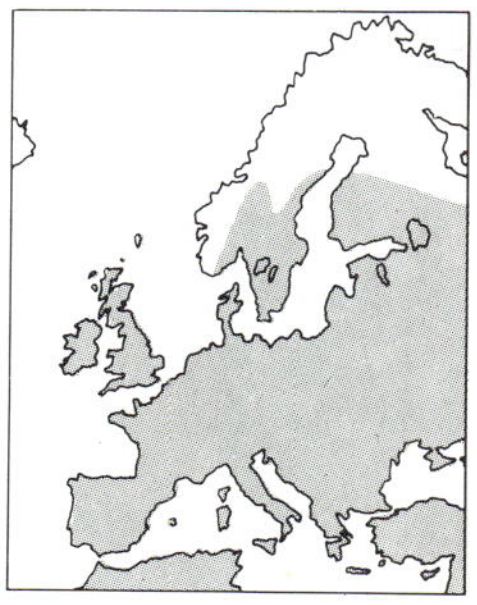

IDENTIFICATION Un oiseau nocturne aux ailes et à la queue longues, plumage rayé et ponctué de gris et de brun, avec chez le mâle des taches blanches près du bout des ailes et sur les rectrices externes. La tête est large. Le bec, petit, s'ouvre démesurément. Généralement au sol ou sur une branche pendant la journée.
VOIX S'entend plus qu'il ne se voit. Chant : un ronronnement prolongé sur une succession rapide de notes montantes et descendantes. Chant en vol : « gou-ic ». Claquements d'ailes sonores à la saison des nids.
HABITAT Landes, friches, clairières de fougères, plantations de jeunes conifères.
NOURRITURE Insectes ailés nocturnes. Vol de chasse irrégulier, planant et dérivant.
NIDIFICATION 2 œufs au sol, souvent dans des débris de branchages et d'écorce, couvés par les deux adultes 17-18 jours. Jeunes nourris par le couple 16 à 18 jours.

Martinet alpin

Apus melba

22 cm

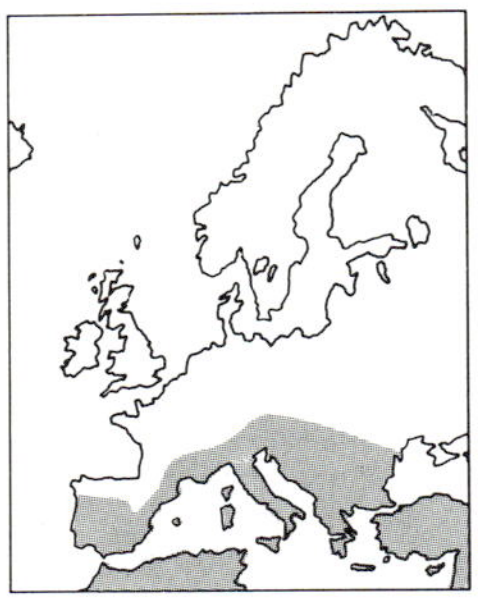

IDENTIFICATION La silhouette est celle du Martinet noir, en beaucoup plus grand et plus clair, avec le dessous blanc et une bande blanche à la poitrine. Très grégaire.
VOIX Cris bruyants en trille.
HABITAT Haute montagne surtout, vallées rocheuse, falaises côtières et vieux édifices.
NOURRITURE Insectes pris au vol.
NIDIFICATION Nid en coupe dans une crevasse ou une fissure de rocher ou sous la charpente d'une maison. 2 ou 3 œufs, couvés par le couple. Vol des jeunes vers 6 semaines.

Martinet noir

Apus apus

16,5 cm

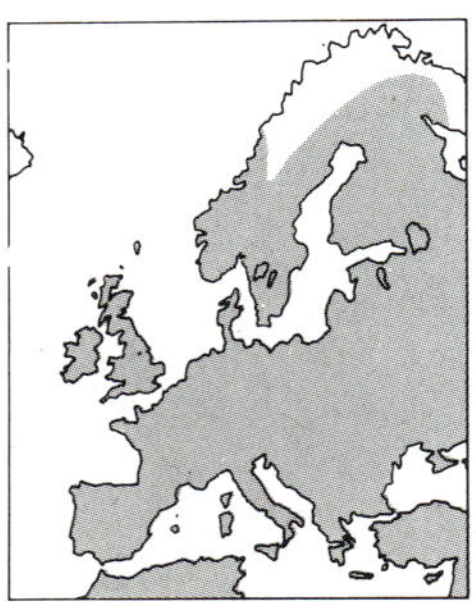

IDENTIFICATION Plumage noir suie, à l'exception d'une tache blanche au menton. Ailes longues et étroites en forme de faucille, queue courte et fourchue. Exclusivement aérien, ne se pose que pour nicher. Extrêmement sociable.
VOIX Souvent très bruyant. Cris aigus et perçants.
HABITAT On le trouve presque partout. Se nourrit souvent au ras de l'eau. Fréquent dans les villes et villages.
NOURRITURE Insectes pris au vol.
NIDIFICATION Nid dans une cavité dans un bâtiment, sous un pignon, etc., parfois dans une falaise ou un nichoir artificiel. 2 ou 3 œufs, couvés par le couple. Premier vol vers 6 semaines.

Martin-pêcheur

Alcedo atthis

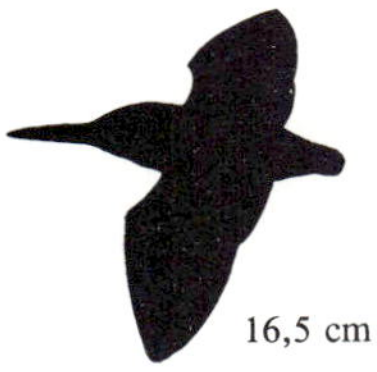

16,5 cm

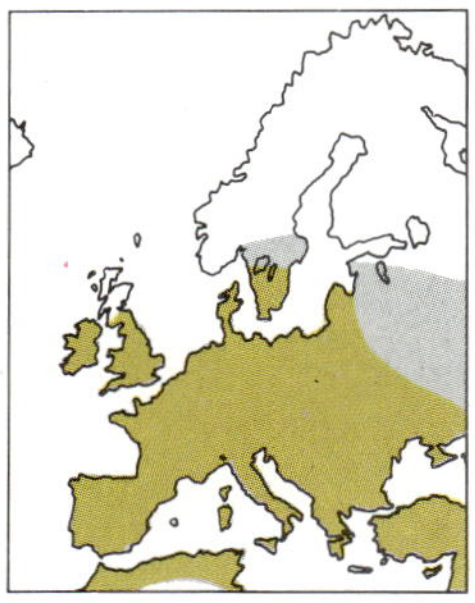

IDENTIFICATION La silhouette est trapue, la tête assez grosse, le bec en forme d'épée et la queue très courte. Dessus bleu-vert brillant avec une raie bleu cobalt le long du dos, gorge et tache au cou blanches, dessous châtain. Très facile à identifier.
VOIX Chant bref en trille. Cri habituel : un « tchii » ou « tchii-tchii » flûté pendant le vol rapide et direct.
HABITAT Lacs, étangs, rivières, canaux, etc., en toute saison. Marais littoraux, parfois bord de mer en hiver.
NOURRITURE Petits poissons, têtards et invertébrés aquatiques divers, qu'il pêche en plongeant d'un perchoir en surplomb ou en planant.
NIDIFICATION Nid dans une cavité creusée dans une berge généralement près de l'eau, souvent aussi à distance. 6-7 œufs, couvés par le couple 3 semaines environ. Départ des jeunes à 23-27 jours.

Guêpier d'Europe

Merops apiaster

28 cm

IDENTIFICATION Un oiseau multicolore aux ailes longues et bec fin et arqué. Dos châtain à doré, ailes bleu-vert, brun et châtain, gorge jaune, dessous bleu lavé de vert. Rectrices centrales allongées.
VOIX Un « crououk, crououk » guttural et liquide, très caractéristique, qu'il émet constamment.
HABITAT Terrains dégagés avec buissons, arbres isolés, poteaux télégraphiques, souvent près de l'eau.
NOURRITURE Abeilles et autres insectes qu'il capture en vol et dont il ôte le dard. Vol gracieux avec cercles et glissades.
NIDIFICATION Généralement en colonies. Nid dans un trou creusé dans un talus. Les deux sexes couvent 4 à 7 œufs pendant 20 jours environ. Vol des jeunes à 20-25 jours.

Huppe fasciée

Upupa epops

28 cm

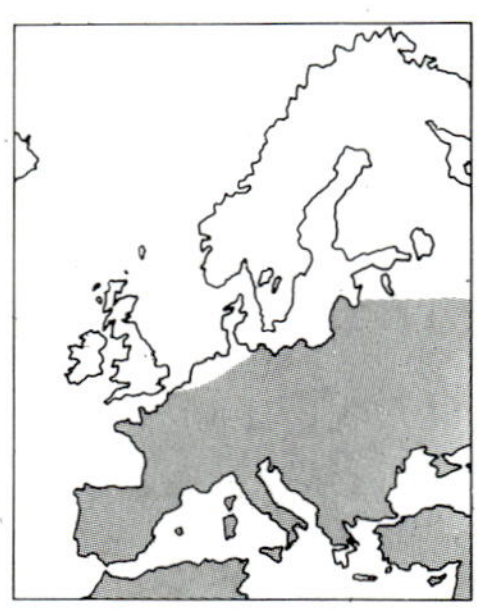

IDENTIFICATION Plumage d'un brun rosé clair, avec une huppe érectile bordée de noir, et les ailes et la queue striées de noir et de blanc avec un dessin frappant, surtout pendant le vol, paresseux et onduleux. Capable à terre d'échapper aux regards.
VOIX Un « pouou-pouou-pouou » bas et des miaulements.
HABITAT Bois clairs, parcs, grands jardins, vergers, vignes, champs cultivés.
NOURRITURE Insectes et larves qu'elle prend au sol à l'aide de son long bec arqué.
NIDIFICATION Nid : cavité dans un arbre, un mur ou un bâtiment. La femelle couve 5 à 8 œufs 18 jours environ. Jeunes nourris par les parents, volent à 20-27 jours.

Rollier d'Europe

Coracias garrulus

31 cm

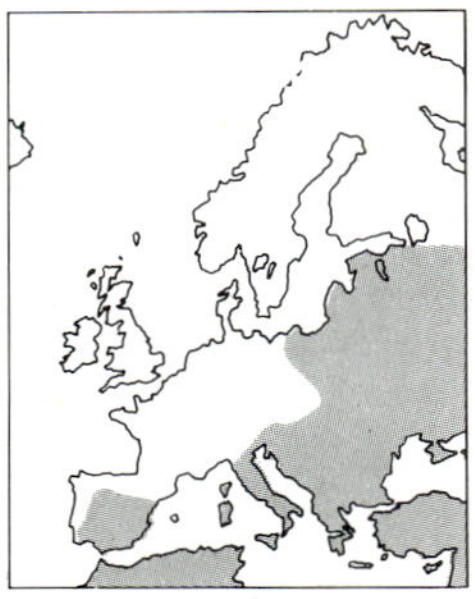

IDENTIFICATION Plumage essentiellement bleu-vert clair, avec le dos châtain. En vol, les ailes d'un bleu brillant et bordées de noir sont d'une beauté surprenante. La silhouette et le bec massif rappellent le corbeau. Vol nuptial fait de « roulades » et d'acrobaties.
VOIX A peu près comme le corbeau. Cris rauques et profonds et un long bavardage.
HABITAT Terrains boisés assez clairsemés, notamment avec vieux arbres, fils télégraphiques, etc.
NOURRITURE Insectes sur lesquels il fond d'un perchoir bien en vue.
NIDIFICATION Nid dans un trou d'arbre, parfois de ruines. 4 ou 5 œufs, couvés 18 jours. Départ des jeunes vers 4 semaines, nourris encore un certain temps par les parents.

Pivert (ou Pic vert)

Picus viridis

32 cm

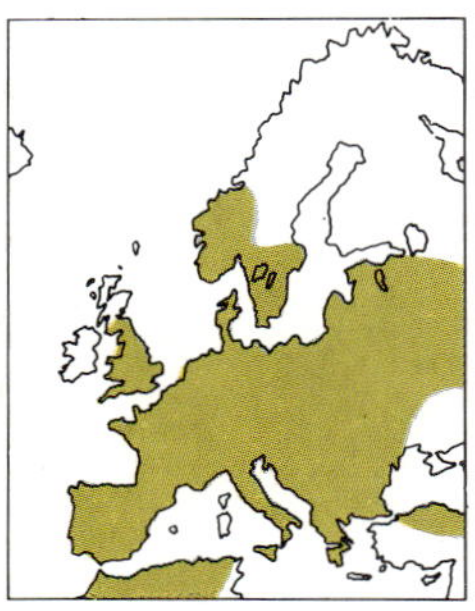

IDENTIFICATION D'un vert terne sur le dessus, avec dessous plus clair et croupion jaune. Calotte rouge, moustaches noires, rouges en leur milieu chez le mâle. Vol profondément onduleux. On l'observe souvent à terre en train de se nourrir.
VOIX Se distingue des autres pics par la quasi-absence de tambourinements. Long rire retentissant caractéristique.
HABITAT Forêts de feuillus et autres terrains plus dégagés avec grands arbres.
NOURRITURE Larves d'insectes xylophages surtout. Fourmis trouvées au sol.
NIDIFICATION Creuse une cavité dans un tronc d'arbre. Les deux adultes couvent 5 à 7 œufs 15 à 17 jours. Vol des jeunes vers 3 semaines.

Mâle. En médaillon : femelle

Pic cendré

Picus canus

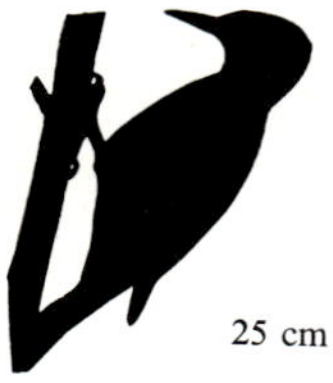

25 cm

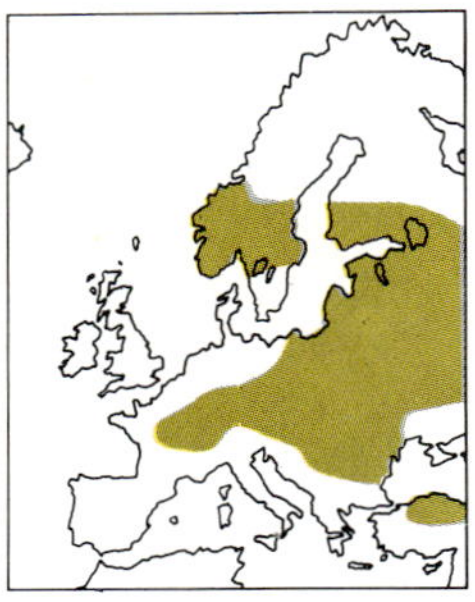

IDENTIFICATION Comme le Pivert, en plus petit, avec tête et cou gris, fine raie sombre d'un œil à l'autre, étroite moustache noire et, chez le mâle, front rouge vif.
VOIX Tambourinements du bec sur l'écorce des arbres, au printemps. Rire comme chez le Pivert, moins rauque, plus lent et plus bas sur la fin.
HABITAT Celui du Pivert, ainsi que les forêts de feuillus en altitude.
NOURRITURE Voir le Pivert. Comme lui, amateur de fourmis.
NIDIFICATION Cycle analogue à celui du Pivert.

Pic cendré mâle (à gauche)

Mâle

Pic noir femelle

Pic noir

Dryocopus martius

46 cm

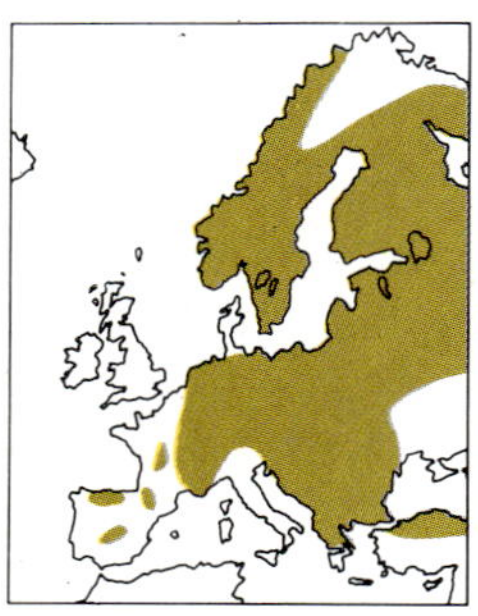

IDENTIFICATION Un très grand pic (de la taille d'un corbeau), au plumage entièrement noir, avec des yeux et un bec pâles. Le mâle a une calotte rouge, la femelle une tache rouge à l'arrière de la tête. Vol lourd mais onduleux.
VOIX Un sifflement sonore « kliiah » et un « kreuk-kreuk-kreuk » aigu. Chant : un « tcheuk-tcheuk-tcheuk » bruyant, souvent émis en vol. Tambourinement sonore, à l'occasion.
HABITAT Vieilles forêts de conifères, souvent d'altitude, bois anciens de bouleaux.
NOURRITURE Insectes xylophages et leurs larves, fourmis.
NIDIFICATION Nid dans un trou creusé dans un arbre, souvent assez haut, avec une grande entrée ovale. 3 à 6 œufs, couvés par les deux sexes 2 semaines environ.

Pic épeiche

Mâle. En médaillon : femelle

Dendrocopos major

23 cm

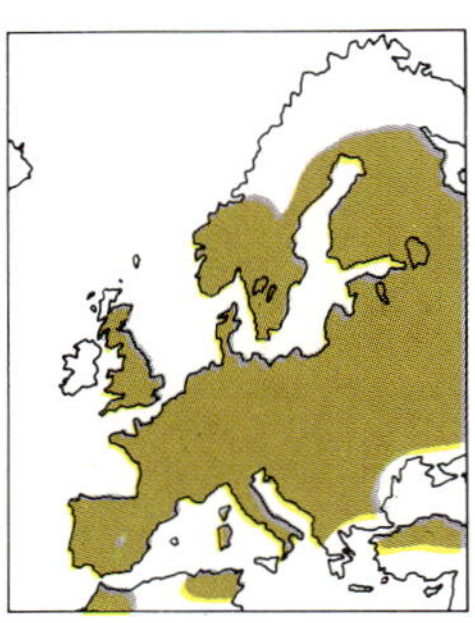

IDENTIFICATION Un pic de taille moyenne au plumage frappant, noir et blanc, avec de grandes taches blanches aux épaules et l'abdomen rouge. Joue blanche traversée d'une raie noire. Tache rouge à la nuque chez le mâle, calotte rouge chez l'immature. Vol onduleux. Rarement posé à terre.
VOIX Cri le plus fréquent : un « tchic » sonore et insistant. Tambourinement rapide sur les branches mortes.
HABITAT Terrains boisés surtout, conifères. Peut se trouver partout où il y a des arbres.
NOURRITURE Insectes et larves essentiellement. Dérobe également des poussins au nid.
NIDIFICATION Creuse un trou dans un arbre. La femelle assure la plus grande partie de l'incubation (16 jours). Vol des jeunes vers 18-21 jours.

Pic mar

Dendrocopos medius

22 cm

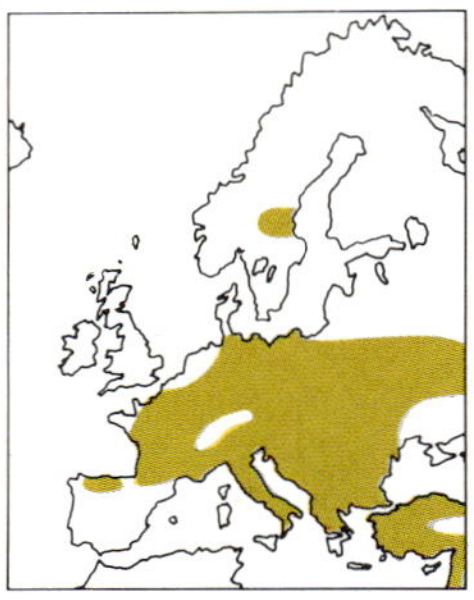

IDENTIFICATION Ressemble au Pic épeiche en plus petit, avec des taches blanches plus petites aux épaules, l'abdomen rosé (moins précisément délimité que le rouge du Pic épeiche), joue blanche avec barre noire interrompue, calotte rouge, parfois plus claire chez la femelle.
VOIX Tambourine rarement. Analogue au Pic épeiche, avec un jacassement plus bas. Au printemps, un « ouit-ouit-ouit » nasal caractéristique.
HABITAT Forêts caducifoliées, bouleaux et charmes de préférence.
NOURRITURE Insectes et leurs larves.
NIDIFICATION Nid dans un trou d'arbre. Cycle de reproduction mal connu, probablement analogue à celui du précédent.

Torcol fourmilier

Jynx torquilla

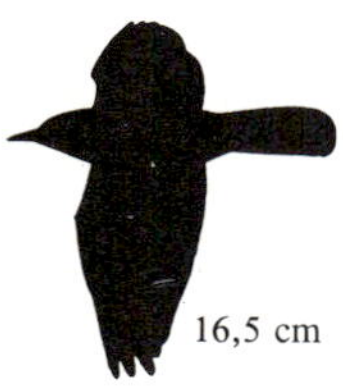

16,5 cm

IDENTIFICATION Très différent des autres pics : taille d'un moineau, plumage gris et brun avec jolis motifs, dessous plus clair. Grimpe le long des arbres, mais aussi des branches, des buissons, etc. Souvent posé à terre.
VOIX Chant : un « kiéé-kiéé-kiéé » sonore et répété qui rappelle les cris des petits faucons.
HABITAT Bois, jardins, vergers, parcs, etc. Également littoral et dans les haies en automne.
NOURRITURE Surtout insectivore. Cherche au sol les fourmis dont il est friand.
NIDIFICATION Ne creuse pas mais utilise les cavités naturelles d'un arbre, d'un mur, ou encore d'un nichoir. 7 à 10 œufs couvés une douzaine de jours, surtout par la femelle. Départ des jeunes vers 3 semaines.

Femelle

Mâle

Pic épeichette

Dendrocopos minor

14,5 cm

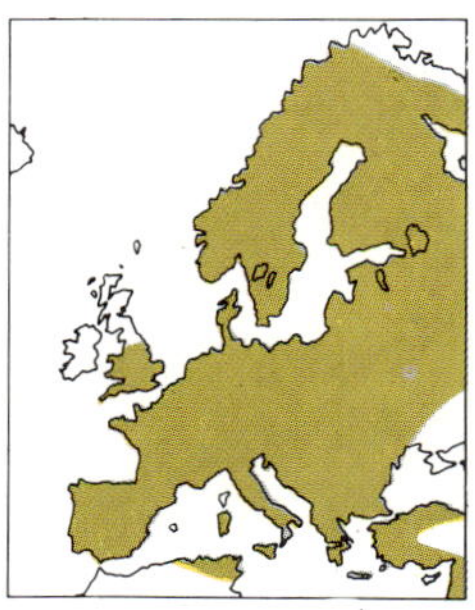

IDENTIFICATION La taille est celle d'un moineau, le plumage noir et blanc, barré de blanc dessus, sans les larges taches blanches des pics plus gros. Calotte rougeâtre chez le mâle, blanchâtre chez la femelle. Se voit plus souvent sur une branche que les autres pics.
VOIX Un « tchic » faible. Chant : un « pii-pii-pii » fin et aigu. Tambourinage fréquent, plus sourd que chez le Pic épeiche, plus « frappé », avec périodes plus longues.
HABITAT Bois, vergers, jardins.
NOURRITURE Insectes xylophages et leurs larves.
NIDIFICATION Nid dans un trou creusé dans un tronc ou une branche. Les deux sexes couvent 4 à 6 œufs 2 semaines environ. Vol des jeunes à 3-4 semaines.

Alouette calandre

Melanocorypha calandra

19 cm

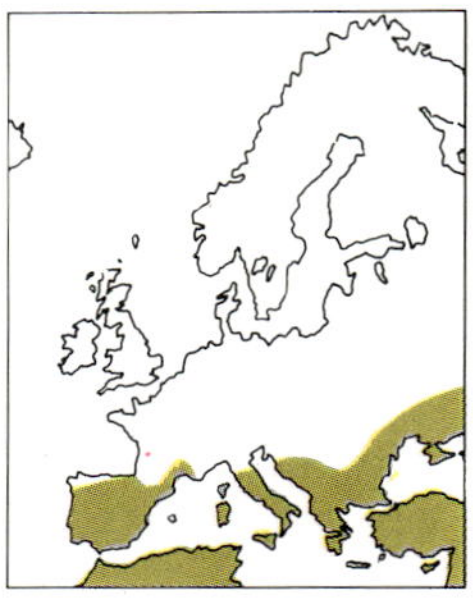

IDENTIFICATION Une grande alouette trapue, avec un robuste bec jaunâtre et une grande marque noire sur le côté du cou. Poitrine chamois, striée de brun clair. Ailes apparemment très sombres dessous, avec bord postérieur blanc visible de dos.
VOIX Un « tchirreup » sonore. Chant : un trille retentissant et agréable qui accompagne les cercles qu'elle décrit en plein ciel.
HABITAT Terrains dégagés, souvent caillouteux, steppes et champs cultivés.
NOURRITURE Graines et insectes.
NIDIFICATION 4 ou 5 œufs dans un nid au sol. Incubation et évolution du plumage mal connues.

Alouette calandrelle

Calandrella cinerea

14 cm

IDENTIFICATION Une petite alouette avec un bec de fringille. Dessus sable, strié de sombre, avec barre claire bien visible sur les couvertures alaires. Dessous clair, souvent avec une marque sombre sur le côté du cou. Calotte sombre privée de huppe, mais parfois légèrement érigée.
VOIX Des « tchirreup » de moineau caractéristiques et un « tii-ou ». Chant simple, qui accompagne un vol montant et descendant.
HABITAT Terrains sablonneux dégagés, bancs de vase asséchés, champs caillouteux, etc.
NOURRITURE Surtout les graines, insectes.
NIDIFICATION 3 à 5 œufs, couvés par les deux sexes dans un nid au sol environ 13 jours.

Cochevis huppé

Galerida cristata

17 cm

IDENTIFICATION Ressemble à l'Alouette des champs, en plus clair, avec une longue huppe érectile et un bec assez fin légèrement arqué. Ailes plutôt arrondies, absence de blanc aux ailes et à la queue, courtes.
VOIX Un « tii-tou » bien détaché et une triple note plus coulée. Chant plutôt plus bref et moins varié que celui de l'Alouette des champs, à phrases courtes et répétées émises en vol, du sol ou d'un perchoir peu élevé.
HABITAT Terrains herbeux découverts, champs cultivés, etc., bord des routes, terrains vagues, abords des villes.
NOURRITURE Graines et insectes.
NIDIFICATION Nid au sol. 3 à 5 œufs, couvés par la femelle environ 13 jours. Vol des jeunes vers 10-13 jours.

Alouette hausse-col

Eremophila alpestris

16,5 cm

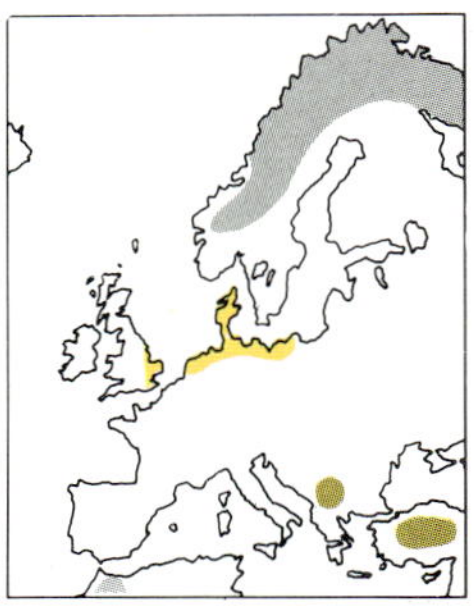

IDENTIFICATION Tout à fait caractéristique, avec manteau clair, dessous blanchâtre, face et gorge jaunes, joues et bande pectorale noires ; chez le mâle, deux petites « cornes ». Femelle plus terne. En hiver, taches de la tête plus foncées chez l'adulte.
VOIX Doubles cris, comme ceux des pipits. Chant : un cliquetis aigu, irrégulier, émis parfois en vol.
HABITAT Niche dans la toundra ou en région montagneuse. Hiverne surtout le long des côtes et dans des champs près de la mer.
NOURRITURE Graines, insectes et petits invertébrés.
NIDIFICATION Nid au sol. 4 œufs, couvés 10 à 14 jours par la femelle. Départ des jeunes à 9-12 jours.

Alouette lulu

Lullula arborea

15 cm

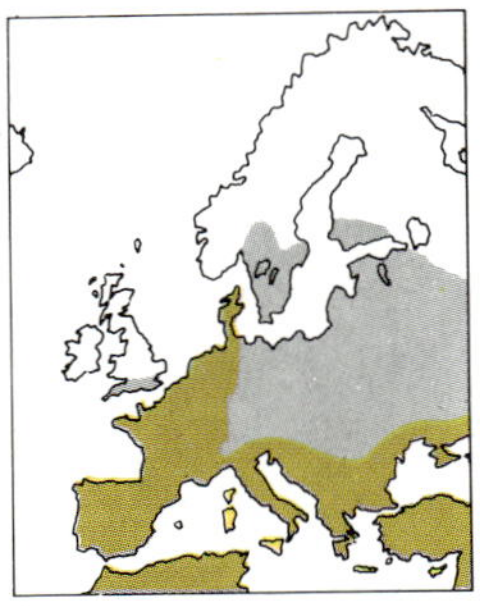

IDENTIFICATION Comme l'Alouette des champs, en plus petit, avec plumage strié de brun dessus, clair dessous. Queue courte privée de blanc. Sourcils blancs très marqués, se rejoignant à la nuque.
VOIX Un « tououlouiite » musical. Chant : une superbe suite de phrases répétées. Chante posée ou perchée, ou en décrivant des cercles en plein ciel.
HABITAT Lisière des bois, landes, collines dégagées, clairières des plantations.
NOURRITURE Insectes et petits invertébrés. Quelques graines et végétaux.
NIDIFICATION Nid au sol. 3 à 5 œufs, couvés 16 jours environ par la femelle. Départ des jeunes du nid au bout de 12 jours.

Alouette des champs

Alauda arvensis

18 cm

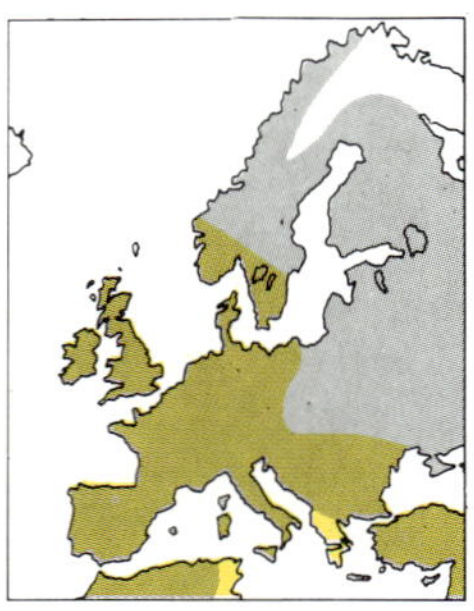

IDENTIFICATION La plus connue des alouettes. Dessus brun, strié, dessous blanchâtre avec larges stries à la poitrine. Petite huppe érectile souvent visible. En vol, arrière de l'aile blanc et rectrices externes blanches.
VOIX Un « tchirreup » mélodieux. Chant remarquable : une émission apparemment infinie de notes très variées et d'imitations d'autres oiseaux qui accompagne le vol, planant et à haute altitude.
HABITAT Terrains découverts variés, plateaux élevés, champs cultivés, côtes.
NOURRITURE Graines et autres végétaux. Quelques insectes et petits invertébrés.
NIDIFICATION Nid au sol. 3 ou 4 œufs, couvés 11 jours environ par la femelle. Départ des jeunes du nid vers 9-10 jours, premier vol à 12 jours environ.

Hirondelle rousseline

Hirundo daurica

18 cm

IDENTIFICATION Rappelle l'Hirondelle de cheminée, avec des ailes plus carrées, un vol plus lourd et des filets plus courts. Croupion chamois, nuque et sourcil châtains, dessous chamois uni.
VOIX Un cri rauque et fin en vol. Cri d'alarme : « kiirr ». Chant proche de celui de l'Hirondelle de cheminée, plus simple et moins musical.
HABITAT Surtout falaises littorales et de l'intérieur. En plaine, près des bâtiments et des ponts.
NOURRITURE Insectes pris au vol.
NIDIFICATION Nid sous un pont, un avant-toit, etc., muni d'une galerie d'entrée. 3 à 5 œufs, couvés par les deux sexes 2 semaines environ. Vol des jeunes vers 3 semaines.

Hirondelle de cheminée

Hirundo rustica

19 cm

IDENTIFICATION Un oiseau svelte aux ailes longues et d'une surprenante dextérité en vol. Queue dotée de très longs filets. Dessus bleu métallique sombre, dessous crème. Front et menton châtains, bande bleu nuit à la gorge. Beaucoup plus vive que le Martinet, plus élancée, et uniformément sombre. Très grégaire, surtout l'automne.
VOIX Appels coulés variés et gazouillis rapides forment la base du chant, plaisant mais assez sourd.
HABITAT Terrains dégagés variés, souvent près de l'eau. Niche pratiquement toujours en zone urbanisée.
NOURRITURE Insectes pris en vol.
NIDIFICATION 4 ou 5 œufs dans une coupe de boue sous un porche, dans un appentis, une grange, un garage, etc. C'est la femelle, surtout, qui couve — 2 semaines environ. Vol des jeunes vers 21 jours.

Hirondelle de fenêtre

Delichon urbica

12,5 cm

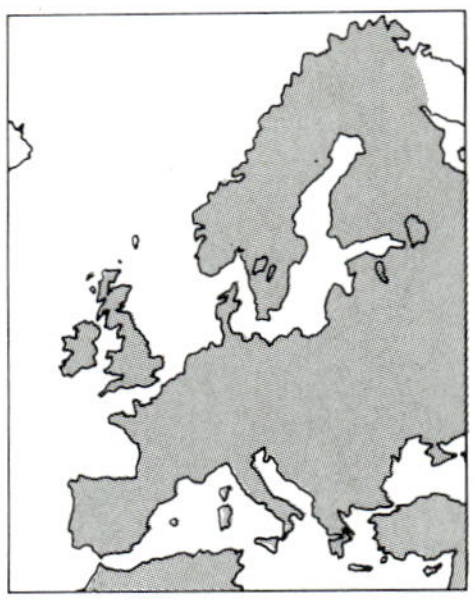

IDENTIFICATION L'allure est celle de l'Hirondelle de cheminée, en moins svelte, avec les ailes et la queue plus courtes. Calotte et manteau bleu nuit, croupion blanc très visible. Dessous blanc uni, avec plumes blanches aux pattes et aux pieds.
VOIX « Tchirreups » et gazouillis aigus. Chant : un simple gazouillis.
HABITAT Voir la précédente. Plus souvent associé à l'homme.
NOURRITURE Insectes pris en vol.
NIDIFICATION Fait un nid caractéristique de boue avec un trou au sommet, sous un avant-toit, parfois dans des falaises. 4 ou 5 œufs, couvés 2 semaines environ par le couple. Vol des jeunes vers 3 semaines.

Hirondelle de rochers

Ptyonoprogne rupestris

14,5 cm

IDENTIFICATION Ressemble à l'Hirondelle de rivage, en plus gros et avec des ailes plus longues, mais s'en distingue par l'absence de bande pectorale brune et par des taches blanches à l'extrémité de la queue.
VOIX Oiseau assez silencieux. Divers « tchirreups » et gazouillis peu sonores.
HABITAT Zones rocheuses en montagne, falaises littorales et de l'intérieur. Parfois en plaine, au niveau de la mer, en hiver.
NOURRITURE Insectes happés en vol.
NIDIFICATION Nid en coupe peu profonde sur une paroi rocheuse. La femelle couve 3 ou 4 œufs environ 14 jours. Jeunes capables de voler au bout de 3 semaines.

Mâle

Femelle

Loriot jaune

Oriolus oriolus

24 cm

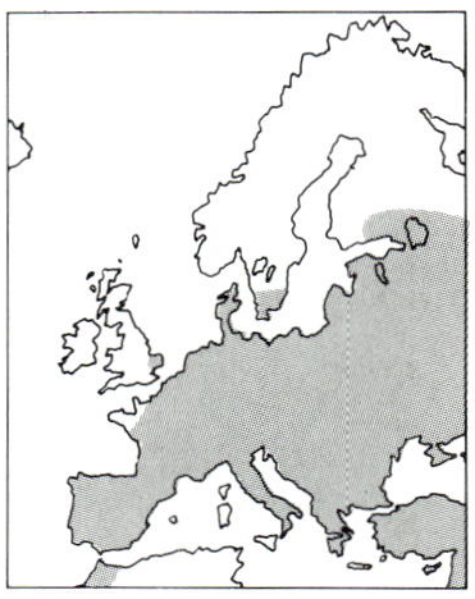

IDENTIFICATION Mâle jaune d'or brillant, avec les ailes noires et la queue noire tachée de jaune. Femelle parfois d'un jaunâtre assez vif, mais le plus souvent jaune-vert avec ailes et queue sombres. Facile à reconnaître quand on le voit bien.
VOIX Un « ouila-ouiou » sonore et flûté et des variantes. Divers cris rauques. Se fait entendre plus qu'il ne se montre.
HABITAT Bois, surtout près de l'eau, parcs, vergers. Très secret et difficile à voir à découvert, il fréquente la cime des arbres.
NOURRITURE Insectes ; fruits en automne.
NIDIFICATION Nid en hamac, accroché entre deux branches. 3 ou 4 œufs, couvés par la femelle environ 14 jours. Vol des jeunes au bout de 15 jours.

Hirondelle de rivage

Riparia riparia

12 cm

IDENTIFICATION La plus petite des hirondelles d'Europe. Dessus brun, dessous blanchâtre avec bande pectorale brune. Vol plus erratique et plus furtif que chez les autres hirondelles.
VOIX Un « teurreup » haut perché et assez sec et appels similaires. Chant : un faible gazouillis.
HABITAT Plus inféodée à l'eau que les Hirondelles de fenêtre et de cheminée : étangs, rivières, sablières, etc.
NOURRITURE Insectes pris en vol.
NIDIFICATION Nid dans un terrier creusé dans une berge, un talus de sable, etc., parfois une canalisation ou une cavité naturelle. 4 ou 5 œufs, couvés par le couple environ 14 jours. Vol des jeunes vers 19 jours.

Corneille noire

Corvus corone

47 cm

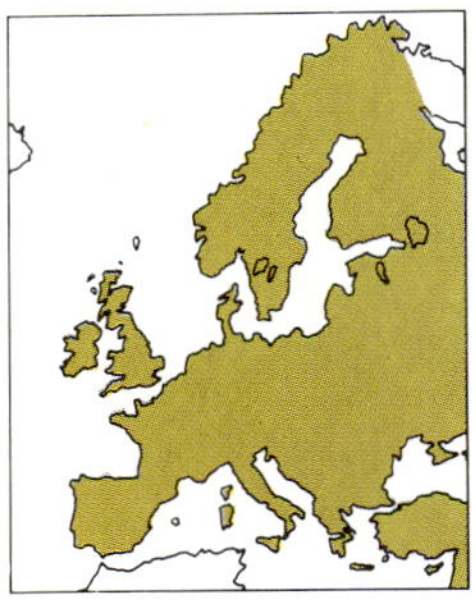

IDENTIFICATION Deux sous-espèces existantes en Europe : la Corneille noire (Europe occidentale) et la Corneille mantelée, au corps gris, facilement reconnaissable (Europe du Nord et orientale, Ecosse, Irlande), qui s'hybrident là ou leurs aires de répartition se chevauchent. Voir le Grand Corbeau et le Corbeau freux pour la première forme.
VOIX Un « kraaa » rauque et ses variantes.
HABITAT Plus ou moins répandue, on la rencontre presque partout.
NOURRITURE Très variée. Petits animaux et oiseaux, œufs, invertébrés, charognes et végétaux.
NIDIFICATION Nid dans un arbre, un buisson ou sur un piton. 4 ou 5 œufs, couvés près de 3 semaines par la femelle. Vol des jeunes à 4-5 semaines.

Corneille mantelée

Corneille noire

Corbeau freux

Corvus frugilegus

46 cm

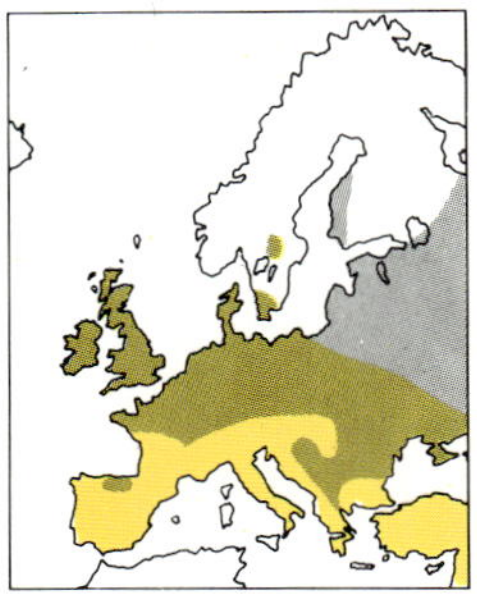

IDENTIFICATION Entièrement noir, comme la Corneille noire, mais avec un bec plus mince, plus clair avec bout sombre et une face dénudée blanchâtre. A aussi des plumes plus flottantes autour des pattes, qui souvent font penser à des pantalons. Sociable, contrairement à la solitaire corneille.
VOIX Cri le plus fréquent : un « kaao » à nombreuses variantes, surtout près des corbeautières.
HABITAT Régions agricoles principalement.
NOURRITURE Très variée, largement végétale.
NIDIFICATION Nids en colonies dans des arbres « corbeautières » souvent très vastes. 3 à 5 œufs, couvés 16 à 18 jours par la femelle. Vol des jeunes à un peu plus de 4 semaines.

Grand Corbeau

Corvus corax

64 cm

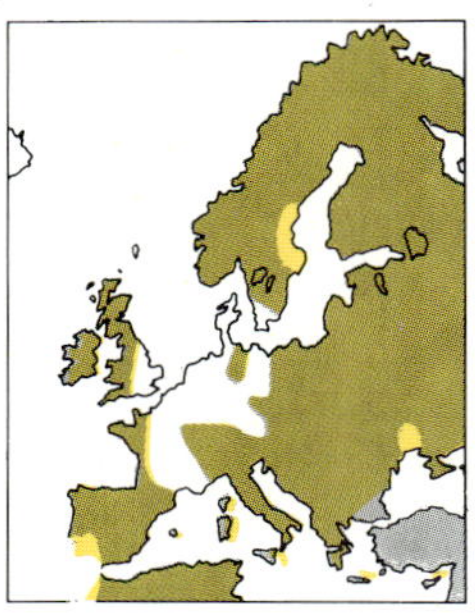

IDENTIFICATION Nettement plus grand que la Corneille, avec un bec plus massif. Plumage noir. Ailes plus pointues que chez la Corneille, queue plus longue et légèrement cunéiforme.
VOIX Très caractéristique : un « prrouk prrouk » profond et résonnant, plus des variantes. Souvent émis lors du vol de parade, tout en acrobaties et en roulades, en plein ciel.
HABITAT Souvent en montagne ou à l'étage collinéen, falaises du bord de mer. En terrain boisé ailleurs.
NOURRITURE Grande variété d'animaux et végétaux, charognes.
NIDIFICATION Niche très tôt, généralement sur des falaises ou rochers, ou dans les arbres. 4 à 6 œufs, couvés 3 semaines par la femelle. Vol des jeunes à 5-6 semaines.

Pie bavarde

Pica pica

46 cm

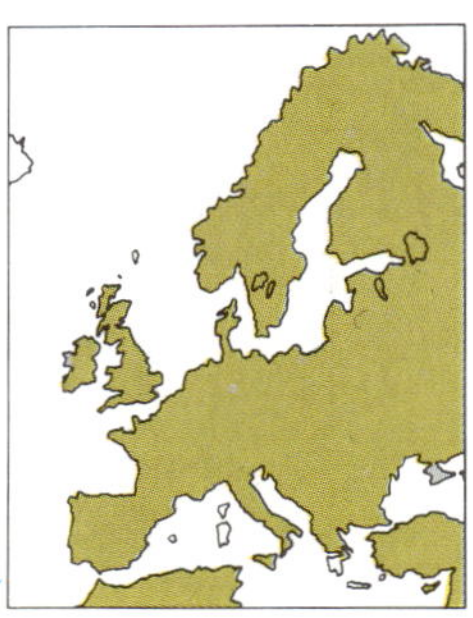

IDENTIFICATION Facilement reconnaissable à son plumage noir et blanc et à sa très longue queue étagée. De près, le noir montre des reflets bleus, verts et violets.
VOIX Un bavardage râpeux « tchak-tchak-tchak... », à nombreuses variantes et quelques jolis cris flûtés à la saison des nids.
HABITAT Terrains découverts et cultivés avec arbres ou buissons épars, surtout non loin de pâturages. Commune dans villes et villages.
NOURRITURE Insectes, petits mammifères et oiseaux, poussins, œufs, vers et autres invertébrés, quelques végétaux.

NIDIFICATION Fait un nid en dôme avec un toit. Ponte de 5 à 8 œufs, couvés par la femelle 17-18 jours. Vol des jeunes vers 3-4 semaines.

Choucas des tours

Corvus monedula

33 cm

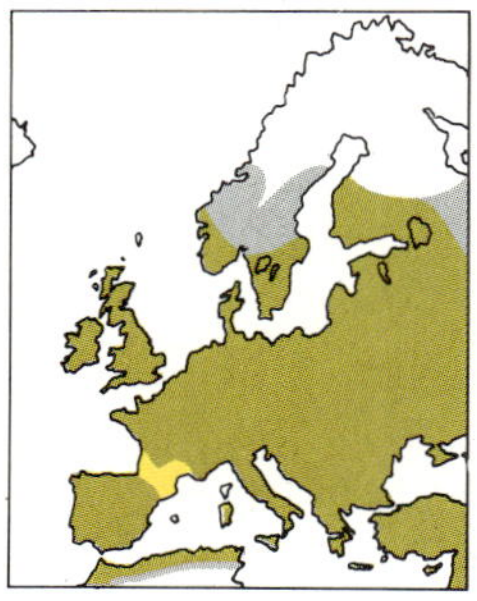

IDENTIFICATION Rappelle le Corbeau freux et la Corneille en plus petit, avec plumage noir allégé par le gris de la nuque et des oreilles et yeux bleu clair en contraste avec la face noire. Sociable, souvent en compagnie du Corbeau freux ou d'autres espèces.
VOIX « Tchak » aigus et variés, caractéristiques et un « kiaa » haut perché.
HABITAT Zones partiellement boisées avec vieux arbres, tours, ruines, parois rocheuses. Falaises côtières.
NOURRITURE Surtout animale : poussins, œufs, insectes, vers. Nombreux végétaux également.
NIDIFICATION En groupe. Nid dans un trou d'arbre, de rocher, de bâtiment, etc., ou une cheminée. 4 à 6 œufs, couvés 17-18 jours par la femelle. Vol des jeunes à 30-35 jours.

Pie bleue

Cyanopica cyana

34 cm

IDENTIFICATION Elle se distingue par son manteau gris-brun, sa calotte noire, ses ailes et sa longue queue étagée bleues. Sociable et facile à voir hors de la saison des nids.
VOIX Un long et caractéristique « zhrii » plaintif et montant.
HABITAT Restreint au centre et au sud de l'Espagne, au Portugal. Jardins, vergers, oliveraies, bois.
NOURRITURE Insectes, graines, quelque petits animaux et oiseaux.
NIDIFICATION En colonies lâches. Nid assez bas dans un arbre ou un gros buisson. 5 à 7 œufs, couvés par la femelle. Jeunes soignés par le couple.

Geai des chênes

Garrulus glandarius

34 cm

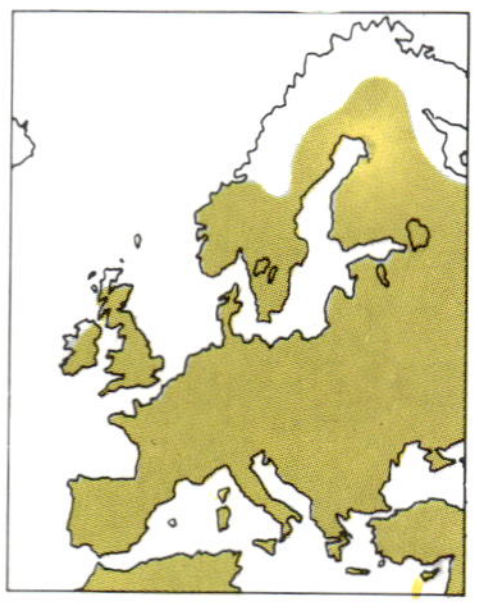

IDENTIFICATION Un oiseau brun rosé clair avec les ailes marquées de blanc, de bleu et de noir, en contraste avec le croupion blanc et la queue noire. Plumes de la calotte claires, érectiles avec le bout noir et la moustache noire.
VOIX Des « sraaaak » rauques et sonores et autres cris, une variété de rires, grincements et cliquetis plus sourds.
HABITAT Terrains boisés, parcs, grands jardins, rarement loin des arbres.
NOURRITURE Fruits, glands et végétaux très divers. Insectes et autres invertébrés, œufs jeunes oiseaux, souris.
NIDIFICATION Nid assez bas dans un arbre. 5 à 6 œufs, couvés presque exclusivement par la femelle. Départ des jeunes à 3 semaines environ.

Cassenoix moucheté

Nucifraga caryocatactes

32 cm

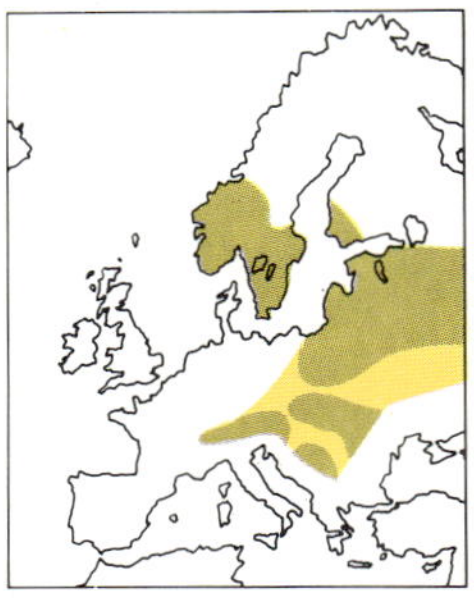

IDENTIFICATION Un petit corbeau avec un bec assez long et pointu, des ailes larges et une longue queue. Essentiellement brun, ponctué de grosses taches blanches, avec le dessous de la queue blanc.
VOIX Divers cris brefs et rauques « krorr », etc., et un cri plus long, comme le Geai.
HABITAT Forêts de conifères en montagne. Descend dans les bois mixtes en hiver.
NOURRITURE Graines de conifères, noix, baies et grains.
NIDIFICATION Nid haut dans un conifère. 2 ou 3 œufs, couvés par la femelle environ 18 jours. Plumes de vol vers 3 semaines.

Mésangeai imitateur

Perisoreus infaustus

30,5 cm

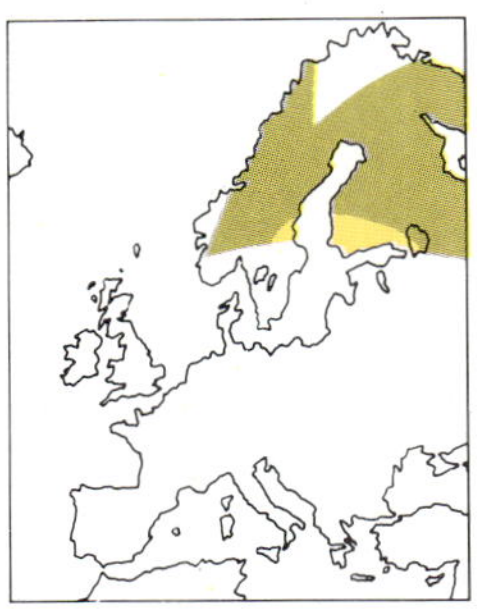

IDENTIFICATION Un oiseau gris-brun avec des plumes alaires châtaines et une queue châtain-roux, longue et étagée. Calotte terne couleur suie et plumes de la tête bouffant légèrement. Craintif en saison des nids, mais confiant et peu timide autrement.
VOIX Des « kouk-kouk » enjoués, un cri plus rauque, comme le Geai, et des miaulements divers.
HABITAT Bois nordiques de bouleaux et de conifères. Près des villages et des campements (où il peut faire preuve d'une grande confiance) après les nids.
NOURRITURE Insectes, baies et fruits.
NIDIFICATION Nid dans un arbre. La femelle couve 4 œufs 18-20 jours. Les jeunes volent vers 24 jours, mais restent en famille jusqu'au printemps suivant.

Crave à bec rouge

Pyrrhocorax pyrrhocorax

39,5 cm

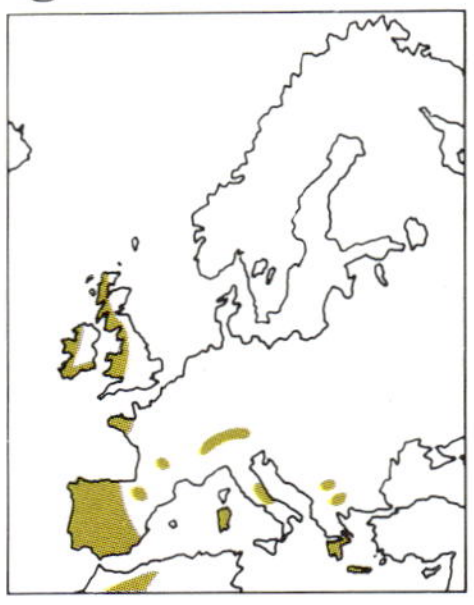

IDENTIFICATION Plumage noir brillant, larges ailes arrondies aux primaires digitées, taille du Choucas des tours. Bec rouge fin et arqué, pattes rouges. Sociable et d'approche assez facile.
VOIX Principalement, un « kyaaa » haut caractéristique et variantes, plus aigu et plus musical que le cri du Choucas des tours.
HABITAT Falaises, régions montagneuses, carrières, etc.
NOURRITURE Surtout insectes et petits invertébrés qu'il trouve dans la terre à l'aide de son long bec.
NIDIFICATION Nid dans grottes, fissures de rochers, puits de mine, etc. 3 à 6 œufs, couvés surtout par la femelle 17-18 jours. Vol des jeunes vers 38 jours.

Chocard à bec jaune

Pyrrhocorax graculus

38 cm

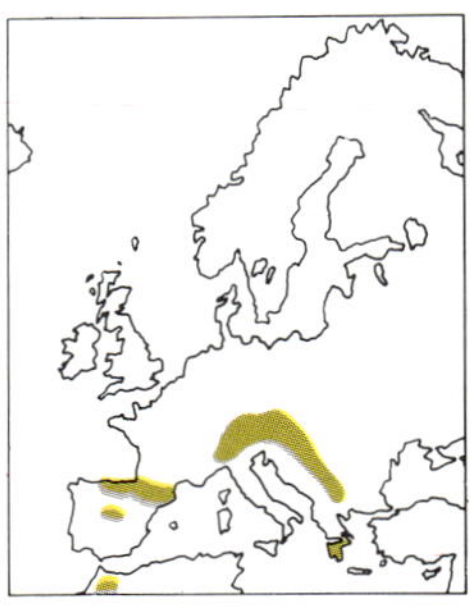

IDENTIFICATION Très semblable au Crave à bec rouge, avec un bec jaune plus court et moins arqué. Pattes rouges.
VOIX Généralement moins bruyant que le Crave. Une double note aiguë, un « tchioup » perçant et un sifflement aigu et étonnamment fin.
HABITAT Espèce alpine qui fréquente généralement des attitudes beaucoup plus élevées que le Crave. Descend rarement très bas, absent des côtes.
NIDIFICATION Nid dans une fissure de rocher. Cycle analogue à celui du Crave. Très sociable après les nids, il vit souvent en vastes bandes.

Grand Corbeau *Corvus corax* L'espèce européenne, entièrement noire, se reconnaît à ses longues ailes, sa queue cunéiforme et son bec massif. Vol lourd, mais acrobatique au printemps en période nuptiale. Émet un croassement rauque. Voir page 181.

Corneille noire *Corvus corone* Se distingue du Grand Corbeau par la taille, plus petite, la queue plus carrée et la tête moins proéminente. Cri généralement répété trois fois. Silhouette plus carrée et vol plus nonchalant que de celui du Corbeau freux. Voir page 180.

Corneille mantelée *Corvus corone* Se distingue de la Corneille noire par les ailes et le dessous gris. Plus grise que le Choucas des tours. Voir page 180.

Choucas des tours *Corvus monedula* Plus petit, avec un vol plus rapide et plus saccadé que les autres corvidés. Se voit plutôt en bandes. Niche souvent dans les falaises en compagnie de Craves. Cri : un « tchac » métallique. Voir page 183.

Corbeau freux *Corvus frugilegus* Se distingue de la Corneille noire par une queue plus arrondie et se voit plus souvent en bandes. Vol direct, avec les ailes comme ramenées vers l'arrière. Voir page 181.

Pie bavarde *Pica pica* Facile à reconnaître à sa longue queue et son plumage noir et blanc. Noter le bout des ailes blanc. Queue plus courte chez les jeunes. Le vol paraît plutôt faible, comme alourdi par la queue. Voir page 182.

Crave à bec rouge *Pyrrhocorax pyrrhocorax* Ailes plus larges que chez le Choucas des tours, dont il n'a pas la nuque grise. Ailes fortement digitées. Vol très léger et très acrobatique. Cris variés, dont un « tcheuff ». Voir page 186.

Chocard à bec jaune *Pyrrhocorax graculus* Rappelle fortement le Crave, en légèrement plus mince. Leurs aires de répartition se chevauchent dans certains points d'Europe. Le sifflement du Chocard est un bon moyen de les distinguer. Voir page 186.

Geai des chênes *Garrulus glandarius* Le bleu et le blanc des ailes et le croupion blanc sont des repères faciles, ainsi que le vol ramé et onduleux. Voir page 184.

Mésange charbonnière

Parus major

14 cm

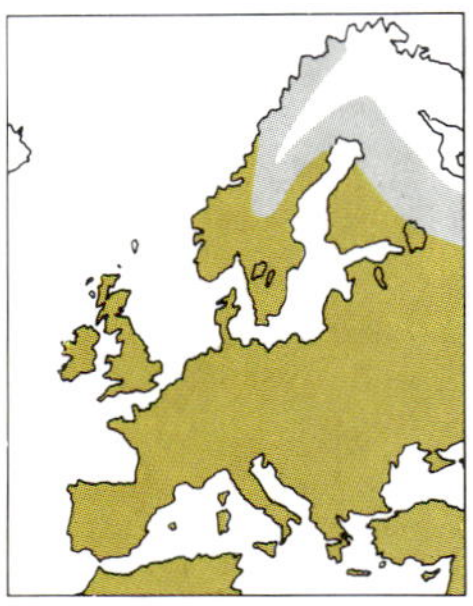

IDENTIFICATION Dessus bleu-vert, dessous jaune avec bande noire de la gorge au ventre. Tête noir brillant qui contraste avec les joues blanches. C'est, comme toutes les mésanges, un petit oiseau très enjoué, aux mouvements vifs et souvent très acrobatiques.
VOIX Cris très variés. Les plus fréquents : un « tsink-tsink », un « tchi-tchi-tchi » irrité. Chant : large répertoire, essentiellement basé sur un « tii-tche, tii-tche, tii-tche » retentissant.
HABITAT Terrains boisés, haies, jardins.
NOURRITURE Insectes surtout, araignées, petits invertébrés et quelques végétaux. Friand des noix, du fromage, etc., qu'on lui laisse dans les mangeoires.
NIDIFICATION Nid dans un trou d'arbre, un nichoir, etc., 5 à 11 œufs, couvés par la femelle 14 jours environ. Vol des jeunes à 18-20 jours.

Mésange bleue

Parus caeruleus

11,5 cm

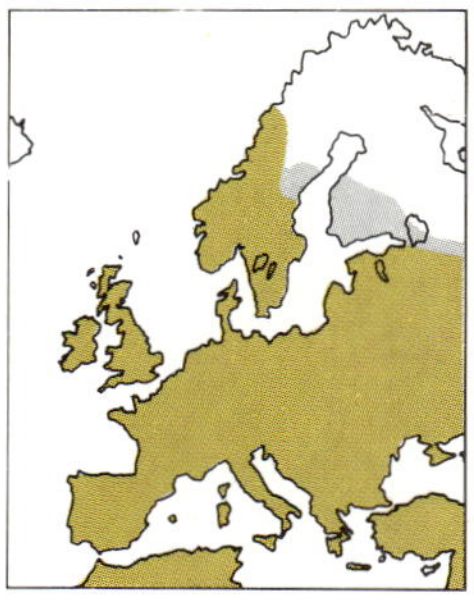

IDENTIFICATION Manteau verdâtre, calotte, ailes et queue bleu vif, joues blanches avec ligne noire traversant l'œil et dessous jaune. Jeunes plus verdâtres, comme ceux de la Mésange charbonnière, avec du jaune en place du blanc.
VOIX Très large répertoire. Cris les plus fréquents : « tsi-tsi-tsi », un « tcheurr-rr-rr » irrité et un « sitt » bref. Chant : un long trille.
HABITAT Familier des jardins, comme le précédent. Également ailleurs en hiver : roselières, collines broussailleuses.
NOURRITURE Petits insectes, larves et autres invertébrés, graines, fruits, bourgeons, etc. S'approche volontiers des mangeoires.
NIDIFICATION Nid dans un trou d'arbre, de mur, de réverbère, etc, et nichoirs. 7 à 14 œufs couvés 13-14 jours par la femelle. Vol des jeunes vers 19 jours.

Mésange noire

Parus ater

11,5 cm

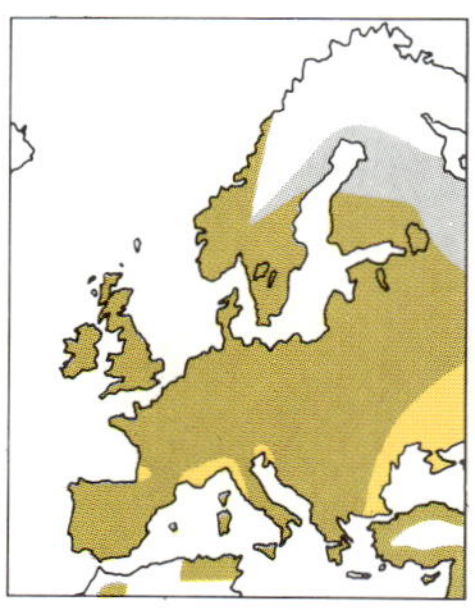

IDENTIFICATION Dessus gris olive (paraissant souvent brun), dessous blanchâtre. Double barre alaire blanche et étroite. Calotte noire avec plaque blanche sur la nuque, joues blanches et petite bavette noire, tous éléments très distinctifs. Plus petite que la Mésange bleue.
VOIX Une série de notes fines et très aiguës, dont le familier « tsoui ». Chant comme celui de la Mésange charbonnière, en plus aigu, avec notes inversées : « sii-tou, sii-tou, sii-tou ».
HABITAT Bois, grands jardins, etc., souvent avec préférence pour les conifères.
NOURRITURE Insectes, quelques graines.
NIDIFICATION Nid dans un trou, au sol ou tout près. 7 à 11 œufs, couvés surtout par la femelle 17-18 jours. Vol des jeunes vers 16 jours.

Mésange nonnette

Parus palustris

11,5 cm

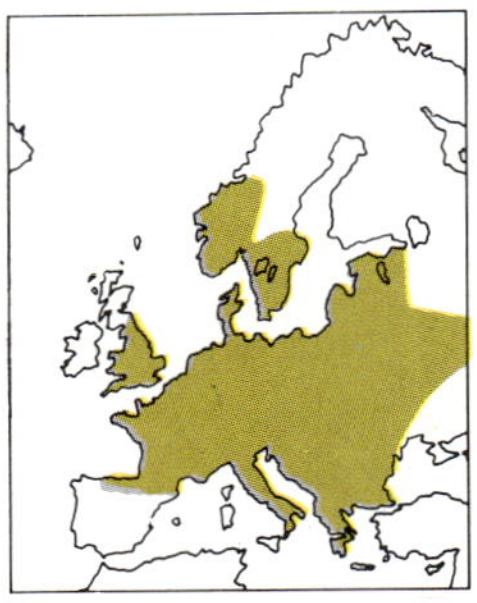

IDENTIFICATION Dessus brun clair, dessous blanchâtre. Calotte et petite bavette noir brillant, joues blanches. La Mésange boréale s'en distingue par une bavette souvent plus grande, l'absence de reflets sur la calotte, une tache blanchâtre sur l'aile fermée et une voix différente.
VOIX Un « pichiouou » et ses variantes caractéristiques, les cris communs aux mésanges et un « tchika-dididi » plus long. Chant variable combinant des « pitchiouou ».
HABITAT Bois de feuillus, fourrés, jardins, etc. Absent des marais.
NOURRITURE Insectes, graines, baies.
NIDIFICATION Nid dans un trou d'arbre. 7-8 œufs, couvés par la femelle 13 jours environ. Vol des jeunes à 16-17 jours.

Mésange boréale

Parus montanus

11,5 cm

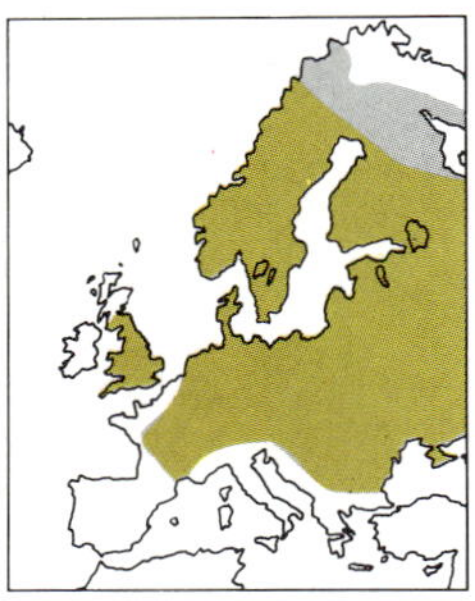

IDENTIFICATION Voir Mésange nonnette. Seule l'expérience permet de les distinguer. La tache alaire claire de la Boréale et la voix sont cependant des repères. Seul un bon éclairage permet de voir le reflet sur la calotte. Reflet absent chez la Nonnette immature.
VOIX Typique des mésanges : notes fines et très aiguës répétées : un « zi-zeurr-zeurr-zeurr » coulé et nasal caractéristique, des « tchèrr-tchèrr » de Nonnette, en plus aigu et plus clair.
HABITAT Voir la Nonnette. Plus souvent dans les bois de saules, bouleaux et aulnes, humides et marécageux, et les fourrés.
NOURRITURE Voir la Nonnette.
NIDIFICATION Trou creusé dans une souche pourrie ou un arbre mort. 8-9 œufs, couvés 13-14 jours par la femelle. Vol des jeunes vers 17-19 jours.

Mésange à longue queue

Aegithalos caudatus

14 cm

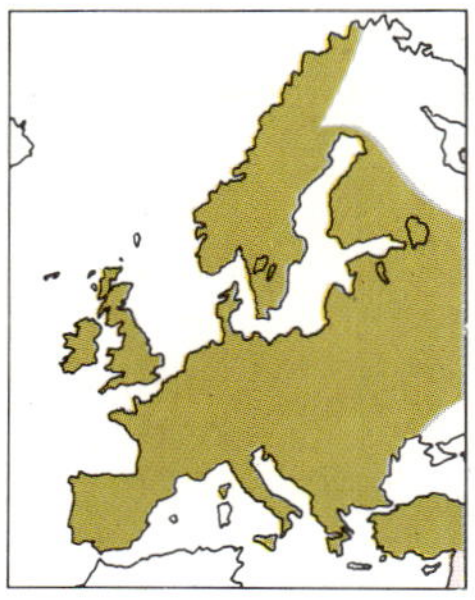

IDENTIFICATION Un petit oiseau avec une queue étroite et très longue. Plumage : un mélange facilement reconnaissable de rosé, de blanc et de noirâtre, avec tête blanchâtre et bande noire de l'œil à la joue.
VOIX Un « toup » bas et bref, un « tsirreup » répété et un « tsi-tsi-tsi » aigu.
HABITAT Bois, fourrés, haies, etc.
NOURRITURE Insectes et araignées, graines, etc. Rare aux mangeoires.
NIDIFICATION Nid dans un buisson, des ronces, etc., avec toit de mousse ou composé de toiles d'araignées, etc., garni de plumes avec entrée latérale. 8 à 12 œufs, couvés par la femelle 14 à 18 jours. Les jeunes volent à 15-16 jours, mais restent dans les groupes familiaux.

Mésange huppée

Parus cristatus

11,5 cm

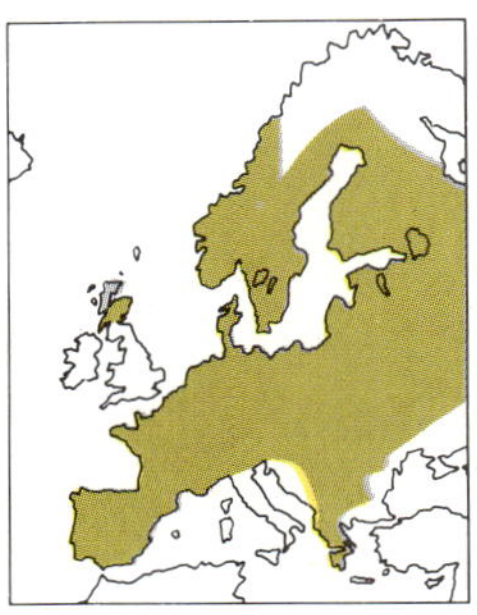

IDENTIFICATION Un peu plus grande que la Mésange bleue, brun clair dessus, blanchâtre dessous, avec face blanchâtre, bavette noire, arc noir derrière l'œil et huppe noire et blanche tachetée très visible.
VOIX Un trille assez grave très caractéristique. Fines notes répétées comme chez les autres mésanges.
HABITAT Bois mixtes, fourrés, etc ; mais, en Écosse, forêts de pins.
NOURRITURE Surtout insectivore. Quelques graines.
NIDIFICATION Creuse une cavité dans un vieux tronc. 5 ou 6 œufs, couvés 2 semaines environ par la femelle. Vol des jeunes vers 17-18 jours.

Mésange rémiz

Remiz pendulinus

11 cm

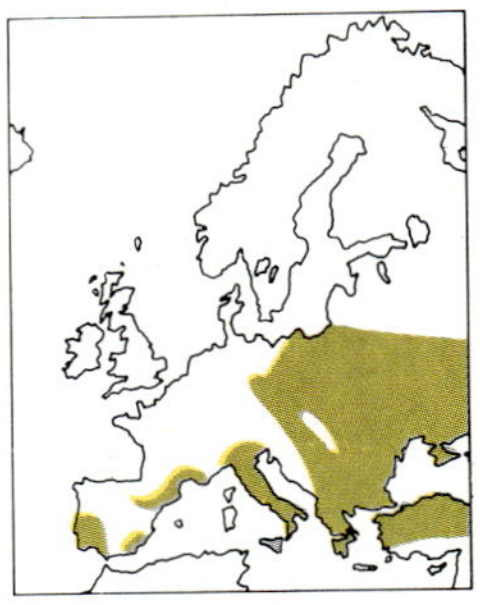

IDENTIFICATION Facile à reconnaître quand elle est bien en vue : tête gris pâle, large masque noir, dos châtain et dessous blanc cassé.
VOIX Un « siiouou » doux qui rappelle le Rouge-gorge et un « tsi-tsi-tsi ».
HABITAT Zones marécageuses : fourrés près de l'eau, mares, etc. Parfois dans des terrains plus secs.
NIDIFICATION Nid typique en forme de gourde avec entrée latérale tubulaire, suspendu à des brindilles dans un arbre. 5 à 10 œufs, couvés 14 jours environ par la femelle. Vol des jeunes vers 16-18 jours.

Mésange à moustaches

Panurus biarmicus

16,5 cm

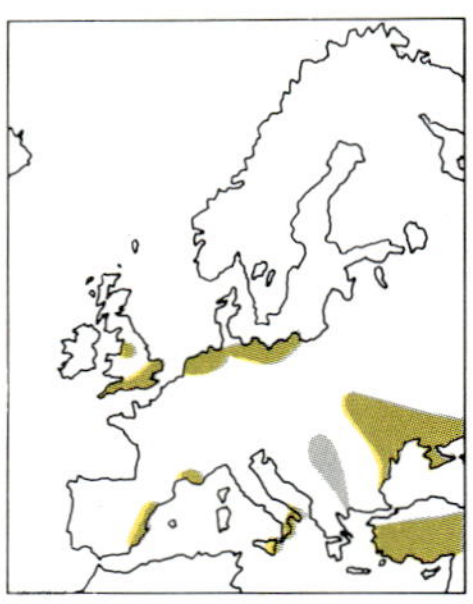

Mâle

IDENTIFICATION Petit oiseau couleur fauve à queue longue, avec, chez le mâle, la tête grise, des moustaches et des sous-caudales noires ; tête fauve et absence de noir chez la femelle. Immatures plus jaunes avec dos taché de noir. Vol bas et bruissant, au ras des roselières.
VOIX Cri le plus fréquent : un « tching-tching » caractéristique.
HABITAT Niche dans les grandes roselières. Hiverne souvent loin des sites de reproduction, dans la végétation paludicole.
NOURRITURE Insectes. En hiver, graines de roseaux et d'autres plantes.
NIDIFICATION Nid placé bas dans les roseaux ou la végétation aquatique. 5 à 7 œufs, couvés par le couple 12-13 jours. Vol des jeunes vers 9-12 jours.

Grimpereau des bois

Certhia familiaris

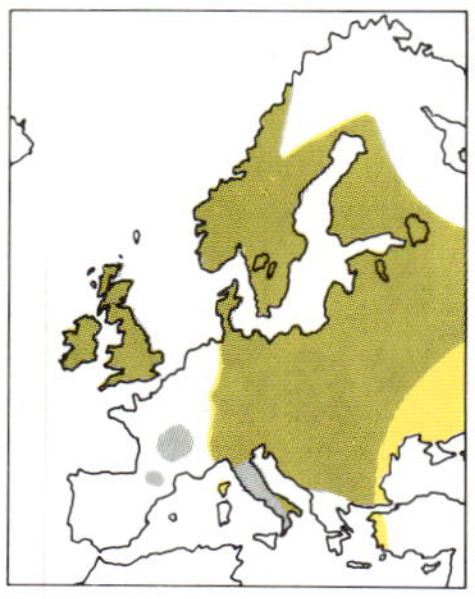

IDENTIFICATION Dessus brun strié, dessous blanc, bec fin et incurvé, queue rigide et pointue. Grimpe en spirale le long des arbres, avec des mouvements saccadés, et redescend en volant au pied de l'arbre suivant, où il recommence. Souvent en compagnie de mésanges en hiver. Voir aussi le Grimpereau des jardins.
VOIX Un « tsii-tsii » fin et aigu. Chant faible et haut perché « sii-sii-sissi-sii » accéléré vers la fin.
HABITAT Bois, parcs et jardins. En montagne d'Europe centrale et du Sud, où il est remplacé, plus bas, par le Grimpereau des jardins.
NOURRITURE Presque exclusivement insectes et larves trouvés dans les craquelures et les crevasses des troncs.
NIDIFICATION Nid dans un arbre, sous l'écorce ou dans une fissure. 6 œufs couvés, surtout par la femelle, 17 à 20 jours. Vol des jeunes vers 2 semaines.

Grimpereau des jardins

Certhia brachydactyla

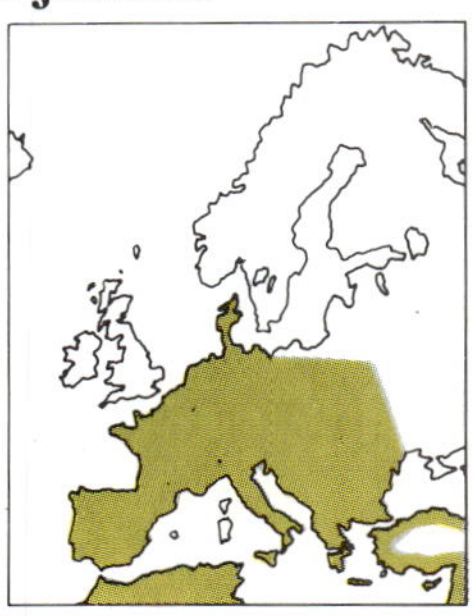

IDENTIFICATION Seuls la voix, et parfois le brun des flancs et de l'abdomen, permettent de le distinguer du Grimpereau des bois. Le bec paraît parfois plus long et plus fin.
VOIX Plus riche et plus proche de celui des mésanges que le précèdent : des « srriiéh » et « siitt » aigus et perçants. Chant : un « tiitt, tiitt, tiitttaïraïtitt » au rythme particulier.
HABITAT Voir ci-dessus. En dessous de 1 500 m en Europe centrale et du Sud.
NOURRITURE Voir ci-dessus.
NIDIFICATION Sites et cycle de reproduction comme ceux du Grimpereau des bois.

Troglodyte

Troglodytes troglodytes

9,5 cm

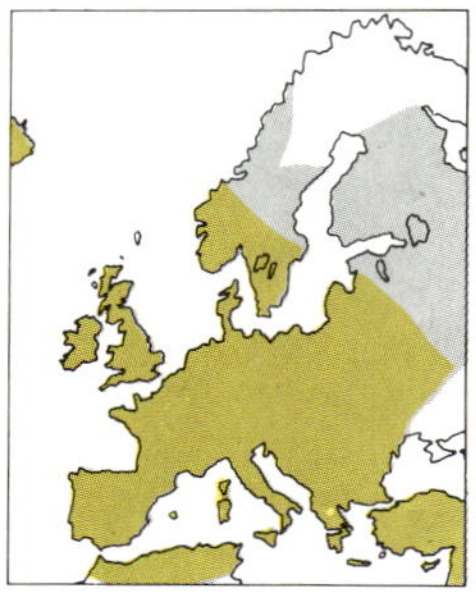

IDENTIFICATION Facile à reconnaître : un petit oiseau rondelet au plumage brun, plus pâle dessous, avec une queue très courte qu'il tient relevée. Sourcil clair.
VOIX Un « tit-tit-tit » sec qui, en cas d'alarme, s'accélère en un cliquetis rauque. Chant long et incroyablement puissant, avec nombreux trilles, cliquetant en crescendo accéléré, unique chez les oiseaux d'Europe.
HABITAT Bois, fourrés, haies, jardins, etc., avec couvert de plantes basses. Falaises, bord des marais, îlots rocheux, etc.
NOURRITURE Insectes et araignées.
NIDIFICATION Vaste nid en dôme dans du lierre, un bâtiment, un rocher, etc. 5-6 œufs, couvés 2 semaines environ par la femelle. Vol des jeunes vers 16-17 jours.

Sittelle torchepot

Sitta europaea

14 cm

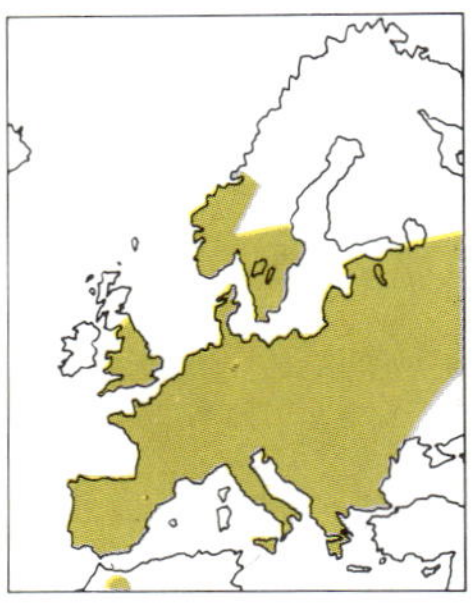

IDENTIFICATION Un oiseau trapu, avec une grosse tête et une queue courte, grimpant ou descendant le long des troncs d'arbres avec agilité. Dessus gris-bleu, sourcil sombre, dessous chamois avec flancs châtains. Populations scandinaves nettement plus claires en dessous.
VOIX Très bruyant. « Tchouitt, tchouitt, tchouitt » retentissant. Chant : séries de « tououii » sonores et distincts et ses variantes. Nombreux cris communs aux mésanges.
HABITAT Vieux arbres à feuilles caduques des bois, parcs et jardins.
NOURRITURE Insectes, graines, noix et fruits. Présent aux mangeoires.
NIDIFICATION Dans le creux d'un arbre, dont l'entrée est partiellement masquée par de la boue. 6 à 11 œufs, couvés 14-15 jours par la femelle. Vol des jeunes après 3 semaines.

Cincle plongeur

Cinclus cinclus

18 cm

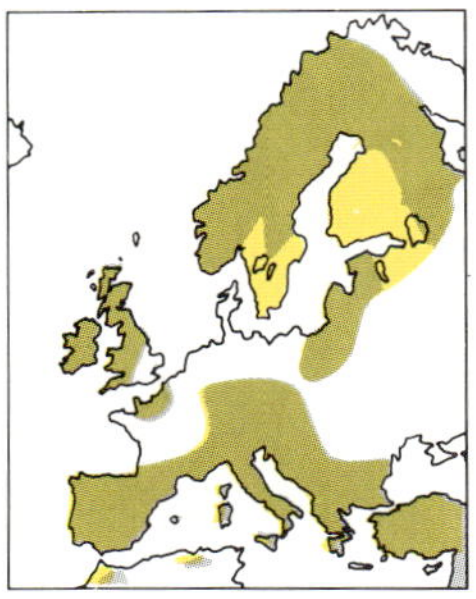

IDENTIFICATION Aspect d'un gros Troglodyte trapu, avec les pattes bien visibles et des mouvements de ressorts quand il se tient sur un rocher au milieu d'un torrent. Uniformément brun-noir très sombre avec plastron blanc très marqué liséré de châtain. Montre souvent des paupières blanches en contraste avec l'ensemble. Vol bas et rapide au ras de l'eau.
VOIX Un « tsitt » bref et net. Chant : cliquetis, gazouillis et trilles mêlés, très sonores, mais généralement masqués par le bruit de l'eau.
HABITAT Rochers des torrents et des cours d'eau rapides, galets du bord des lacs.
NOURRITURE Insectes aquatiques et leurs larves. Marche sous l'eau et y nage avec aisance pour se nourrir au fond du lit des cours d'eau. Ses pattes puissantes l'aident à s'agripper aux rochers dans les rapides.
NIDIFICATION Vaste nid en dôme dans un talus, une fissure de rocher au bord de l'eau, sous un pont 5 œufs, couvés 16 jours environ par la femelle. Vol des jeunes à 19-25 jours.

Mâle

Femelle

Merle à plastron

Turdus torquatus

24 cm

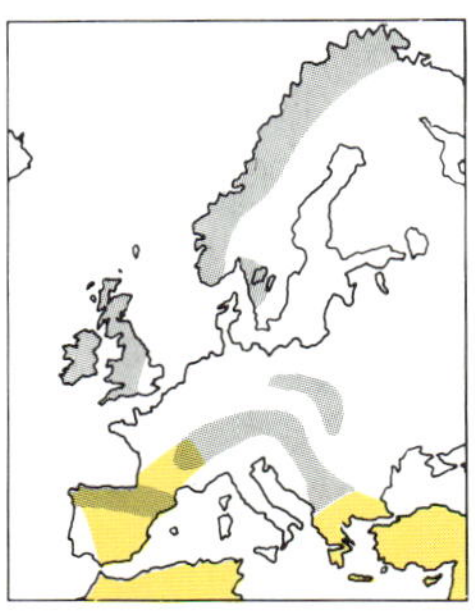

IDENTIFICATION Mâle d'un noir terne avec un grand croissant blanc sur la poitrine, femelle brunâtre avec croissant plus étroit liséré de brun. Couvertures claires bordées de clair. Taches claires sur les ailes dues aux rémiges secondaires nettement plus pâles. En hiver, festons clairs, surtout sur le ventre.
VOIX Un bavardage bruyant caractéristique. Chant : série de notes flûtées aiguës et distinctes en phrases simples, portant loin.
HABITAT Versants rocheux des montagnes et landes d'altitude.
NOURRITURE Vers, insectes et invertébrés divers, plus baies et fruits en automne.
NIDIFICATION Nid dans un talus sur la lande, dans les rochers ou les ruines. 4 œufs, couvés par les deux sexes 14 jours environ. Vol des jeunes vers 2 semaines.

Femelle

Jeune

Mâle

Merle noir

Turdus merula

25 cm

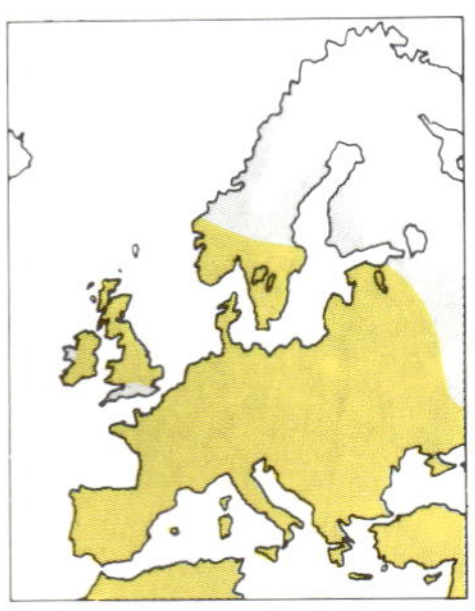

IDENTIFICATION Impossible de ne pas reconnaître le mâle : uniformément noir avec bec et cercle oculaire jaunes. Femelle de diverses nuances de brun sombre, plus claire dessous, avec menton généralement clair. Immature parfois teinté de roux sombre et plus tacheté.
VOIX Gazouillis sonore très caractéristique. Bavardage agité et bruyant en cas d'alerte. Un « tsii » fin (émis aussi en vol), un « tcheup » bref, un « tchink, tchink, tchink » bruyant, également d'alarme.

HABITAT Terrains boisés, jardins, haies, buissons.
NOURRITURE Vers, insectes, baies, graines.
NIDIFICATION Nid dans une haie ou un buisson, un arbre bas, sur un bâtiment, etc. 4 ou 5 œufs, couvés par la femelle près de 14 jours. Vol des jeunes vers 2 semaines.

Grive draine

Turdus viscivorus

27 cm

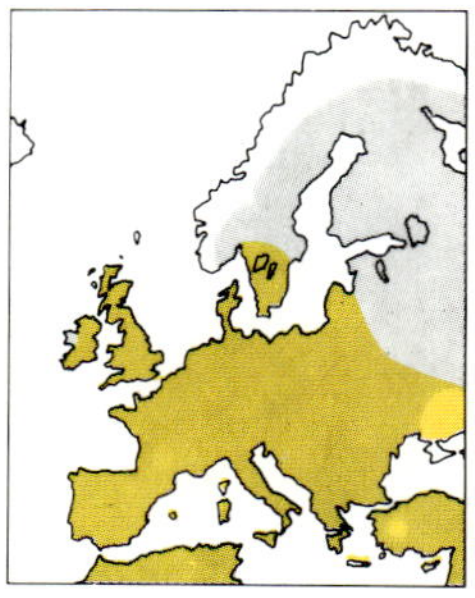

IDENTIFICATION Rappelle la Grive musicienne, en beaucoup plus grand et plus gris, avec le dessous marqué de taches plus larges et plus rondes. Bout des rectrices externes blanchâtres, ainsi que le dessous des ailes visible en vol.
VOIX Cri le plus connu : un bavardage sec ou râpeux. Chant : comme celui du Merle noir, en plus simple et moins doux.
HABITAT Analogue à ceux du Merle noir et de la Grive musicienne. Souvent en bandes en terrains découverts, après la saison des nids.
NOURRITURE Fruits et baies. Quelques insectes et vers, etc.
NIDIFICATION Nicheur précoce. Nid dans l'enfourchure d'un arbre, qu'elle défend vigoureusement, au point de s'attaquer à l'homme si nécessaire. 4 œufs, couvés par la femelle 13-14 jours. Vol des jeunes à 15 jours environ.

Grive musicienne

Turdus philomelos

23 cm

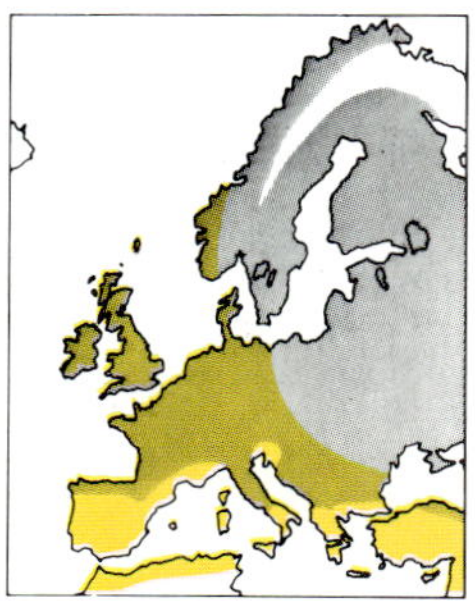

IDENTIFICATION Dessus brunâtre, dessous blanchâtre ponctué de petites taches. Souvent posée à terre à découvert, comme le Merle noir, dans les pelouses, les champs, etc.
VOIX Cri de vol : un bref « sip ». Cri d'alarme : un « tchic » sonore. Le chant, émis d'un perchoir bien en vue, est sonore, musical et porte loin chaque phrase répétée trois ou quatre fois. Commence à chanter, comme le Merle, au crépuscule.
HABITAT Bois, parcs, jardins, haies ; souvent près des habitations.
NOURRITURE Insectes, escargots qu'elle brise sur une « enclume », vers, baies et fruits.
NIDIFICATION Nid dans une haie ou un buisson, garni de boue. 4-5 œufs, couvés par la femelle 14 jours environ. Vol des jeunes au bout du même laps de temps.

Grive mauvis

Turdus iliacus

21 cm

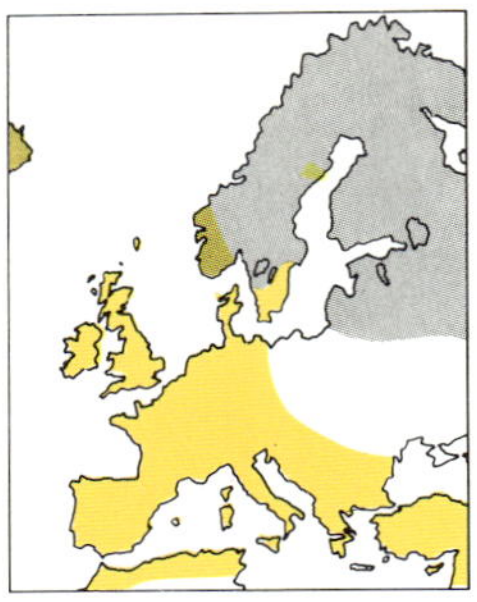

IDENTIFICATION Rappelle la Grive musicienne, en plus sombre, et avec la poitrine striée plutôt que ponctuée. Flancs et dessous des ailes d'un roux profond et large sourcil crème. Souvent en vastes bandes hors de la saison des nids.
VOIX Cri en vol, que l'on entend plus particulièrement pendant la migration : un « siii » ténu. Chant très variable, qui s'ouvre généralement sur des notes flûtées caractéristiques et s'achève sur un gazouillis sourd, presque inaudible parfois.
HABITAT Terrains boisés : bouleaux, aulnes, et bois clairs de pins, à la saison des nids. Terrains découverts avec arbres isolés, haies et buissons en hiver.
NOURRITURE Baies, fruits, insectes, vers, etc.
NIDIFICATION Nid dans un arbre ou un buisson, souvent en semi-colonies. 5-6 œufs, couvés 13 jours par le couple. Vol des jeunes vers 14 jours.

Grive litorne

Turdus pilaris

IDENTIFICATION De la taille de la Grive draine, mais avec un plumage frappant, la tête et le croupion gris clair, le dos d'un châtain profond, la queue sombre, la poitrine

25,5 cm

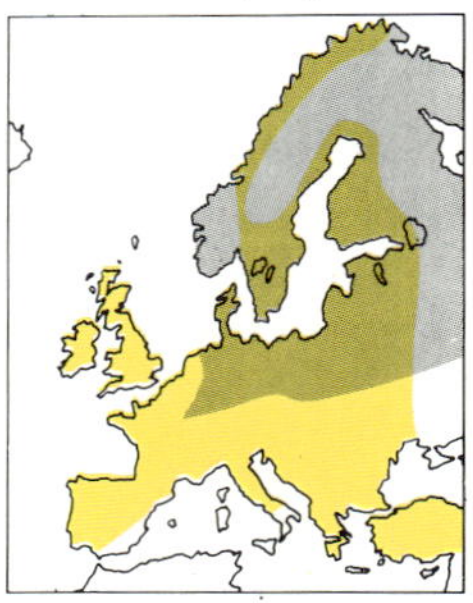

rouille ou jaunâtre striée de noir et les flancs largement tachetés.
VOIX Un « tchac-tchac tchac » assez rauque, souvent émis en vol. Chant plutôt faible de grincements coulés.
HABITAT Lisière des bois et des bétulaies, villages et jardins ; hiverne dans les mêmes milieux que la Grive mauvis.
NOURRITURE Baies, fruits, vers, insectes.
NIDIFICATION En colonies. 5-6 œufs, couvés près de 14 jours par la femelle. Vol des jeunes 14 jours plus tard.

Mâle

Femelle

Merle de roche

Monticola saxatilis

19 cm

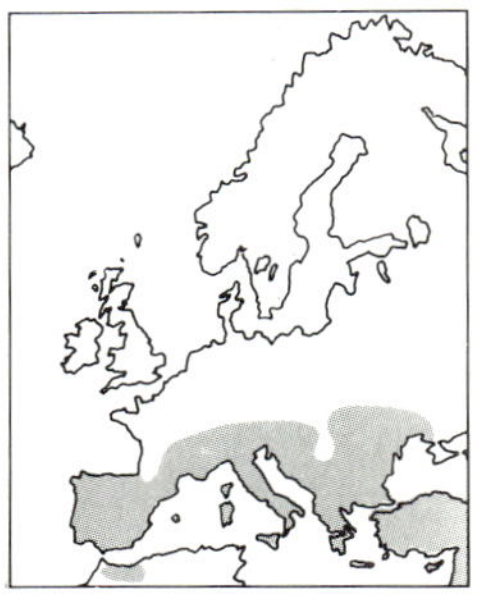

IDENTIFICATION Plumage frappant chez le mâle, bleu ardoise sur le dos et la tête, avec croupion blanc, ailes sombres, courte queue châtaine et dessous roux orange. Femelle parfois blanche au bas du dos, mais surtout tachetée de brun dessus et de beige dessous.
VOIX Un « tchactchac » sourd. Chant : un agréable gazouillis qu'il émet d'un perchoir bien en vue ou lors du vol de chant.
HABITAT Zones rocheuses dégagées, souvent avec arbres et buissons sporadiques, pentes montagneuses découvertes.
NOURRITURE Insectes, vers, baies.

NIDIFICATION Nid dans une cavité rocheuse, une ruine, etc. 4-5 œufs, couvés 15 jours environ par la femelle. Vol des jeunes 14 jours plus tard.

Femelle

Mâle

Merle bleu

Monticola solitarius

20 cm

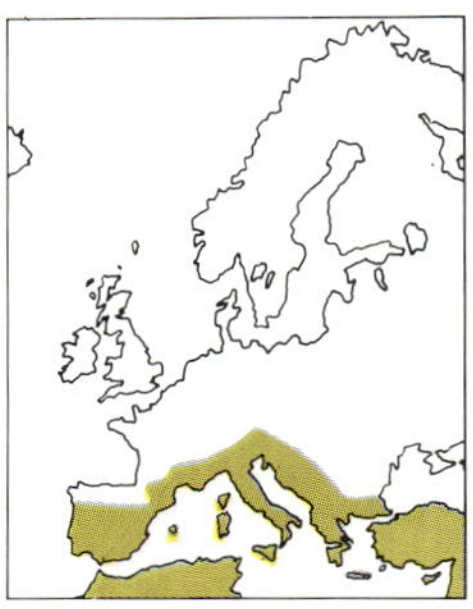

IDENTIFICATION Mâle plutôt bleu ardoise sombre, plus foncé en hiver. Femelle bleu brunâtre dessus, plus claire sur le dessus finement rayé de gris. Un oiseau plutôt farouche.
VOIX Un « tcheuc » net et un « siii » distinct. Chant fort et flûté qui rappelle parfois celui du Merle noir, en plus simple, et qu'il émet souvent en vol.
HABITAT Pentes rocheuses des montagnes et zones découvertes rocailleuses et arides, ruines. Descend localement en plaine l'hiver.
NOURRITURE Insectes et larves.

NIDIFICATION Nid dans une fissure de rocher, un trou dans un mur, un bâtiment, etc. 4-6 œufs, couvés 15 jours environ par la femelle. Vol des jeunes vers 14 jours.

Mâle

Femelle

Jeune

Traquet motteux

Oenanthe oenanthe

14,5 cm

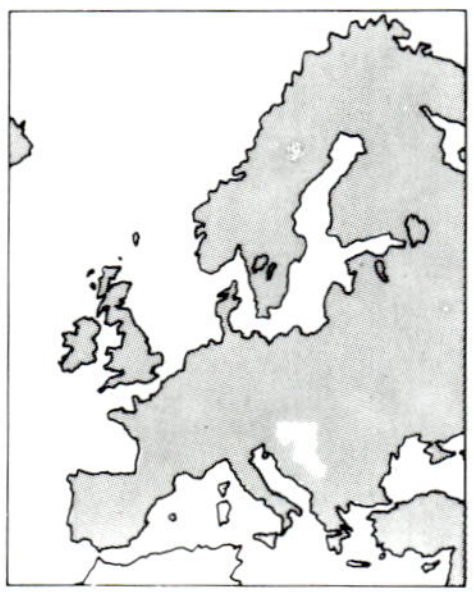

IDENTIFICATION Mâle gris-bleu pâle dessus avec ailes et queue noires, croupion blanc et tache blanche à la base de la queue, poitrine chamois clair. Chez la femelle, le brun clair remplace le gris. Tache oculaire sombre chez les deux sexes.
VOIX Des caquètements brefs et durs, souvent un « ouit-tac ». Chant : un gazouillis bref et rugueux, principalement émis pendant un court vol de chant.
HABITAT Pentes de collines arides, landes d'altitude et atlantiques, dunes, falaises, etc. Côtier en migration.
NOURRITURE Surtout insectivore.
NIDIFICATION Nid dans un trou dans le sol, sous un rocher, un mur, etc. 6 œufs, couvés 14 jours, surtout par la femelle. Vol des jeunes vers 15 jours.

Traquet oreillard

Oenanthe hispanica

14,5 cm

IDENTIFICATION Un traquet sable très pâle, avec chez le mâle la calotte et le croupion plus blancs, la poitrine chamois pâle et soit un masque et des joues noirs et une gorge blanchâtre, soit la face et la gorge uniformément noires. Femelle comme le Traquet motteux avec joues plus sombres, ailes plus noires et plus de blanc à la queue.
VOIX Un bref cri râpeux suivi d'un sifflement. Chant : un « choué, choui, chouiou », émis en vol nuptial ou d'un perchoir.
HABITAT Terrains arides, collines rocailleuses avec légère végétation.
NOURRITURE Surtout insectivore.
NIDIFICATION Nid au sol ou très près. 4 à 5 œufs, couvés 14 jours environ par la femelle. Vol des jeunes 14 jours plus tard.

Mâle

Traquet tarier

Saxicola rubetra

12,5 cm

IDENTIFICATION Se perche, comme le Traquet pâtre, bien en vue. Mâle avec sourcil blanc accusé, taches blanches à la base de la queue et sur les ailes sombres, gorge beige orangé clair. Femelle plus claire, également avec sourcil.
VOIX Tic-tacs brefs et variés. Chant bref mais plaisant, assez métallique, émis d'un perchoir et parfois lors d'un court vol de chant.
HABITAT Comme le Traquet pâtre, mais moins souvent sur les landes à ajoncs ou sur les côtes (sauf en migration).
NOURRITURE Insectes, araignées, petits vers.
NIDIFICATION Nid caché par la végétation au sol ou au-dessus. 5-6 œufs, couvés quelque 13 jours par la femelle. Vol des jeunes vers 13 jours.

Mâle. En médaillon : femelle

Mâle

Femelle

Jeune

Traquet pâtre

Saxicola torquatus

12,5 cm

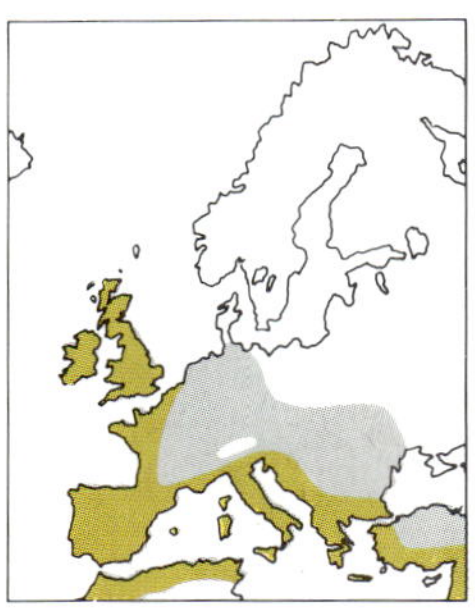

IDENTIFICATION Mâle caractéristique, petit, rondelet avec le dos strié de noir, la tête noire ou brunâtre, un large demi-collier blanc, la poitrine rousse. Plumage très variable cependant. Tache alaire blanche. Femelle beaucoup plus brune, avec poitrine roussâtre. Aime se percher bien en vue.
VOIX Un « ouit, tseuk-tseuk » dur et un cliquetis sur une note. Chant assez saccadé, émis en vol ou perché, rappelant celui de l'Accenteur mouchet, en plus simple et plus grinçant.
HABITAT Landes, friches, régions côtières, zones de broussailles sèches.
NOURRITURE Insectes et araignées principalement.
NIDIFICATION Nid caché dans des plantes basses. 5-6 œufs, couvés surtout par la femelle 2 semaines environ. Vol des jeunes vers 14 jours.

Femelle

Mâle

Rouge-queue à front blanc

Phoenicurus phoenicurus

14 cm

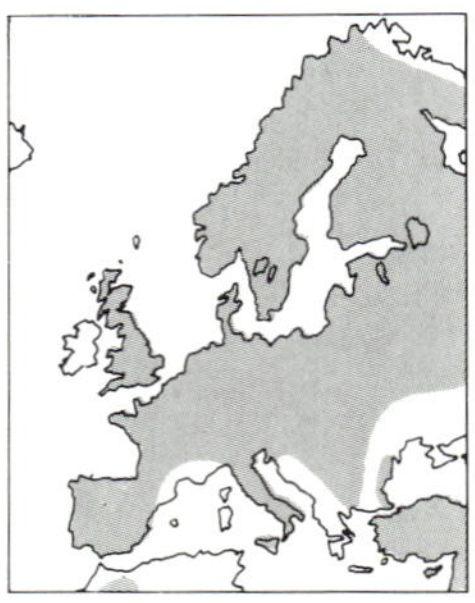

IDENTIFICATION Mâle assez frappant avec son front blanc, sa face et sa gorge noires, son manteau gris clair, sa poitrine rouge orangé et sa queue au rouge orangé très visible. Femelle brunâtre, plus claire dessous, avec la même queue.
VOIX Un « oui-tic-tic » dur. Chant : une ritournelle brève, assez musicale, avec un gazouillis caractéristique sur une seule note.
HABITAT Bois, parcs, lisière de landes avec clairières et taillis.
NOURRITURE Surtout insectes
NIDIFICATION Nid dans un trou, généralement dans un arbre, mais aussi nichoirs. 6 œufs, couvés près de 14 jours par la femelle. Vol des jeunes à 14-15 jours.

Mâle

Femelle

Rouge-queue noir

Phoenicurus ochruros

14 cm

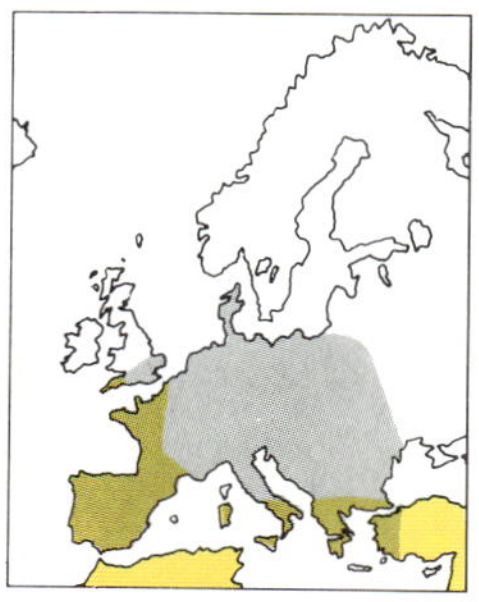

IDENTIFICATION Mâle adulte, très facile à reconnaître : noirâtre dans l'ensemble, plus marqué dessous, avec du blanc à l'aile et la queue rouge orangé. Mâle immature plus gris, femelle plus claire. Les deux sexes, ont à tout âge, la queue caractéristique et se distinguent de la femelle du Rouge-queue à front blanc par un plumage plus gris et toujours plus uniforme.
VOIX Un bref « sip » et « tititit ». Chant, émis d'un perchoir élevé, plus simple que celui du précédent, avec un crépitement grinçant caractéristique.

HABITAT Pentes rocheuses, falaises littorales, etc., bâtiments, ruines.
NOURRITURE Surtout insectes.
NIDIFICATION Nid dans un trou ou fissure de falaise, de bâtiment, etc. 4 à 6 œufs, couvés 12-13 jours par la femelle. Vol des jeunes à 16-18 jours.

Rossignol philomèle

Luscinia megarhynchos

16,5 cm

IDENTIFICATION Plumage brun terne, couleur terre, avec dessous clair et queue châtaine. Très secret et difficile à observer, il s'entend plus qu'il ne se voit.
VOIX « Tac » secs et variés, un « ouitt » doux, etc. Le célèbre chant est un gazouillis riche et sonore à répétitions caractéristiques, avec un « tchouctchouc tchouc » coulé, remarquablement adroit, et une longue note aiguë soutenue, s'amplifiant lentement. Chante le jour, mais se voit souvent mieux la nuit, car il est alors le seul à chanter.
HABITAT Bois de feuillus et fourrés, buissons et taillis.
NOURRITURE Insectes, petits vers.
NIDIFICATION Nid dans des plantes basses. 4-5 œufs, couvés par la femelle 13-14 jours. Vol des jeunes vers 12 jours.

Agrobate roux

Cercotrichas galactotes

15 cm

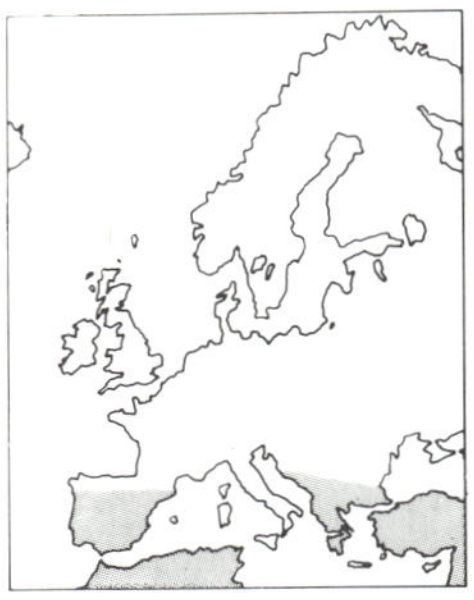

IDENTIFICATION Un oiseau svelte, aux pattes et à la queue longues, brun-roux dessus (sous-espèce orientale brun-gris) avec queue châtaine au bout noir et blanc, sourcil crème, dessous sable. Facilement visible, peu farouche et généralement perché bien en vue.
VOIX Un « tek » dur. Chant musical, curieusement disjoint quand il est haut perché, sur un fil, ou dans la descente du vol de chant.
HABITAT Jardins dégagés, vignes, olivettes.
NOURRITURE Insectes et larves.
NIDIFICATION Nid caché près du sol. La femelle couve seule 4 ou 5 œufs, mais détails de l'incubation et de la formation des plumes mal connus.

Gorge-bleue à miroir

Luscinia svecica

14 cm

IDENTIFICATION Brunâtre dessus, avec sourcil crème clair et taches rouges à la base de la queue. Femelle avec collier (variable) de taches noirâtres interrompu, absent chez le jeune, plus sombre et strié. Au printemps et en été, deux formes chez les mâles : la scandinave *L. s. svecica* avec gorge bleue bordée de noir et de châtain et tache centrale châtaine ; l'autre d'Europe centrale et méridionale : *L. s. cyanecula* à tache blanche.
VOIX Un « ouitt » doux et un « tac » sec. Chant musical très variable, avec fréquentes imitations, qu'il émet perché ou lors du vol de chant en zigzag.
HABITAT Fourrés humides, buissons nains, landes, haies, surtout en altitude.
NOURRITURE Insectes, vers, escargots et quelques graines.
NIDIFICATION Nid caché près du sol. 5-7 œufs, couvés 15 jours par la femelle. Plumes de vol à 2 semaines.

Adulte. En médaillon : jeune

Rouge-gorge

Erithacus rubecula

14 cm

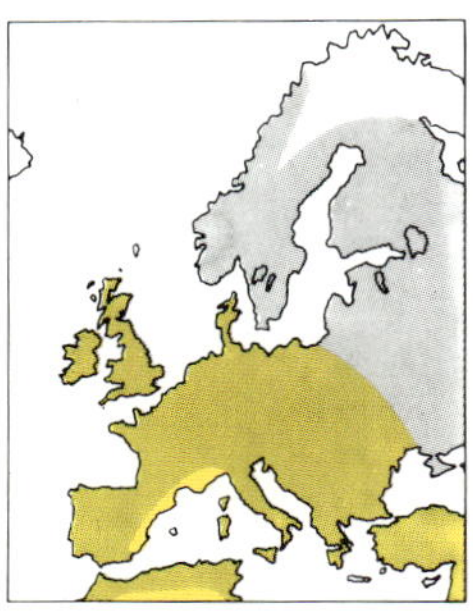

IDENTIFICATION Dessus brun olive, dessous blanchâtre, face et poitrine rouge orangé, légèrement bordé de gris-bleu. Plus familier en Grande-Bretagne qu'ailleurs, où il est plutôt secret.
VOIX Un « sii » ténu et un « tictictic » sec. Chant : un gazouillis plaintif, riche et mélancolique.
HABITAT Bois, parcs, jardins, bosquets, haies, etc.
NOURRITURE Insectes, araignées, etc., agrémentés de graines, fruits et baies.
NIDIFICATION Nid caché dans la végétation, souvent dans un talus, dans le lierre ou dans un appentis, une boîte, etc. 4 à 6 œufs couvés 13-14 jours par la femelle. Vol des jeunes vers 14 jours.

Bouscarle de Cetti

Cettia cetti

14 cm

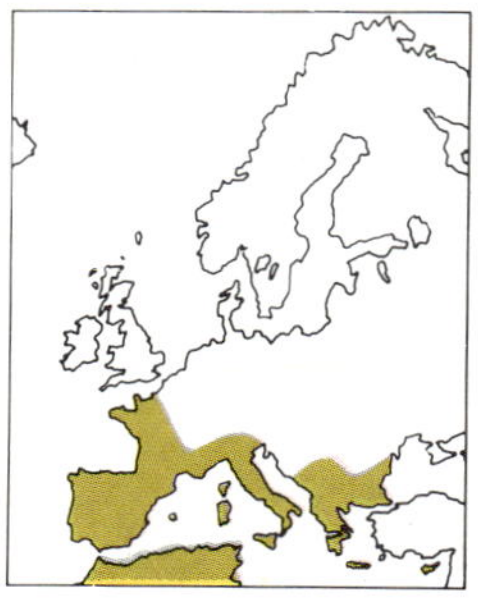

IDENTIFICATION Un oiseau qui vit caché, difficile à observer, brun-roux avec un mince sourcil clair, le dessous blanc grisâtre, et une queue large et arrondie.
VOIX C'est le meilleur moyen de l'identifier, car il s'entend plus qu'il ne se voit. Chant : une explosion sonore de quelques phrases qui s'achève presque aussitôt. Émet aussi un « touic » bref et un « tchii » fort, caractéristiques.
HABITAT Végétation dense, basse et enchevêtrée, surtout près de l'eau (mares, lisière des marais, étangs riches en végétation, roselières, etc).
NOURRITURE Insectes et larves.
NIDIFICATION Niche dans la végétation basse. 3-5 œufs, couvés par la femelle 2 semaines. Plumes de vol vers 12-14 jours.

Locustelle luscinioïde

Locustella luscinioides

14 cm

IDENTIFICATION Peut être prise pour une Rousserolle effarvatte avec le dessus brunâtre dépourvu de stries, le léger sourcil court et beige, le dessous blanchâtre et les flancs légèrement bistre.
VOIX Le meilleur repère d'identification. Rappelle le « moulinet » de la Locustelle tachetée, en plus lent, un peu plus bas et souvent bien plus court. Émet aussi un « tsouic » sourd.
HABITAT Roselières et marais entrecoupés de buissons épars. Va souvent chanter, comme la Locustelle tachetée, sur le haut d'un roseau ou d'un buisson.
NOURRITURE Insectes et leurs larves.
NIDIFICATION Nid bas dans les roseaux ou autres végétaux. 4-6 œufs, couvés 12 jours par la femelle. Plumes de vol au bout de 12 jours.

Locustelle tachetée

Locustella naevia

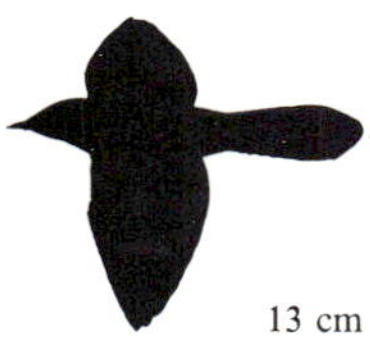

13 cm

IDENTIFICATION Vit elle aussi cachée et se laisse plutôt entendre que voir. Manteau brun olive très rayé, avec queue arrondie à peine striée et dessous blanc-beige. Vole rarement.
VOIX Divers « ouitt » brefs et ses variantes. Chante de nuit comme de jour : une stridulation continue et mécanique, rappelant sur une note aiguë le moulinet du pêcheur et pouvant durer près de 2 minutes.
HABITAT Fouillis végétal sec ou humide, marais, landes, plantations récentes, etc.
NOURRITURE Insectes et larves.
NIDIFICATION Nid au sol ou au-dessus, souvent dans une touffe d'herbe. 6 œufs, couvés par les deux sexes 13-15 jours. Vol des jeunes à 10-12 jours.

Rousserolle turdoïde

Acrocephalus arundinaceus

19 cm

IDENTIFICATION Très grande rousserolle, presque de la taille d'un étourneau, dotée d'une voix très forte. Se distingue de la Rousserolle effarvatte à son sourcil clair accusé, sa tête à angle droit, son grand bec. Se perche souvent à découvert, sur un arbre ou en bordure de route sur un fil.
VOIX Chant fort et rauque avec nombreux croassements, grincements et éructations, tous répétés 2 ou 3 fois.
HABITAT Roseaux près des étangs, des mares et de l'eau en général.
NOURRITURE Insectes, araignées, petits invertébrés et même petits poissons.
NIDIFICATION Colonies de nids en roselières, 4-6 œufs, couvés par le couple quelque 2 semaines. Plumes de vol au bout du même laps de temps.

Rousserolle verderolle

Acrocephalus palustris

12,5 cm

IDENTIFICATION Généralement impossible à distinguer de la Rousserole effarvatte sinon par le brun olive plus soutenu du dessus, le sourcil un peu plus accusé et la gorge plus blanche. Seule la voix permet vraiment de les distinguer.
VOIX Cris divers comme chez l'Effarvatte et même structure de chant en plus musical et plus varié avec davantage de trilles, d'imitations et une note nettement nasale : l'entraînement ou une bonne habitude de l'autre espèce facilite la distinction.
HABITAT Végétation basse, souvent près de l'eau, mais pas exclusivement.
NOURRITURE Insectes et larves.
NIDIFICATION Nid moins profond que celui de l'Effarvatte, dans les osiers, les plantes basses, etc. 3-5 œufs, couvés par le couple 12-13 jours. Vol des jeunes à 10-14 jours.

Rousserolle effarvatte

Acrocephalus scirpaceus

12,5 cm

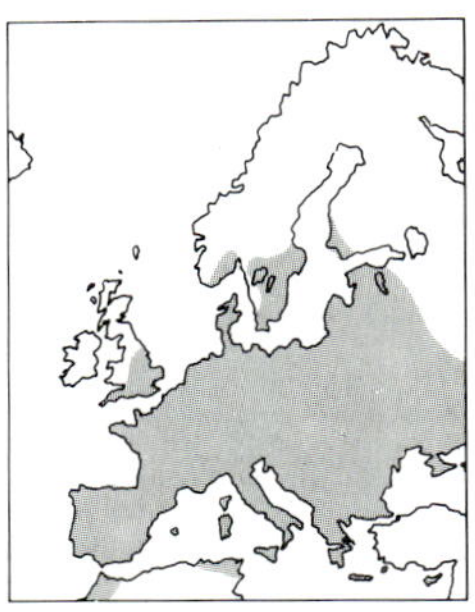

IDENTIFICATION Dessus brun, légèrement roux au croupion, avec sourcil peu marqué ou absent, dessous blanchâtre, flancs légèrement chamois. Calotte hérissée et bec pointu, assez long.
VOIX Divers ronronnements brefs et secs et un « tac » rapide et net. Chant : un long mélange de trilles et de brèves phrases répétées, imitant souvent d'autres espèces.
HABITAT Roselières et végétation paludicole. Parfois loin de l'eau.
NOURRITURE Insectes et leurs larves.

NIDIFICATION Nid accroché à des roseaux, des buissons, des osiers, etc. 4 œufs, couvés par les deux sexes. 11 jours environ. Vol des jeunes vers 11-12 jours.

Phragmite des joncs

Acrocephalus schoenobaenus

13 cm

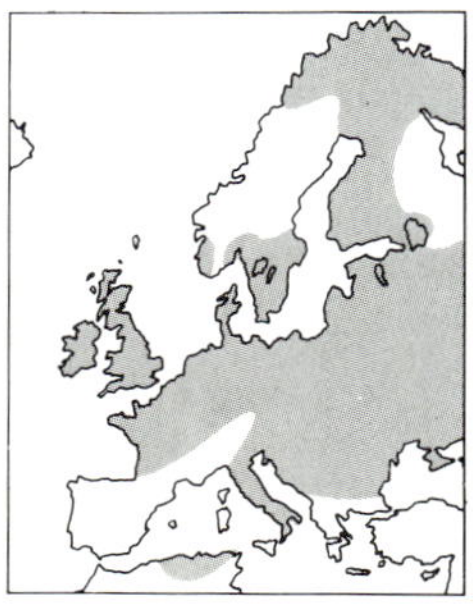

IDENTIFICATION Ressemble à la Rousserolle effarvatte mais avec de larges stries sur le dessus, un croupion fauve, une calotte striée et un sourcil blanchâtre marqué. Dessous blanc crème nuancé de roux sur les flancs.
VOIX Un « teuk » net, un cliquetis et un ronronnement rauque. Le chant est typique des *Acrocephalus*, mais plus varié et moins répétitif que celui de la Rousserolle effarvatte, avec de longs trilles, et nombreux « tchirreups » aigus. Chante perché, mais aussi lors du vol nuptial, bref et vertical.

HABITAT Pratiquement toute végétation palustre.
NOURRITURE Insectes et larves.
NIDIFICATION Nid près du sol dans une végétation touffue. 5-6 œufs, couvés surtout par la femelle 13-14 jours. Vol des jeunes vers 2 semaines.

Cisticole des joncs

Cisticola juncidis

10 cm

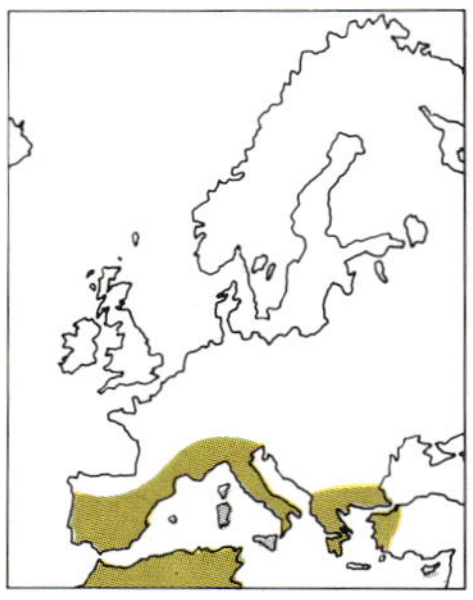

IDENTIFICATION Une petite fauvette qui vit cachée, au plumage brun foncé, strié dessus, avec croupion clair, dessous blanchâtre, poitrine et flancs nuancés de roux et queue courte et arrondie bordée de noir et blanc.
VOIX Se voit surtout quand elle chante, en voletant, un « tsip-tsip-tsip », sur chaque phase ascendante de son vol onduleux. Cri d'appel bref : « tiouou ».
HABITAT Champs cultivés, marais, et plus généralement champs ouverts secs ou humides.
NOURRITURE Insectes et larves.
NIDIFICATION Nid piriforme dans les plantes basses. 4-6 œufs, couvés par le couple 10-11 jours. Vol des jeunes 10 jours plus tard.

Lusciniole à moustaches

Acrocephalus melanopogon

13 cm

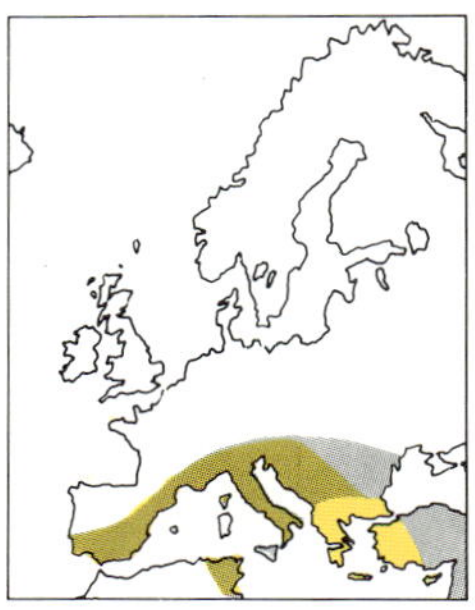

IDENTIFICATION Ressemble beaucoup au Phragmite des joncs, mais avec une calotte presque noire et un sourcil plus blanc qui s'arrête net à la nuque, des joues plus sombres et une gorge blanche. Manteau souvent plus rouille que le Phragmite des joncs.
VOIX Un « tcheuc » dur et un « trritt » assez doux. Chant analogue à celui du Phragmite des joncs, en plus sourd et plus doux, avec phrases répétées 4 à 6 fois.
HABITAT Roselières et marais.
NOURRITURE Insectes et larves.
NIDIFICATION Nid dans les roseaux ou les buissons au bord de l'eau. 3 ou 4 œufs. Cycle de reproduction très proche de celui du Phragmite des joncs.

Hypolaïs ictérine

Hippolais icterina

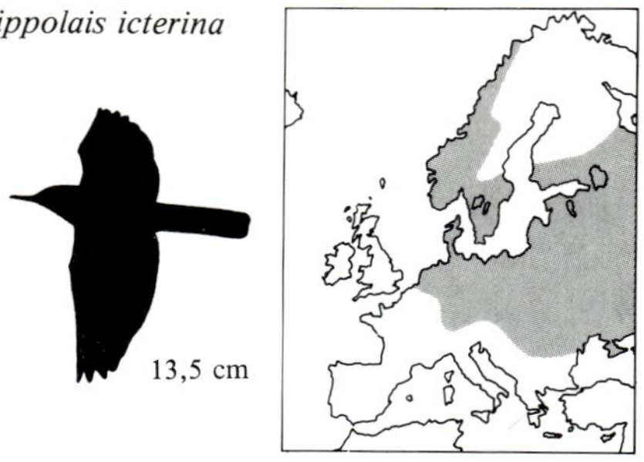

IDENTIFICATION Manteau verdâtre avec calotte pointue, bec accusé, tache alaire claire et dessous jaune. Rappelle l'Hypolaïs polyglotte, avec des ailes plus longues (voir ci-dessous pour les différences).
VOIX Un « tec » dur, un « dideloïtt » musical et caractéristique et un « hououiitt ». Chant long, sonore, varié et souvent discordant, avec abondante répétition de notes et de phrases, et entremêlé de notes discordantes.
HABITAT Celui de l'Hypolaïs polyglotte, ainsi que les bois.
NOURRITURE Insectes et larves.
NIDIFICATION Voir Hypolaïs polyglotte.

Hypolaïs polyglotte

Hyppolais polyglotta

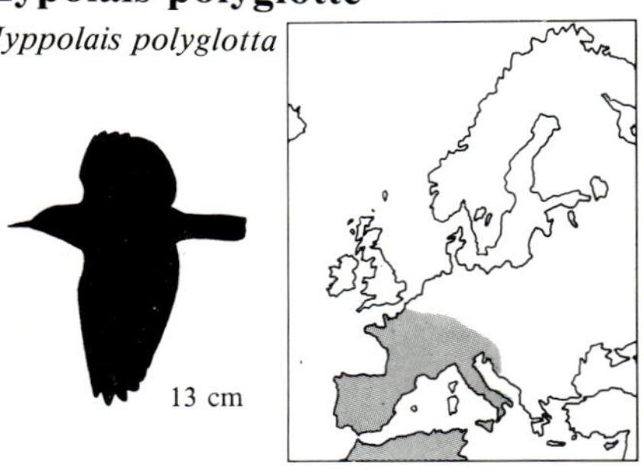

IDENTIFICATION Une fauvette à la silhouette élégante, avec un plumage vert et jaune, quoique légèrement plus brune dessus que l'Hypolaïs ictérine. Calotte ronde, tache alaire jaunâtre peu visible, dessous plus jaune que l'Ictérine et pattes plus brunes.
VOIX Un « tit-tit » strident, un « hououitt » sourd et des cris de moineau. Chant mélodieux et soutenu, entremêlé de pépiements et se répétant rarement.
HABITAT Lisière de bois, jardins, parcs, etc. Souvent caché près de l'eau.
NOURRITURE Insectes et larves.
NIDIFICATION Nid dans une fourche de buisson ou d'arbre. 4 œufs, couvés 12-13 jours par la femelle. Vol des jeunes 12 jours plus tard.

Mâle

Femelle

Fauvette à tête noire

Sylvia atricapilla

14 cm

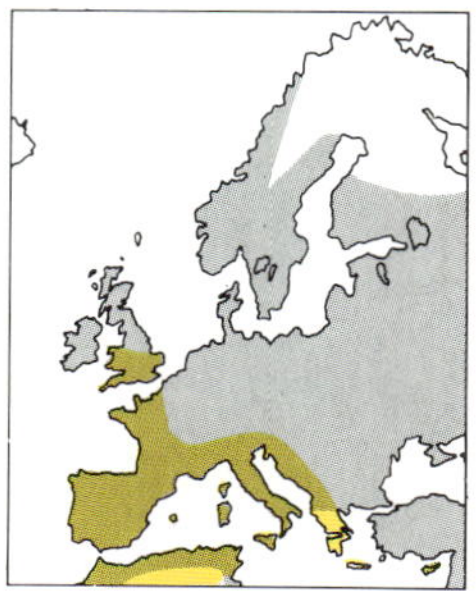

IDENTIFICATION Dessus grisâtre, dessous plus pâle, calotte noire. Femelle plutôt plus brune dessous avec calotte brun-roux.
VOIX Un « tac-tac » sec et un ronronnement éraillé. Chant : un gazouillis mélodieux, plus court et plus varié que celui de la Fauvette des jardins.
HABITAT Zones boisées, jardins à végétation dense, bosquets, etc., avec épais sous-bois.
NOURRITURE Surtout insectes et petits invertébrés. Baies en automne et autres végétaux en hiver.
NIDIFICATION Nid assez haut dans un buisson, ou un arbuste. Pond 5 œufs, couvés par les deux sexes 10-11 jours. Vol des jeunes à 10-13 jours.

Fauvette épervière

Sylvia nisoria

15 cm

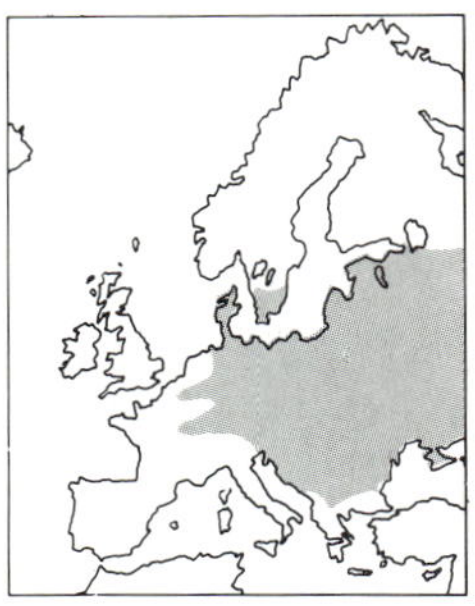

IDENTIFICATION Une fauvette trapue avec un gros bec et des yeux jaune vif. Dessous blanchâtre avec lignes de festons sombres (sauf chez l'immature, gris-beige dessous), dessus gris-brun, femelle plus brune. Double barre alaire.
VOIX Un « tcheuk » aigu et un « tcharr-tcharr » râpeux. On retrouve ce dernier dans le chant qui suggère, en plus rapide et avec des phrases plus brèves, celui de la Fauvette à tête noire.
HABITAT Fourrés d'épineux, broussailles, haies épaisses.
NOURRITURE Insectes ; en automne, baies et vers.
NIDIFICATION Nid dans un buisson épais ou épineux. 5-6 œufs, couvés par le couple près de 15 jours. Plumes de vol 15 jours plus tard.

Adulte. En médaillon : jeune

Fauvette des jardins

Sylvia borin

14 cm

IDENTIFICATION une fauvette un peu terne, brunâtre dessus, pâle dessous, au bec court et au plumage sans particularités.
VOIX Appels et cris d'alarme très proches de ceux de la Fauvette à tête noire. Chant très ressemblant, mais généralement plus soutenu, un peu plus sourd et plus bas, avec phrases plus précipitées.
HABITAT Bois, halliers, jardins, avec sous-bois épais.
NOURRITURE Insectes et larves.
NIDIFICATION Nid près du sol, dans un buisson épais. 4 ou 5 œufs, couvés par les deux sexes 11-13 jours. Plumes de vol à 10-12 jours.

Fauvette grisette

Sylvia communis

14 cm

IDENTIFICATION Mâle avec calotte grise, gorge blanche très marquée, ailes brun rouille et queue assez longue avec rectrices externes blanches. Femelle identique, en plus brun. Espèce enjouée et active, qui vit souvent cachée, mais se laisse bien voir.
VOIX Des « tchek » secs, un « tcheurr » irrité, etc. Chant : un babillage confus, bref et précipité, qu'il émet perché ou lors du vol de chant bref et dansé.
HABITAT Haies, buissons, généralement en région assez découverte.
NOURRITURE Insectes et larves.
NIDIFICATION Nid près du sol, dans un buisson épais. 4-5 œufs, couvés par le couple 11-13 jours. Plumes de vol à 10-12 jours.

Fauvette babillarde

Sylvia curruca

13,5 cm

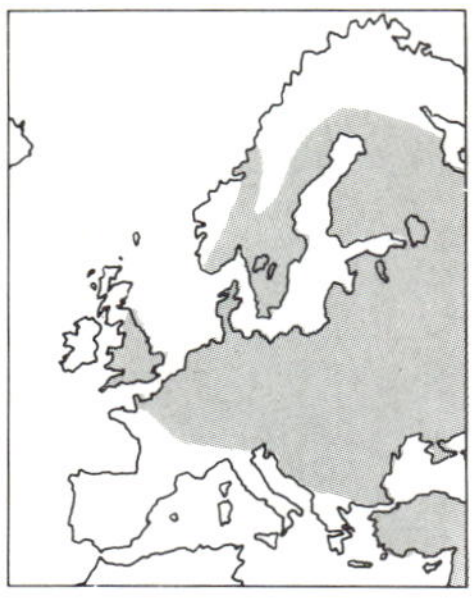

IDENTIFICATION Légèrement plus petite que la Fauvette grisette, plus grise et sans trace de brun, avec le dessus de l'oreille sombre et plus farouche.
VOIX Appels identiques à ceux de la Grisette pour la plupart. Chant différent, qu'elle n'émet que perchée : un cliquetis rapide et soudain sur une note, suivant un babillage assourdi, souvent inaudible de loin.
HABITAT Voir la Grisette. A une nette préférence pour les haies plus hautes, les taillis avec quelques arbres.
NOURRITURE Insectes et larves.
NIDIFICATION Nid dans une haie ou un buisson épais. C'est la femelle, surtout, qui couve 4 à 6 œufs 10-11 jours. Vol des jeunes à 11 jours environ.

Fauvette orphée

Sylvia hortensis

15 cm

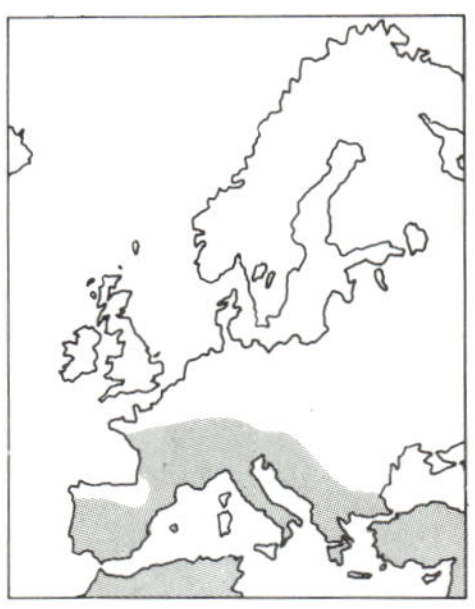

IDENTIFICATION Une fauvette assez grande avec la tête d'un noir terne, des yeux clairs couleur paille, la gorge blanche et le dessus grisâtre. Femelle un peu plus marron.
VOIX Divers « teuk » secs et un cliquetis d'alarme. Chant fort et plaisant, fait d'un gazouillis musical avec 4 ou 5 répétitions de phrases.
HABITAT Bois, vergers, broussailles, olivettes, etc.
NOURRITURE Insectes, baies et fruits.
NIDIFICATION Nid dans un buisson ou un arbuste. Le couple couve 4-5 œufs 12 jours environ. Vol des jeunes après le même laps de temps.

Mâle

Femelle

Fauvette passerinette

Sylvia cantillans

12 cm

IDENTIFICATION Une fauvette de petite taille avec la queue longue, le manteau d'un gris pâle et le dessous rose chamoisé, queue sombre avec des rectrices externes blanches. Femelle plus terne et plus claire. Étroite moustache blanche chez le mâle.
VOIX Un « tek-tek » sourd et abrupt. Cri d'alarme : un bavardage précipité. Le chant rappelle celui de la grisette, en plus musical et moins pressé. Chante perchée ou lors du vol nuptial bref et gracieux.
HABITAT Zones broussailleuses, fourrés, landes, lisières des bois et des rivières, etc.
NOURRITURE Insectes et petits invertébrés.
NIDIFICATION Nid dans des plantes basses. La femelle couve 3-4 œufs près de 12 jours. Vol des jeunes 12 jours plus tard.

Fauvette mélanocéphale

Sylvia melanocephala

13,5 cm

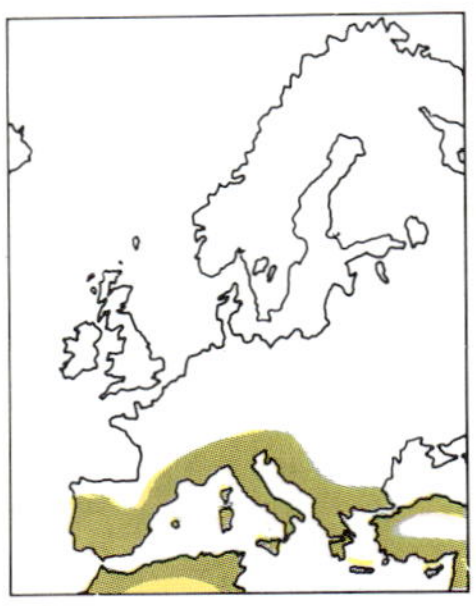

IDENTIFICATION Mâle avec une calotte noire qui descend jusque sous les yeux, gorge blanche, dessus gris, dessous blanchâtre nuancé de gris sur les flancs, queue noire et rectrices externes blanches. Les yeux sont rouges. Femelle plus brune, avec calotte de la même teinte que le dos.
VOIX Un « tcheu-tcheu-tcheu » sonore. Chant long et musical qu'il fait entendre perché ou lors du bref vol nuptial.
HABITAT garrigues, maquis, bois de chênes-verts, jardins, etc.
NOURRITURE Surtout les insectes, plus quelques végétaux.
NIDIFICATION Nid caché près du sol. Le couple couve 13-14 jours 3-4 œufs. Vol des jeunes 13 jours plus tard.

Mâle

Fauvette pitchou

Sylvia undata

12,5 cm

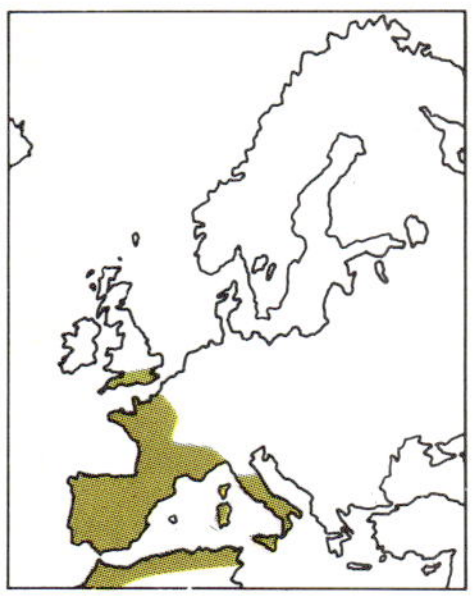

IDENTIFICATION Petite fauvette sombre, à la queue plus longue que la Passerinette. Tête gris foncé, dessus plus brun, queue brun foncé avec rectrices externes blanches. Ventre d'un roux sombre et menton ponctué de blanc. Femelle plus uniforme que le mâle. Espèce très farouche.
VOIX Appel principal : un « tcheurr » coulé. Chant proche de celui de la Grisette, mais plus mélodieux et plus joli, qu'il émet perché ou lors d'un bref vol de chant.
HABITAT Landes, notamment atlantiques, avec ajoncs, cystes, bruyère, etc.
NOURRITURE Petits insectes, araignées, etc.
NIDIFICATION Nid caché dans des plantes basses. 3 ou 4 œufs couvés environ 12 jours, surtout par la femelle. Vol des jeunes à 13 jours.

Fauvette à lunettes

Sylvia conspicillata

12,5 cm

IDENTIFICATION L'allure est celle d'une petite Grisette avec une tête foncée, mais avec la gorge blanche accusée et la poitrine rosée. On remarque les pattes claires, d'un blanc jaune et, de près, un mince cercle oculaire blanc.
VOIX Cri d'alarme : un cliquetis sourd, très particulier, de Troglodyte. Chant assez sourd, comme celui de la Grisette, mais sans notes dures, accompagnant le vol ou émis du haut d'un perchoir bien en vue.
HABITAT Broussailles rases et végétation halophile.
NOURRITURE Insectes et larves.
NIDIFICATION Nid dans des plantes basses ; 4 à 6 œufs, couvés par le couple 12-14 jours. Vol des jeunes après la même période.

Pouillot fitis

Phylloscopus trochilus

11 cm

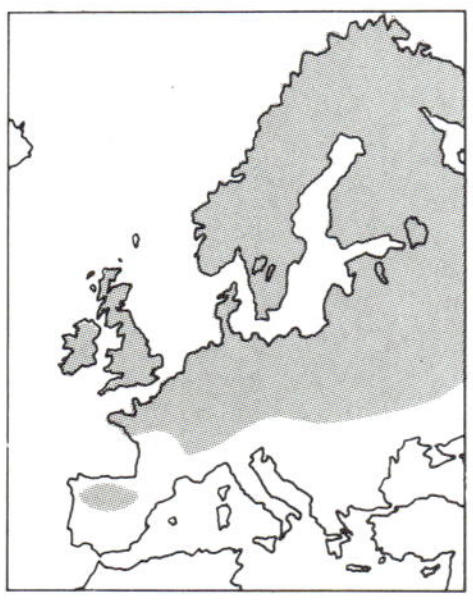

IDENTIFICATION Manteau d'un léger brun verdâtre, dessous blanc cassé, avec un mince sourcil et les pattes généralement claires. Dessous plus jaune chez les jeunes en automne.

VOIX Un « hououiitt » assez sourd. Chant coulé et musical, qui descend la gamme en s'affirmant, pour finir, sur une petite fioriture.

HABITAT Très varié : des bois aux terrains découverts arborés.

NOURRITURE Insectes et leurs larves essentiellement.

NIDIFICATION Nid généralement au sol. La femelle couve 6 ou 7 œufs 13 jours environ. Vol des jeunes à 13-14 jours.

Pouillot véloce

Phylloscopus collybita

11 cm

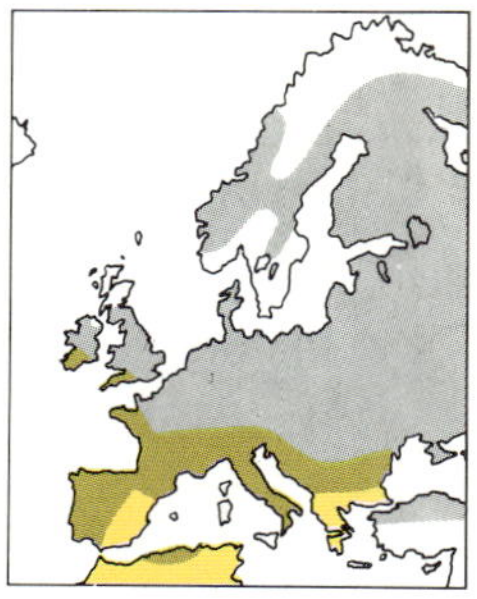

IDENTIFICATION Rappelle le Pouillot fitis, en plus terne et brun et en moins jaune dessous. Pattes normalement noirâtres. Se reconnaît surtout à son chant.
VOIX Un « houiitt » plus coulé que chez le Pouillot fitis, un « touitt » plus fort et un « seuf-seuf-seuf » sourd. Chant : répétition en crescendo et en diminuando de deux notes : « tchiff » et « tchaff », sans ordre particulier.
HABITAT Zones boisées ou dotées d'un épais couvert. Plus arboricole que le fitis.
NOURRITURE Surtout petits insectes.
NIDIFICATION Nid au sol caché dans la végétation. 6 œufs, couvés par la femelle 13 jours environ. Vol des jeunes à 14 jours.

Pouillot boréal

Phylloscopus borealis

12 cm

IDENTIFICATION Un assez grand pouillot, actif et qui recherche les feuillages; gris ou vert grisâtre, dessus et blanchâtre dessous, avec gorge claire, sourcil jaunâtre et barre sombre à travers l'œil. Étroite barre alaire claire, pattes jaune pâle.
VOIX Un « tsip » caractéristique et un « tsic » dur. Chant trillé, s'achevant sur un bref « tsirr ».
HABITAT Couvert près de l'eau, bétulaies avec taillis, bois de conifères.
NOURRITURE Surtout petits insectes et larves.
NIDIFICATION Nid en dôme caché dans des plantes basses. La femelle couve 5 ou 6 œufs. Détails de l'incubation et de la formation des plumes encore mal connus.

Pouillot de Bonelli

Phylloscopus bonelli

11,5 cm

IDENTIFICATION Nettement plus gris que le Pouillot fitis, surtout sur la tête, qui peut sembler très claire. Dessous blanchâtre. Tache jaune au coude et sur l'aile, jaunâtre au croupion, difficile à voir.
VOIX Un « houou-iitt » sourd sur deux syllabes et un « tchii-tchii ». Chant : un trille sur une note, plus lent et plus mélodieux que celui du Pouillot fitis.
HABITAT Bois de feuillus, pinèdes ; haies boqueteaux, etc.
NOURRITURE Surtout petits insectes.
NIDIFICATION Nid au sol. 4 à 6 œufs couvés par la femelle. Temps d'incubation et formation des plumes mal connus.

Pouillot siffleur

Phylloscopus sibilatrix

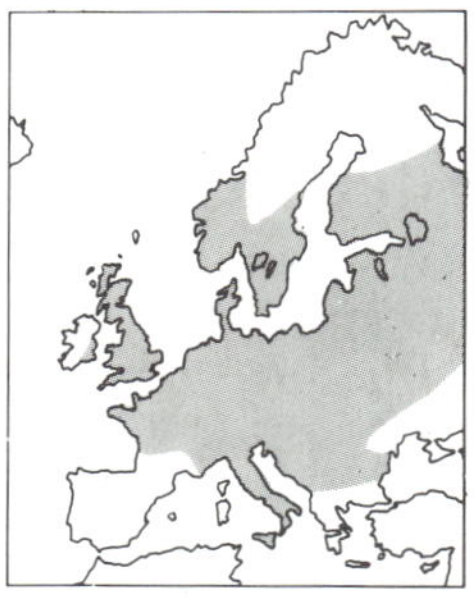

12,5 cm

IDENTIFICATION Plus grand que le Pouillot fitis, avec des ailes plus longues. Manteau d'un vert plus vif, gorge et poitrine jaune vif et ventre blanc, sourcil jaune.
VOIX Un « houitt, houitt, houitt » sourd et un doux « piiouou ». Deux chants : une série de « piiouou » flûtés, répétés jusqu'à une vingtaine de fois et un trille aigu, lent au début et s'accélérant jusqu'à un long vibrato final.
HABITAT Forêts de grands arbres avec faible sous-bois. Également bois mixtes et de conifères dans certaines régions.
NOURRITURE Petits insectes.
NIDIFICATION Nid au sol, caché dans la végétation comme chez les autres pouillots. 6 ou 7 œufs, couvés 13 jours par la femelle. Vol des jeunes vers 11-12 jours.

Roitelet à triple bandeau

Regulus ignicapillus

9 cm

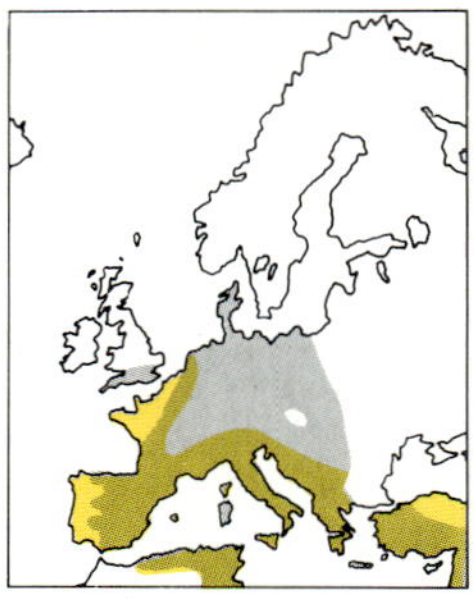

IDENTIFICATION Très proche du Roitelet huppé, mais avec le dessus plus vert, en contraste avec le dessous plus blanc. Côtés du cou nuancés d'or, visible sous un bon éclairage. Large sourcil blanc et œil traversé de noir.
VOIX Voir Roitelet huppé. Plus basse cependant avec un « tsitt » caractéristique. Même chant aussi, sans l'ornement final.
HABITAT Analogue à celui du Roitelet huppé. Moins inféodé aux conifères.
NOURRITURE Petits insectes et araignées.
NIDIFICATION 7 à 11 œufs dans un nid comme celui du huppé. Temps d'incubation et de formation analogues.

Roitelet huppé

Regulus regulus

9 cm

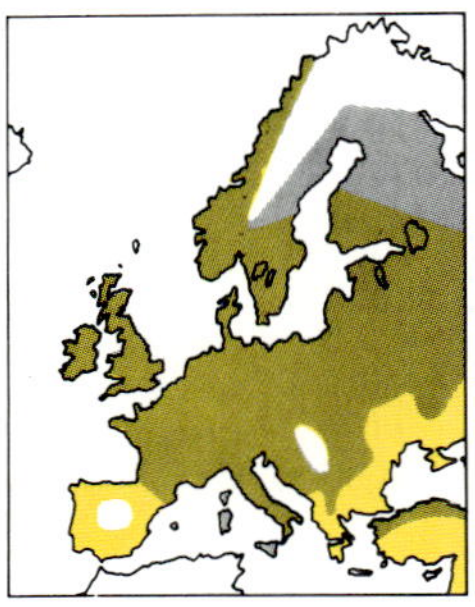

IDENTIFICATION Un tout petit oiseau rondelet avec une queue courte, vert olive dessus et d'un blanc cassé terne dessous. Grands yeux sombres, étroite moustache foncée. Deux petites barres blanches sur les ailes. Calotte jaune, lisérée de noir, orange au centre chez le mâle.
VOIX « Si-si-si-si » très haut perché et ses variantes. Chant ténu, également aigu : une double note répétée, terminée par un bref gazouillis.
HABITAT Bois mixtes et de conifères ; jardins, etc., avec conifères. Parfois haies, et buissons en hiver.
NOURRITURE Petits insectes et araignées.
NIDIFICATION Nid suspendu sous le feuillage d'un arbre ou d'un buisson à feuilles persistantes. La femelle couve 7 à 10 œufs 14 à 16 jours. Vol des jeunes après 3 semaines.

Gobe-mouches noir

Ficedula hypoleuca

13 cm

IDENTIFICATION Plumage du mâle frappant par le contraste noir et blanc, avec front, tache alaire et dessous blancs. Femelle d'un brun terne dessus, mais avec des barres alaires et du blanc sur les rectrices externes de la queue.
VOIX Diverses notes brèves et nettes, « tic », « ouitic », etc., un « fououitt » plaintif. Chant simple basé sur deux notes principales.
HABITAT Surtout bois clair (de feuillus et de conifères).
NOURRITURE Insectes pris au vol selon la technique caractéristique des gobe-mouches.
NIDIFICATION Nid dans un trou d'arbre ou volontiers dans un nichoir. La femelle couve 5 à 9 œufs 12-13 jours. Vol des jeunes à 13-14 jours.

Femelle. En médaillon : mâle

Gobe-mouches à collier

Ficedula albicollis

12,5 cm

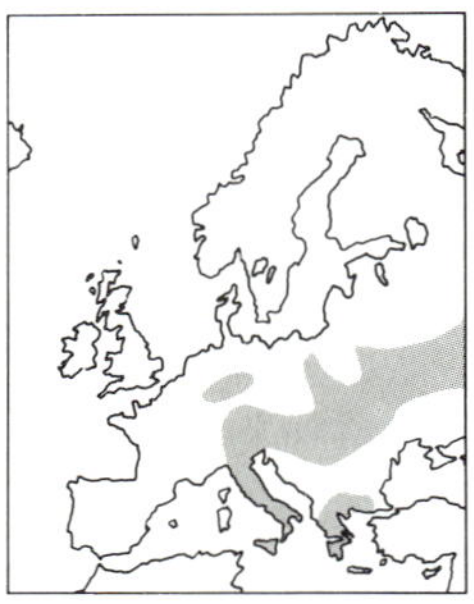

IDENTIFICATION Mâle analogue à celui du Gobe-mouches noir, mais avec un collier blanc à l'arrière du cou et une plus grande tache blanche sur l'aile, ainsi qu'un croupion blanc. Femelle plus difficile à identifier, généralement plus grise que le Gobe-mouches noir.
VOIX Mêmes appels que le Gobe-mouches noir. Chant plus bref et plus simple, avec chute sur l'avant-dernière note.
HABITAT Voir ci-dessus.
NOURRITURE Insectes.
NIDIFICATION Voir ci-dessus.

Mâle. En médaillon : femelle

Gobe-mouches gris

Muscicapa striata

14 cm

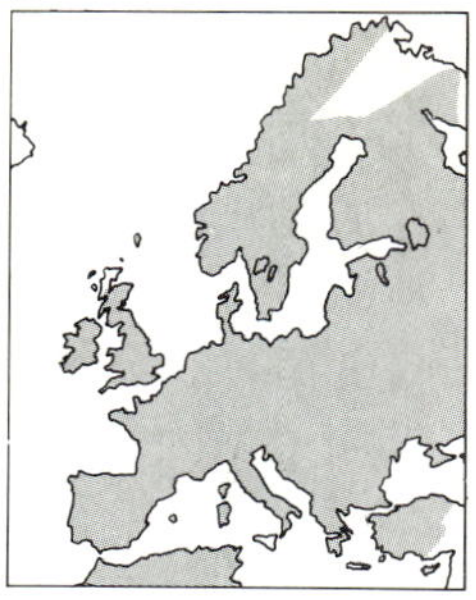

IDENTIFICATION Dessus d'un brun grisâtre doux, dessous blanchâtre avec calotte tachetée et poitrine légèrement striée.
VOIX Un « sii » ténu, plutôt aigu, et un « sii-teukteuk » rapide. Chant simple, fait d'une brève suite de notes fines.
HABITAT Lisière et clairières des bois, parcs, jardins.
NOURRITURE Insectes, presque toujours pris au vol. Se perche bien droit sur un poste d'affût en surplomb, d'où il s'élance sur ses proies et sur lequel il revient parfois.
NIDIFICATION Nid contre un tronc d'arbre, un mur, une paroi rocheuse, ou dans une cavité, sur une poutre, une canalisation, etc. Le couple couve 4 ou 5 œufs 12-14 jours. Vol des jeunes à 12-13 jours.

Gobe-mouches nain

Ficedula parva

11,5 cm

Mâle

IDENTIFICATION Un tout petit gobe-mouches, qui a pour habitude de se tenir les ailes tombantes et de hocher la queue, dévoilant ainsi la marque blanche de ses flancs. Dessus brun grisâtre, dessous beige clair. Mâle avec gorge orange vif et tête grisâtre.
VOIX Un « tchic » net et un bavardage sourd. Chant bref et varié, terminé par un trille rapide.
HABITAT Bois de feuillus principalement. Souvent près des côtes en migration.
NOURRITURE Insectes.
NIDIFICATION Nid dans un trou. 5-6 œufs, couvés par la femelle. Temps d'incubation non déterminé.

Faisan de Colchide *Phasianus colchicus* Il pose ses pattes au sol d'une manière telle que les empreintes sont alignées (voir ci-dessus), avec le doigt extérieur presque perpendiculaire aux autres. Empreintes plus grandes chez le mâle, de 6 à 8 cm de long.

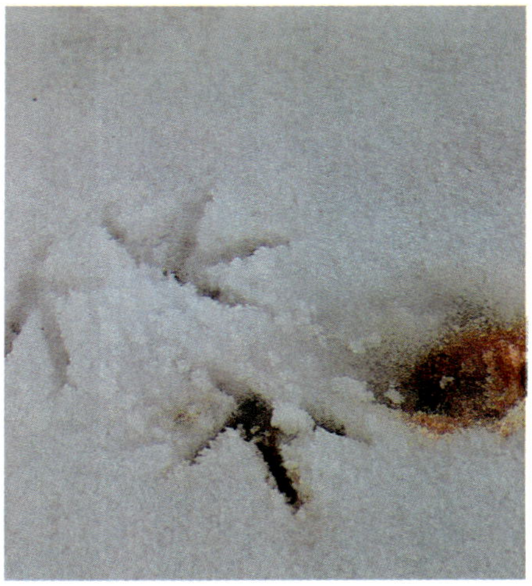

Épervier d'Europe *Accipiternisus* Les empreintes de rapaces sont très larges et n'apparaissent généralement que dans la neige, et seulement là où ils ont capturé ou mangé une proie. Voir page 81.

Goéland argenté *Larus argentatus* Les empreintes de Goéland argenté ne laissent pas voir les palmes avec d'autant de netteté que les doigts. Le doigt médian dépasse en avant de la palme. Longueur de l'empreinte : entre 6 et 7 cm.

Poule d'eau *Gallinula chloropus* et Foulque macroule *Fulica atra.* Chez ces espèces, empreintes en forme de flèches avec le long doigt postérieur dépassant. L'empreinte du Foulque est celle d'une patte semi-palmée, celle de la Poule d'eau longue et étroite.

Bécasseau maubèche *Calidris canutus* Les empreintes d'échassiers sont très difficiles à identifier. La taille peut être une indication, néanmoins peu fiable, sur un banc de vase où se mêlent plusieurs espèces.

Petit Gravelot *Charadrius dubius* Les gravelots ont des empreintes caractéristiques d'échassiers, mais dépourvues de la marque des ongles. Noter l'angle des doigts. Taille variable selon l'espèce. Voir page 109.

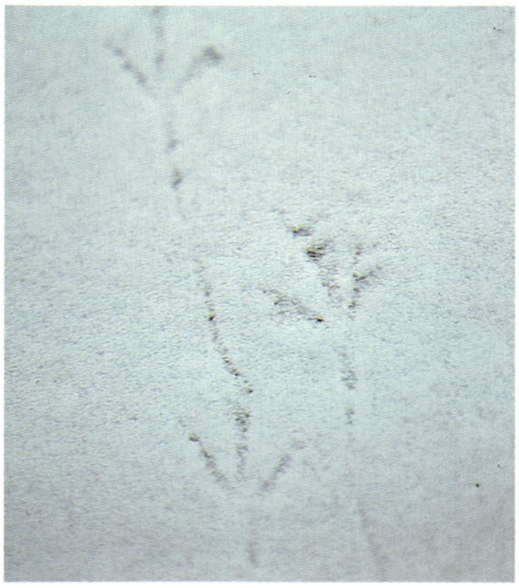

Merle noir *Turdus merula* Le Merle noir a des doigts longs qui font entre eux un angle très aigu. Le doigt postérieur est long et laisse souvent une traînée dans la neige profonde. Les ongles ne laissent qu'une légère empreinte. Voir page 194.

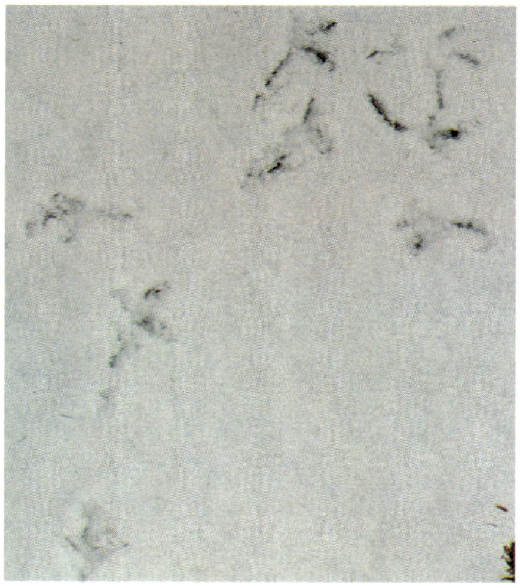

Pie bavarde *Pica pica* Chez la Pie bavarde et les autres corvidés, le doigt arrière (ou pouce) est long et l'empreinte laisse apparaître les segments du pied. Voir page 182.

Pinson des arbres *Fringilla coelebs* Les sautillements de ce Pinson des arbres laisse des traces parallèles avec empreinte du long doigt postérieur. A l'envol, les ailes laissent leur marque dans la neige, ce qui n'est pas le cas à l'atterrissage. Voir page 237.

Accenteur mouchet

Prunella modularis

14,5 cm

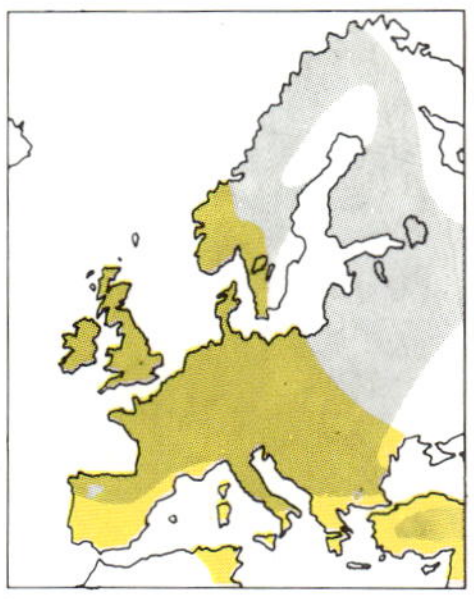

IDENTIFICATION Un oiseau effacé, avec un manteau brun strié, une tête grise, le dessous gris et les flancs striés. Allure d'un moineau, sauf par la finesse du bec. Il passe beaucoup de temps au sol.
VOIX Un « tsiip » aigu et un chant mélodieux, un peu précipité.
HABITAT Bosquets, lisière des bois, haies, jardins, etc.
NOURRITURE Insectes et petits invertébrés. En hiver, également graines et végétaux divers.
NIDIFICATION Nid dans une haie ou un buisson. La femelle couve 4-5 œufs 12-13 jours. Vol des jeunes à 12 jours environ.

Accenteur alpin

Prunella collaris

18 cm

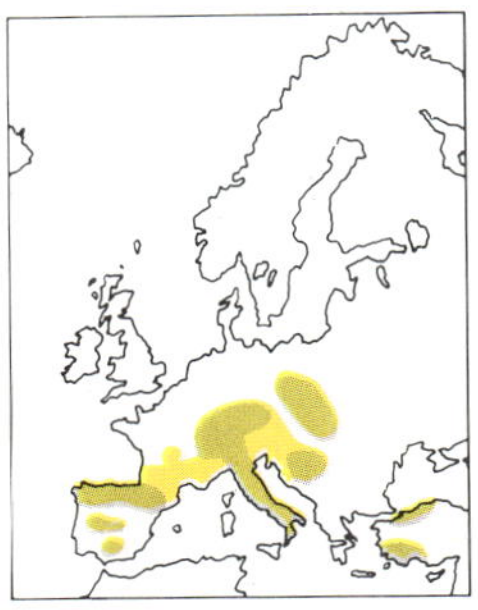

IDENTIFICATION Plus grand et plus coloré que l'Accenteur mouchet, avec menton blanc tacheté de noir, poitrine grisâtre, flancs striés de châtain et double barre alaire.
VOIX Un « tchirreup » en trille et un appel bas et assez guttural. Chant : un gazouillis agréable qu'il émet posé ou lors d'un bref vol de chant.
HABITAT Etage alpin, terrains rocheux. A moindre altitude l'hiver.
NOURRITURE Insectes et araignées, plus quelques fruits et baies.
NIDIFICATION Nid dans une fissure de rocher, etc. Le couple couve 3 à 5 œufs 15 jours environ. Vol des jeunes vers 2 semaines.

Pipit rousseline

Anthus campestris

16,5 cm

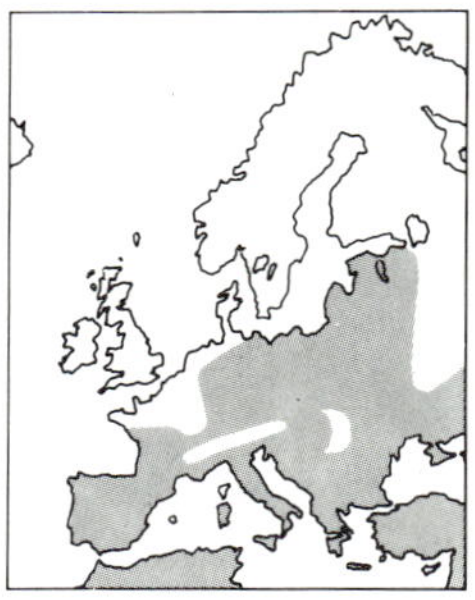

IDENTIFICATION Un pipit plutôt grand et élancé, au plumage presque uni de couleur sable avec le dessus légèrement plus foncé et quelques marques plus soutenues aux ailes. Sourcil accusé couleur crème. Pattes jaunâtres plutôt longues.
VOIX Un long « souiip », un « tcheup » bref et un « ttchirreup ». Chant lancé en plein ciel : répétition de « tchivi-tchivi-tchivi ».
HABITAT Friches sablonneuses dégagées, souvent avec broussailles. Également les champs cultivés, l'hiver.
NOURRITURE Insectes surtout.
NIDIFICATION Nid au sol, caché dans la végétation. 4 ou 5 œufs, couvés par la femelle 14 jours environ. Vol des jeunes à 12-14 jours.

Pipit des arbres

Anthus trivialis

15 cm

IDENTIFICATION Un oiseau élancé, avec une longue queue, brun clair avec stries sombres sur le manteau, dessous clair, avec la poitrine plutôt jaune, striée, et les plumes externes de la queue blanche. Pattes rosées.
VOIX Un « tiiz » caractéristique. Chant en vol ou perché, long et mélodieux, qui s'achève, pendant la descente sur un « tsia, tsia, tsia ».
HABITAT Clairières, lisières de bois, landes, friches ; terrains dégagés et arborés. Plus arboricole que le Pipit farlouse, ci-dessous.
NOURRITURE Insectes surtout.
NIDIFICATION Nid au sol. 4-6 œufs, couvés 13-14 jours par la femelle. Vol des jeunes à 12-13 jours.

Pipit farlouse

Anthus pratensis

14,5 cm

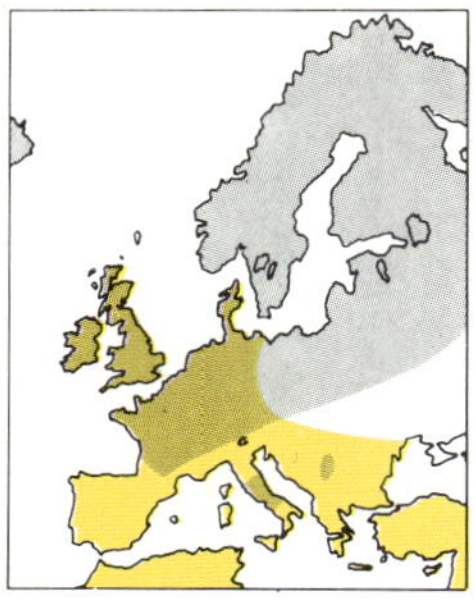

IDENTIFICATION Forte ressemblance avec le Pipit des arbres, mais avec plumage généralement davantage brun olive, avec stries plus petites, poitrine plus blanchâtre et pattes plutôt marron. S'en distingue aussi par le chant très différent.
VOIX Un « siip » plaintif seul ou en séries. Chant émis en vol : une seule note aiguë, s'accélérant au fur et à mesure de l'ascension et s'achevant par un long trille dans la descente.
HABITAT Landes, pâturages, et zones dégagées en général. Souvent côtier en hiver.
NOURRITURE Insectes.
NIDIFICATION Nid au sol. La femelle couve 4 ou 5 œufs 13-14 jours. Vol des jeunes à 13-14 jours.

Pipit sponcielle

Pipit maritime

Pipit spioncelle et Pipit maritime

Anthus spinoletta

16,5 cm

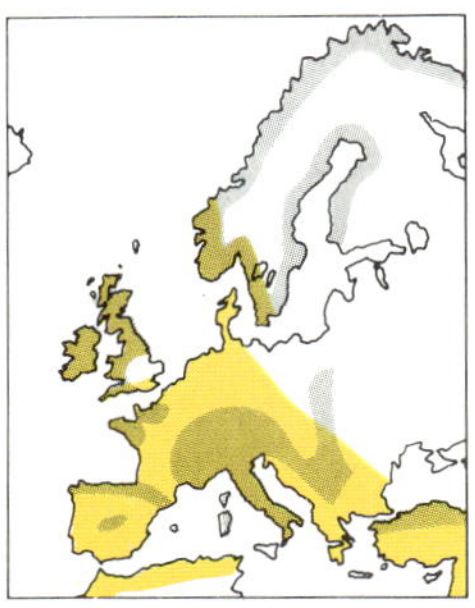

IDENTIFICATION Le Pipit maritime est grand, assez sombre, avec un plumage brun olive strié, les plumes externes de la queue grisâtres, et des pattes sombres. La race montagnarde, le Pipit spioncelle, a les rectrices externes blanches et le dessous du corps rosé, sans stries, en été, et très clair et légèrement strié en hiver.
VOIX Un « siip » ou « sii-tip » fin. Chant comme celui du Pipit farlouse, en plus simple et plus musical.
HABITAT Rivage, côtes rocheuses. Le Pipit maritime hiverne sur les côtes de toutes sortes ou en montagne ; le Pipit spioncelle dans les marais.
NOURRITURE Surtout petits insectes.
NIDIFICATION Nid dans une fissure ou un creux de rocher. La femelle couve 4 ou 5 œufs environ 14 jours. Vol des jeunes vers 16 jours.

Grive musicienne *Turdus philomelos* La plus familière des traces de repas laissées par un oiseau est probablement l'enclume, sur laquelle la Grive musicienne vient écraser les coquilles d'escargots. Voir page 197.

Sittelle torchepot *Sitta europaea* Cette sittelle cale, dans la fissure d'une écorce, des noix qu'elle martèle de son bec pointu. Voir p. 194.

Pic épeiche *Dendrocopos major* Les pics se nourrissent d'insectes qu'ils trouvent souvent dans le bois. Ici, un piquet de barrière démoli à force de coups de bec par un pic en quête d'insectes et de larves. Voir p. 171.

Pic épeiche *Dendrocopos major* Ce tas de pommes de pin est l'œuvre d'un Pic épeiche qui vient l'hiver en extraire les graines dont il se nourrit. Voir page 171.

Pic épeiche *Dendrocopos major* Pour atteindre les graines qui sont à l'intérieur, le pic cale une pomme de pin dans une fissure qu'il fait lui-même dans un tronc d'arbre, avant d'en ôter les écailles. Il extrait ensuite les graines à l'aide de sa longue langue collante.

Pic vert *Picus viridis* Le Pic vert est un grand amateur de fourmis. Ci-dessus, le trou fait à coups de bec par un Pic vert dans une fourmilière. C'est en y introduisant sa longue langue, garnie de soies, qu'il extrait ensuite les fourmis et leurs pupes. Voir page 169.

Pie-grièche grise *Lanius excubitor* Les pies-grièches sont des oiseaux percheurs et n'ont donc pas, comme les vrais rapaces, de serres qui leur permettent de tenir leurs proies quand elles mangent. Aussi doivent-elles les embrocher sur une épine ou les caler.

Pie-grièche écorcheur *Lanius collurio* La Pie-grièche écorcheur embroche ses proies sur des épineux, où elle les met parfois en réserve. Le « garde-manger » ou « lardoir », ci-dessus, contient un lézard, une abeille et un scarabée. Voir page 235.

Pie-grièche écorcheur *Lanius collurio* Même lardoir que sur l'image précédente, mais en d'autres circonstances... Le visiteur est un geai qui, heureux de se nourrir à si bon compte, s'apprête à voler un lézard. Voir page 235, et pour le geai page 184.

Bergeronnette de Yarrell mâle

Bergeronnette grise mâle

Jeune Bergeronnette de Yarrell (à gauche)

Jeune Bergeronnette grise

Bergeronnette grise

Motacilla alba

18 cm

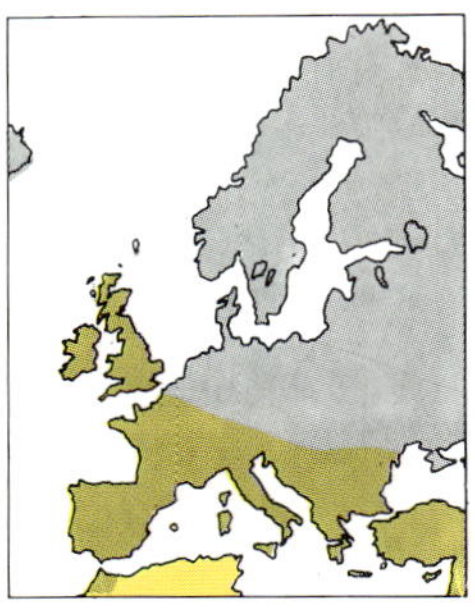

IDENTIFICATION La silhouette est élancée, la queue longue. La Bergeronnette grise (d'Europe continentale) est grise dessus, blanche dessous, avec calotte et bavette noires. Dos et croupion sont noirs chez la Bergeronnette de Yarrell mâle (de Grande-Bretagne), et la tête plus marquée ; femelle plus grise, avec croupion noir, plus sombre que chez la grise. Femelles moins contrastées que les mâles chez les deux populations.
VOIX Une double note caractéristique : « tche-souip », « tchissic », etc. Chant simple fait d'un gazouillis et de combinaisons de ces cris.
HABITAT Souvent près de l'eau. Jardins, fermes, champs, fréquemment dans les villes.
NOURRITURE Surtout insectes.
NIDIFICATION Nid dans le trou d'un mur, dans un talus, sur un bâtiment. 5 ou 6 œufs, couvés 13-14 jours par la femelle. Vol des jeunes vers 14-15 jours.

Bergeronnette printanière

Bergeronnette à tête noire

Bergeronnette à tête bleue

Bergeronnette printanière

Motacilla flava

16,5 cm

IDENTIFICATION Il en existe plusieurs sous-espèces en Europe ; toutes se ressemblent, avec le dessous jaune et les femelles plus ternes que les mâles. Ceux-ci diffèrent entre eux par la couleur de la tête : jaune en Grande-Bretagne, bleue dans une grande partie de l'Europe, grise dans le nord de l'Europe, noire dans le Sud-Est.
VOIX Un « tsiip » sonore. Chant simple : « tsip-tsip-tsipsi ».
HABITAT Prairies dégagées, marais, etc., généralement près de l'eau.

NOURRITURE Surtout insectes.
NIDIFICATION Nid le plus souvent au sol. Les deux adultes couvent 5-6 œufs pendant 12-13 jours. Vol des jeunes à 12-13 jours.

Femelle. En médaillon : mâle

Bergeronnette des ruisseaux

Motacilla cinerea

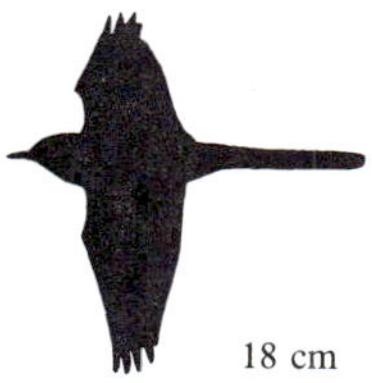

18 cm

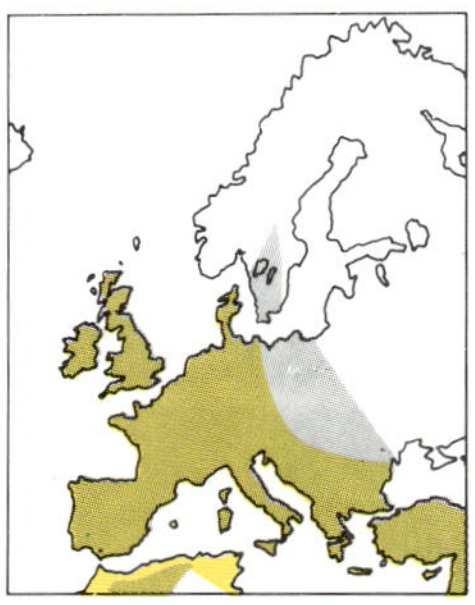

IDENTIFICATION Une bergeronnette très élancée, avec une longue queue, un manteau gris-bleu et le dessous jaune vif jusque sous la queue noire. En plumage d'été, le mâle a la poitrine jaune et la gorge noire. Femelle avec gorge toujours nettement plus claire que le mâle.
VOIX Un « tchissiit » dur et bien détaché. Chant varié et assez musical, accompagnant souvent le vol.
HABITAT Torrents avec rochers, cailloux du bord des lacs, et autres zones humides de basse altitude en hiver.

NOURRITURE Insectes.
NIDIFICATION Nid dans les rochers, dans un creux, dans un mur, un talus, etc. Les deux sexes couvent 4 à 6 œufs pendant 13-14 jours. Plumes de vol vers 12 jours.

Etourneau sansonnet

Sturnus vulgaris

21,5 cm

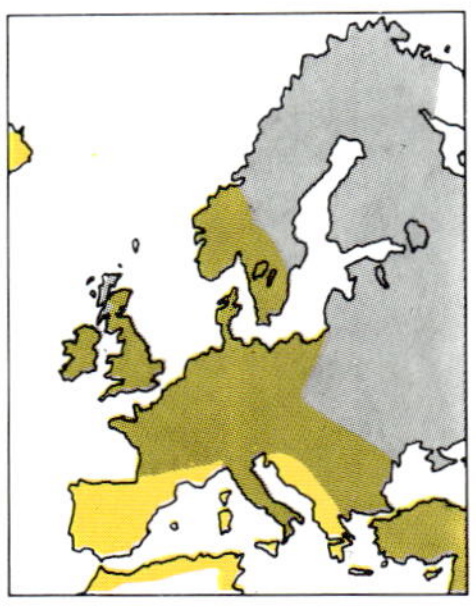

IDENTIFICATION Un oiseau effronté, au plumage noirâtre à reflets violets et verts, avec une queue plutôt courte. Plumage d'hiver finement ponctué de blanc, davantage que le reste de l'année. Ailes courtes et pointues, vol rapide et direct. Très grégaire, il forme souvent de vastes bandes l'hiver.
VOIX Vaste répertoire de sifflements, cliquetis, crépitements et autres bruits. Chant : un intéressant pot-pourri, long et décousu, de tous ces cris. Peut être, en outre, un très bon imitateur.

HABITAT Espèce qui s'adapte pratiquement à tous les milieux.
NOURRITURE Végétaux très variés, insectes, invertébrés divers.
NIDIFICATION Fait son nid dans un rocher, un arbre, un bâtiment, etc. Les deux sexes couvent 5 à 7 œufs 12-13 jours. Vol des jeunes vers 3 semaines.

Jaseur boréal

Bombycilla garrulus

18 cm

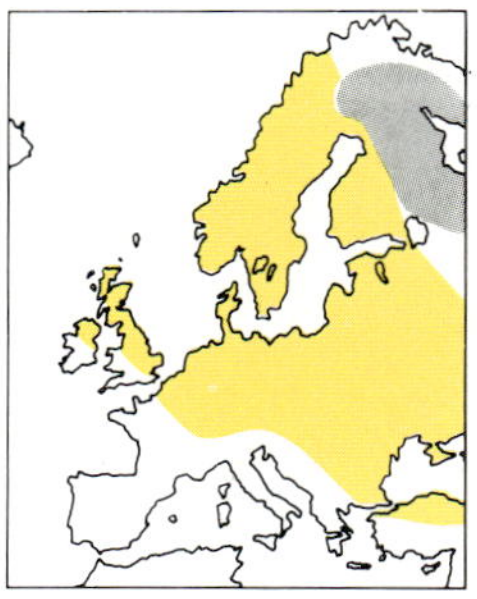

IDENTIFICATION Un oiseau trapu, à la queue courte, avec une huppe châtain rosé. Dessus brunâtre, dessous brun rosé, avec raie noire sur l'œil, petite bavette noire, des marques contrastées blanches, jaunes et rouges sur les ailes, bout de la queue jaune et croupion gris.
VOIX Un « chriii » fin et discret ou sa variante.
HABITAT Forêts de conifères et de bouleaux peu serrées, dans le Nord, l'été. Descend en vastes bandes pour hiverner plus au sud, où on le rencontre dans les jardins, les haies, etc.
NOURRITURE L'été, principalement des insectes. L'hiver, baies et fruits.
NIDIFICATION Nid dans un arbre. 4 à 6 œufs, couvés par la femelle environ 14 jours. Vol des jeunes à 15-17 jours.

Martin roselin

Sturnus roseus

21,5 cm

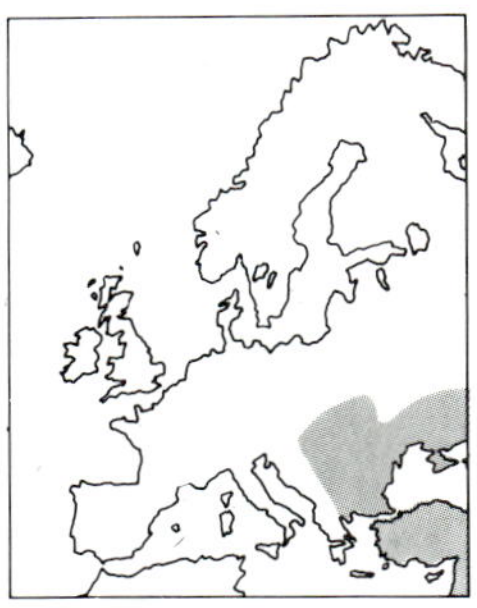

IDENTIFICATION Impossible de ne pas reconnaître l'adulte : allure d'étourneau, mais d'un rose franc, avec la tête et la huppe d'un noir brillant et la queue et les ailes de même couleur. Juvénile brun sable, privé de huppe, plus sombre sur les ailes et la queue ; mais plus clair que l'Étourneau sansonnet juvénile.
VOIX Appels variés comme l'Étourneau sansonnet, avec un bavardage haut perché, plus fort et plus musical.
HABITAT Terrains dégagés de toutes sortes, dont champs cultivés et falaises.
NOURRITURE Analogue à celle de l'Étourneau sansonnet.
NIDIFICATION Nid dans un trou. 5 à 6 œufs couvés 11 à 14 jours par la femelle. Vol des jeunes à 14-19 jours.

Pie-grièche grise

Lanius excubitor

24 cm

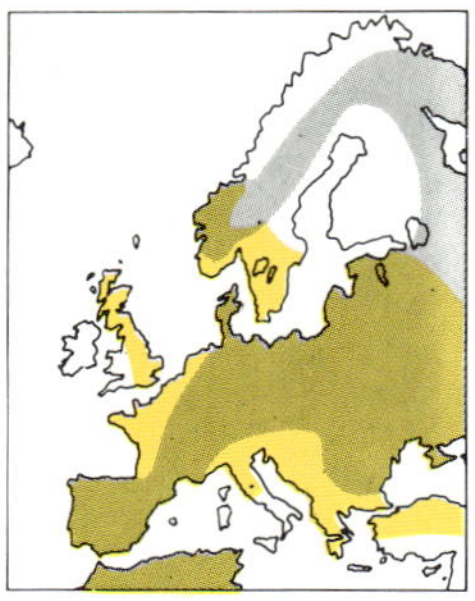

IDENTIFICATION Une grande pie-grièche avec le gris, le noir et le blanc du plumage nettement délimités. Dessus gris clair et dessous blanc, tache oculaire noire, ailes noires barrées de blanc, queue noire avec du blanc aux plumes externes. Espèce méridoniale plus sombre dessus, plus rose dessous.
VOIX Un cri d'alarme râpeux et un « shek-shek » dur. Chant sourd entremêlant gazouillis mélodieux et notes plus dures.
HABITAT En été, lisière des bois, landes, vergers, etc. Terrains plus dégagés avec arbres et buissons sporadiques en hiver.
NOURRITURE Surtout insectes, mais aussi petits oiseaux et mammifères, lézards, etc., qu'elle chasse à partir d'un poste d'affût élevé (cime d'un buisson, fil électrique, etc.)
NIDIFICATION Nid dans un arbre ou un buisson. 5 à 7 œufs, couvés surtout par la femelle, 15 jours environ. Vol des jeunes à 19-20 jours.

Pie-grièche à poitrine rose

Lanius minor

20 cm

IDENTIFICATION Rappelle la Pie-grièche grise, en plus petit et avec une queue plus courte, sans sourcil blanc et avec un bandeau noir. Comportement analogue, mais vol direct et non onduleux.
VOIX Divers appels rêches et chant agréable, entremêlé de notes râpeuses.
HABITAT Terrains dégagés ou cultures avec arbres et buissons épars, landes, olivettes, etc.
NOURRITURE Insectes et invertébrés principalement.
NIDIFICATION Nid généralement dans un arbre. 5 à 7 œufs, couvés surtout par la femelle, 15 jours environ. Vol des jeunes vers 14 jours.

Pie-grièche écorcheur

Lanius collurio

17 cm

IDENTIFICATION Mâle avec tête grise et tache oculaire noire, dos châtain, queue noire et flancs blancs. Femelle brun-roux dessus, plus claire dessous, avec festons brunâtres. Immature comme celui de la Pie-grièche à tête rousse (ci-dessous), en plus sombre, et absence de tache claire au croupion et à l'épaule.
VOIX Un « Shack » rêche et ses variantes. Chant : un gazouillis agréable et sourd avec nombreuses imitations et notes grinçantes.
HABITAT Landes, friches, taillis, fourrés, etc, et garrigue.
NOURRITURE Insectes et vers surtout. Également petits oiseaux, mammifères et lézards, qu'à la manière des pies-grièches elle met en réserve, embrochés sur un épineux.
NIDIFICATION Nid généralement dans un buisson épais. La femelle couve 5 ou 6 œufs 14-16 jours. Vol des jeunes à 14-15 jours.

Femelle. En médaillon : mâle

Jeune

Mâle

Pie-grièche à tête rousse

Lanius senator

17 cm

IDENTIFICATION Les motifs du plumage ne passent pas inaperçus : calotte et nuque châtaines, dessus noir avec grande tache blanche à l'épaule et croupion blanc, dessous blanc crème. Immature marron clair, avec festons plus sombres et souvent traces des taches d'épaule.
VOIX Appels brefs et rauques et un bavardage plus long. Chant : un long gazouillis, assez musical, incorporant quelques notes rauques et des imitations d'autres oiseaux.
HABITAT Olivettes, vergers, landes et garrigues. On la voit souvent perchée sur un fil, de la manière commune aux pies-grièches.
NOURRITURE Surtout insectes, escargots et vers.
NIDIFICATION Nid généralement dans un arbre. 5-6 œufs, couvés 16 jours environ par la femelle. Vol des jeunes à 19-20 jours.

Mâle

Femelle

Bouvreuil pivoine

Pyrrhula pyrrhula

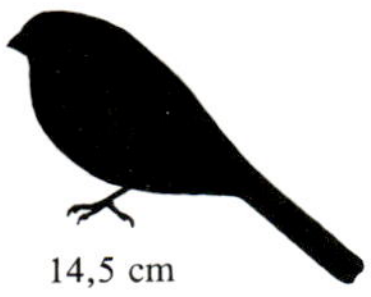

14,5 cm

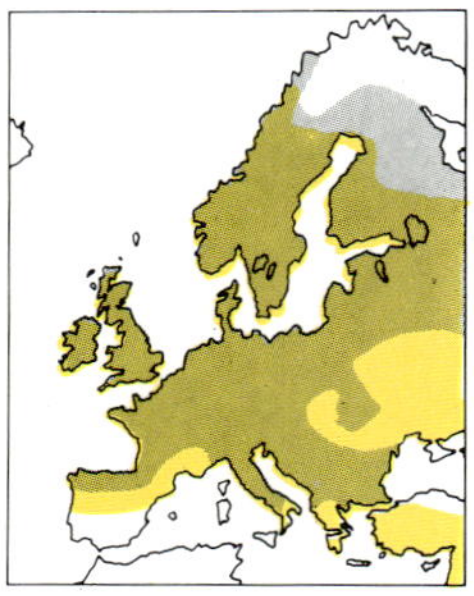

IDENTIFICATION Court bec noir, calotte noire, tache alaire et croupion blancs. Mâle avec le dessous du corps rose franc, le dos gris-bleu, les ailes noires. Femelle d'un gris plus nuancé de brun dessus, brun rosé dessous.
VOIX Appel doux et flûté, très caractéristique. Le chant est un gazouillis un peu sourd.
HABITAT Bois, parcs, jardins, vergers, etc., rarement loin du couvert.
NOURRITURE Graines, baies, fruits, etc. Jeunes nourris de chenilles.
NIDIFICATION Nid dans une haie, un buisson, un arbre. Ponte de 4 à 5 œufs, couvés surtout par la femelle 12 à 14 jours. Vol des jeunes à 12-16 jours.

Gros-bec casse-noyaux

Coccothraustes coccothraustes

18 cm

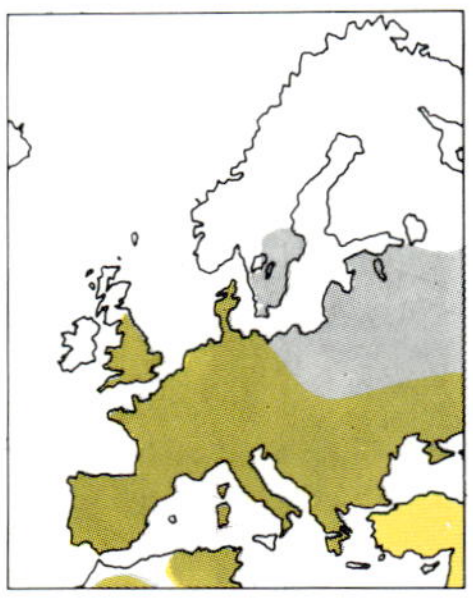

IDENTIFICATION Un oiseau trapu, dont la tête est grosse et le bec massif. Sexes identiques (femelle plus claire), avec tête fauve, dos brun, dessous du corps beige rosé, larges raies blanches aux ailes et queue courte bordée de blanc. Espèce souvent très farouche, difficile à observer de près.
VOIX Chant simple et assez sourd, qu'il émet haut perché. Appel ordinaire : un « tsik » aigu.
HABITAT Bois, parcs, vergers et autres zones ouvertes arborées.
NOURRITURE Graines et noyaux, notamment faînes en hiver. Son bec puissant lui permet de casser les noyaux. Jeunes nourris d'insectes.
NIDIFICATION Souvent en petits groupes. Nid dans un arbre ou un buisson. La femelle couve 4 à 6 œufs 10 jours environ. Plumes de vol à 10-11 jours.

Mâle

Femelle

Pinson des arbres

Fringilla coelebs

15 cm

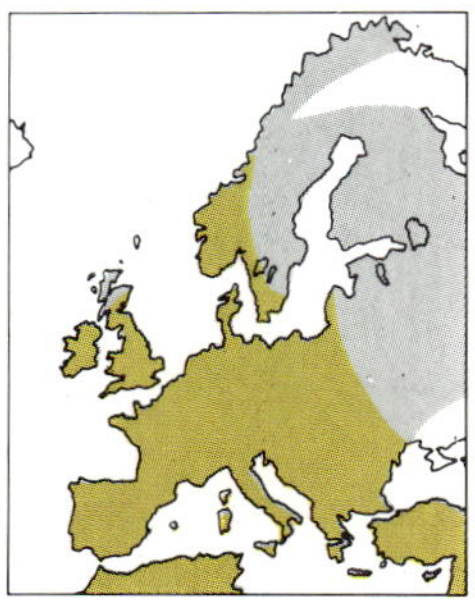

IDENTIFICATION Un oiseau familier avec du blanc à l'épaule et aux plumes externes de la queue, l'aile également barrée de blanc. Mâle avec calotte et nuque gris-bleu, dos châtain et dessous rosé ; femelle d'un brun olive plus pâle dessus, et plus claire dessous.
VOIX Un « tchouiink » enjoué, « houiitt », « tchezitt », et, en vol, un « stip » sourd. Chant : un cliquetis bref s'achevant sur une fioriture.
HABITAT Bois, haies, friches, jardins, parcs, etc.
NOURRITURE Végétaux surtout (graines), plus quelques insectes et araignées.
NIDIFICATION Nid dans un buisson ou un arbuste. La femelle couve 4 ou 5 œufs 11 à 13 jours. Plumes de vol à 14 jours environ.

Femelle. En médaillon : mâle

Verdier

Carduelis chloris

14,5 cm

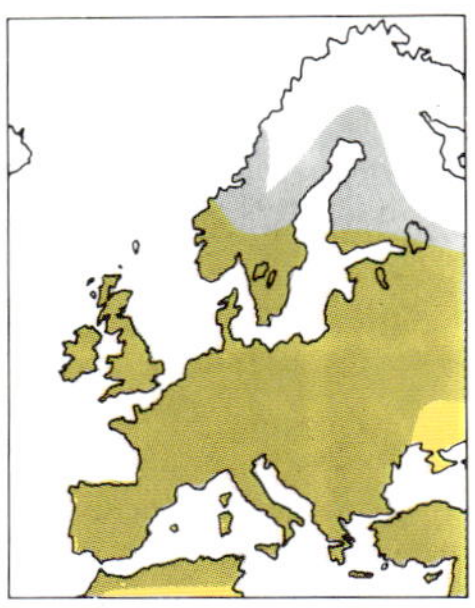

IDENTIFICATION Mâle vert olive avec croupion plus jaune, marque jaune à l'aile et de chaque côté de la queue. Même répartition des taches chez la femelle, plus grise. Immature plus brun et rayé.
VOIX On entend surtout un gazouillis en trille. Long « souii » nasal également. Chant : un gazouillis qui accompagne un vol de parade en cercles, à la manière d'une chauve-souris.
HABITAT Bois, parcs, jardins et régions dégagées avec un couvert clairsemé. En hiver, champs cultivés, marais, etc., où il forme de vastes bandes.
NOURRITURE Surtout graines et baies. Quelques insectes.
NIDIFICATION Nid dans un buissson, une haie, un arbuste. 4 à 6 œufs, couvés 13 jours environ par la femelle. Vol des jeunes à 13-16 jours.

Mâle en hiver

Femelle en hiver

Pinson du Nord

Fringilla montifringilla

14,5 cm

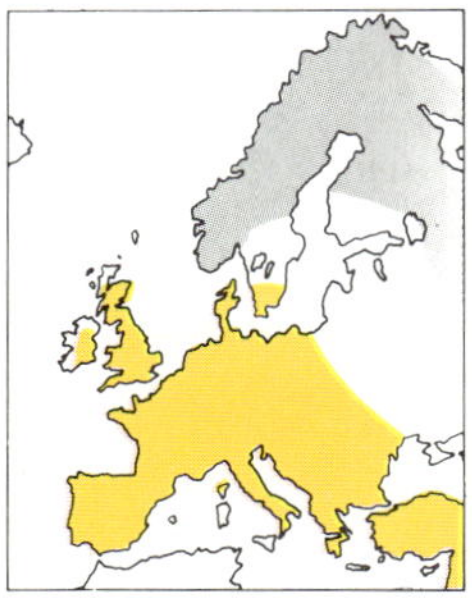

IDENTIFICATION Ressemble au Pinson des arbres, mais avec un croupion blanc et moins de blanc à l'aile et à la queue. Le mâle en plumage d'été a la tête et le dos noirs, brunâtres en hiver, avec « épaules » et poitrine orange. Femelle plus claire et plus beige que celle du Pinson des arbres, avec calotte striée de brun.
VOIX Un « tsouaip » rauque et un « tcheutt » sec. « Tcheuk-tcheuk-tcheuk » en vol. Chant : répétition monotone de « tsouiieu » nasillards.
HABITAT Lisière des bois de conifères et de bouleaux. En hiver, terrains boisés ou cultivés.
NOURRITURE Graines, céréales, faînes, baies, etc.
NIDIFICATION Nid dans un arbre ou un buisson. La femelle couve 6 ou 7 œufs 12 jours environ. Plumes de vol vers 14 jours.

Chardonneret

Carduelis carduelis

12 cm

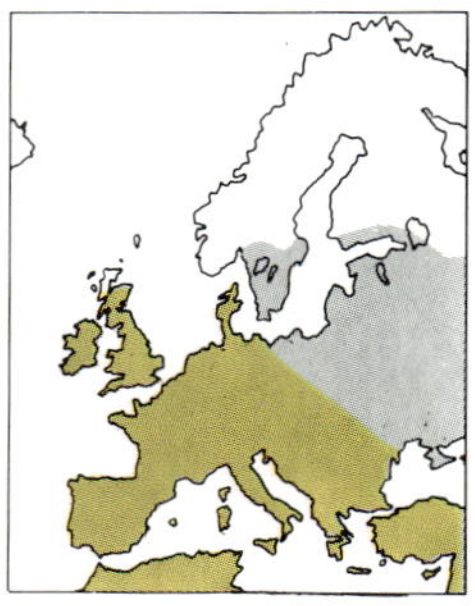

IDENTIFICATION Mâle et femelle sont identiques, avec le dos brun, le croupion blanc, la queue noirâtre, et les ailes noires avec une large tache jaune. Face rouge, tête noire et blanche, dessous clair. L'immature, plus brun, a les ailes jaunes de l'adulte, mais pas les couleurs de la face.
VOIX Des tintements coulés, faciles à reconnaître. Le chant est un gazouillis qui rappelle celui du Canari.
HABITAT Terres cultivées ou en friche, vergers, jardins, etc.
NOURRITURE Friand de chardons, il se nourrit surtout de graminées et autres graines, parfois d'insectes.
NIDIFICATION Nid dans un arbuste ou un buisson. Ponte de 5 ou 6 œufs, couvés par la femelle 12-13 jours. Vol des jeunes à 13-14 jours.

Femelle

Mâle

Linotte mélodieuse

Acanthis cannabina

13,5 cm

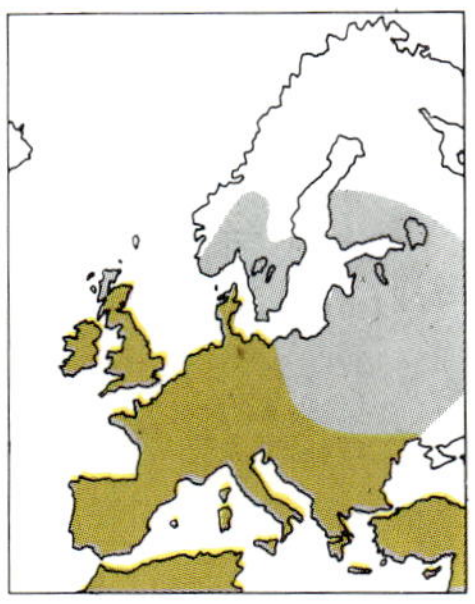

IDENTIFICATION Le mâle a la tête grisâtre, le dos châtain et la poitrine rosée, avec, en été, la calotte et la poitrine marquées de rouge. La femelle, plus brune et plus striée, n'a pas de trace de rouge. Ailes et queue bordées de blanc.
VOIX Produit en vol un gazouillis. Émet aussi un « tsouiitt » isolé. Le chant est un long gazouillis entremêlant de brèves phrases flûtées et des notes nasales.
HABITAT Terrains découverts avec broussailles, haies, etc. Comme tous les fringilles, elle forme en hiver des colonies dans les champs, les friches, marais, etc.
NOURRITURE Graines, quelques insectes.
NIDIFICATION Nid dans un buisson bas, une haie, des ronces. C'est surtout la femelle qui couve 4 à 6 œufs 10-12 jours. Vol des jeunes à 11-12 jours.

Linotte à bec jaune

Acanthis flavirostris

13,5 cm

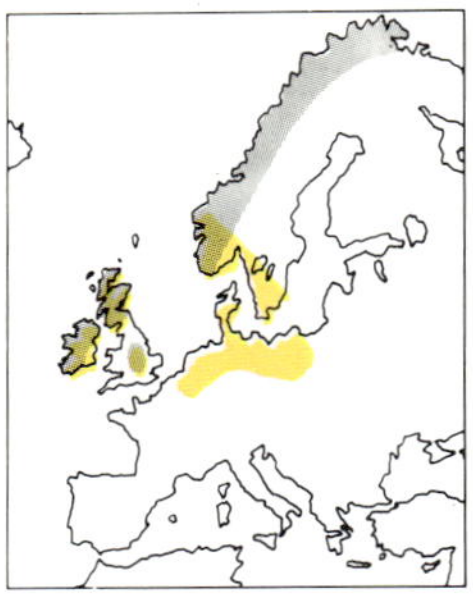

IDENTIFICATION Un petit fringille, au plumage strié comme la femelle de la Linotte méliodeuse, en plus sombre, et avec beaucoup moins de blanc à l'aile et à la queue. Gorge beige, bec gris-jaune l'été, jaune l'hiver. Mâle avec croupion d'un rosé sombre. Très grégaire en hiver.
VOIX Se caractérise surtout par un « tchouitt » nasal, souvent repris en vol dans un gazouillis. Chant semblable à celui de la Linotte mélodieuse.
HABITAT Landes nordiques, pâturages d'altitude, etc. ; localement, côtes herbeuses. En hiver, zones découvertes variées, souvent près des côtes, et marais salants.
NOURRITURE Graines.
NIDIFICATION Nids en colonies, fréquemment à terre ou tout près. La femelle couve 4 à 6 œufs 12 ou 13 jours. Vol des jeunes à 15 jours environ.

Sizerin flammé

Acanthis flammea

13,5 cm

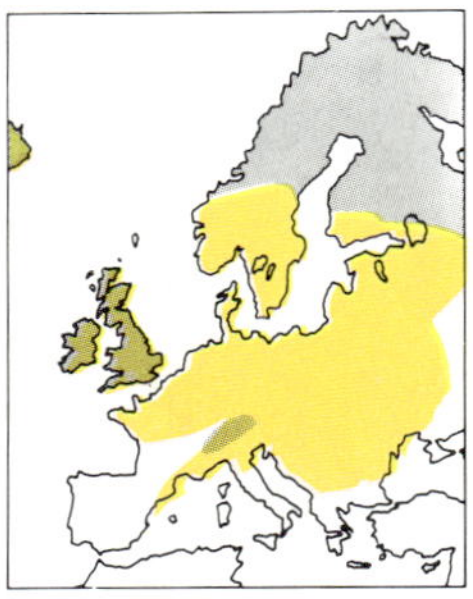

IDENTIFICATION Un petit oiseau brun grisâtre strié avec un front rouge et un menton noir et, chez le mâle, la poitrine variablement marquée de rose. La race d'Europe continentale est plus grande et plus claire, surtout l'hiver, avec croupion et barre alaire plus blancs.
VOIX Un gazouillis aigu et continu en vol, des « tchiou-tchiou-tchiou » rapides, chant en forme de gazouillis, incorporant ces appels et accompagnant souvent le vol.
NOURRITURE Surtout graines, parfois insectes.
NIDIFICATION En couple ou en groupe. Nid dans un arbre ou un buisson. C'est la femelle surtout qui couve, près de 11 jours, 4 ou 5 œufs. Vol des jeunes à 14 jours environ.

Mâle

Mâle

Femelle

Tarin des aulnes

Carduelis spinus

12 cm

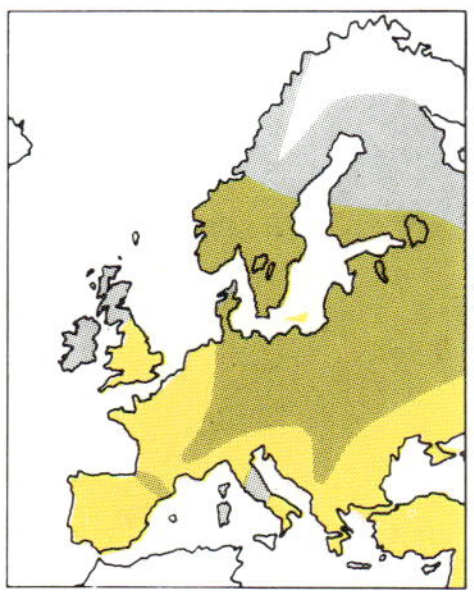

IDENTIFICATION Un petit fringille au plumage strié. Mâle jaune verdâtre avec calotte et menton noirs, traces jaunes sur le croupion, les ailes et la queue. Femelle plus grise, avec le dessous plus strié moins de jaune aux ailes et à la queue et sans calotte noire.
VOIX Un babillage continu et une double note aiguë, très caractéristique. Chant : un gazouillis rapide accompagnant un vol de parade comparable à celui du Verdier.
HABITAT Surtout bois de conifères, mais aussi bétulaies, saulaies et aulnaies, particulièrement l'hiver.
NOURRITURE Graines essentiellement.
NIDIFICATION Nid généralement placé haut dans un conifère. 3 à 5 œufs, couvés 11 ou 12 jours par la femelle. Vol des jeunes à 15 jours environ.

Serin

Serinus serinus

11,5 cm

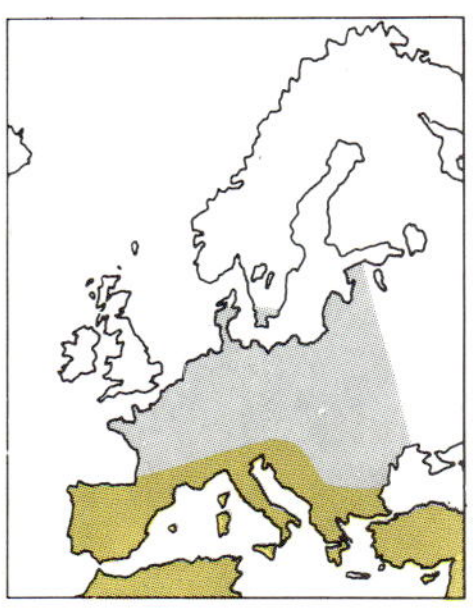

IDENTIFICATION Un tout petit fringille au plumage jaunâtre avec des stries sombres, un petit bec et le croupion jaune. Le mâle a un sourcil, la gorge la poitrine jaunes. Femelle plus striée, avec le dessus plus brun et le dessous plus gris.
VOIX Gazouillis en vol, un « tseu-touitouitoui » caractéristique et un chant enlevé et rapide, combinant trilles, gazouillis et zézaiements.
HABITAT Parcs et jardins, petits champs, vignes, etc.
NOURRITURE Essentiellement graines.
NIDIFICATION Nid dans un arbre, un buisson, une vigne. 4 œufs couvés par la femelle 13 jours environ. Vol des jeunes à 13-17 jours.

Femelle

Venturon montagnard

Serinus citrinella

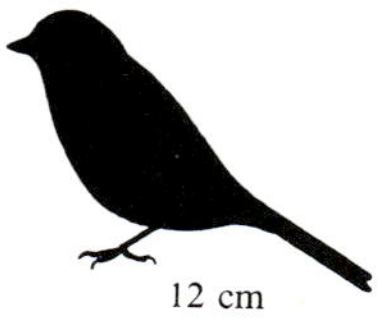

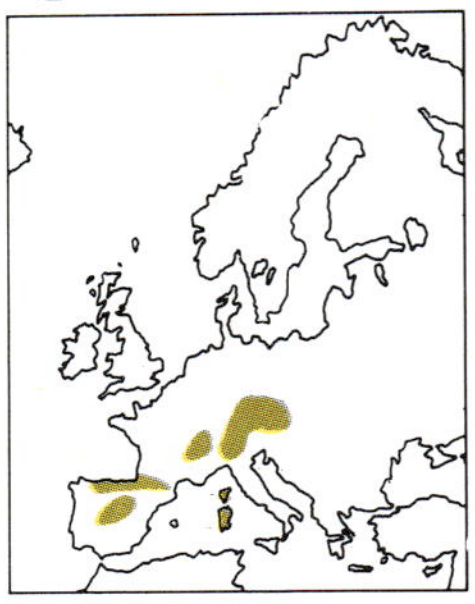

12 cm

IDENTIFICATION Un petit fringille d'un vert tirant sur le jaune, avec le dessous jaune, la nuque et les côtés du cou gris et le croupion jaunâtre. Femelle plus terne que le mâle et un peu plus striée.
VOIX Un « tsi-i » caractéristique et un « tchouic » dur. En saison des nids, l'oiseau vole en décrivant des cercles et émet un gazouillis grinçant.
HABITAT Etage subalpin, parmi les conifères, vers 1 500 m en été. Parfois plus bas l'hiver.
NOURRITURE Graines essentiellement.
NIDIFICATION Nid dans un conifère. 4 ou 5 œufs, couvés apparemment par la femelle. Incubation et formation du plumage mal connues.

Niverolle (ou Pinson des neiges)

Montifringilla nivalis

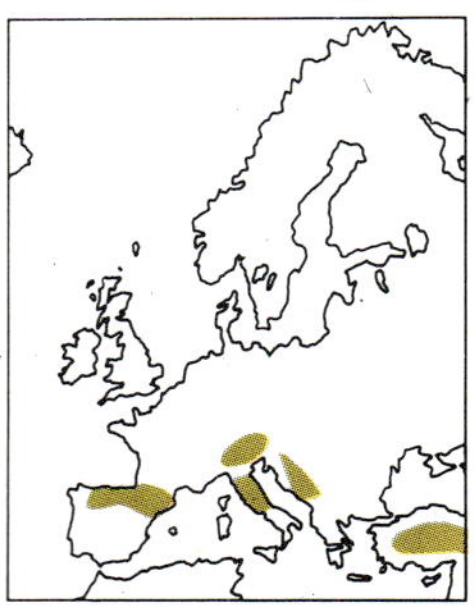

18 cm

IDENTIFICATION Dessus essentiellement brun, avec la tête grise et la gorge noire, et le dessous blanc cassé. Queue sombre avec rectrices externes blanches et ailes presque entièrement blanches. Les sexes sont identiques, avec, chez la femelle, moins de blanc à la queue et aux ailes.
VOIX Chant : un « tseuteutcheurr-tseuteutcheurr » répété. Appel : un « tsouic » rauque.
HABITAT Etage alpin, au-dessus de 1 800 m, et l'hiver à moindre altitude. S'approche volontiers des refuges, des stations de ski, etc.
NOURRITURE Insectes et graines de petites plantes alpines.
NIDIFICATION Nid dans une fissure de rocher, de mur, sous un avant-toit, etc. c'est la femelle surtout qui couve 4 ou 5 œufs. Vol des jeunes vers 2 semaines.

Mâle

Femelle

Bec-croisé des sapins

Loxia curvirostra

16,5 cm

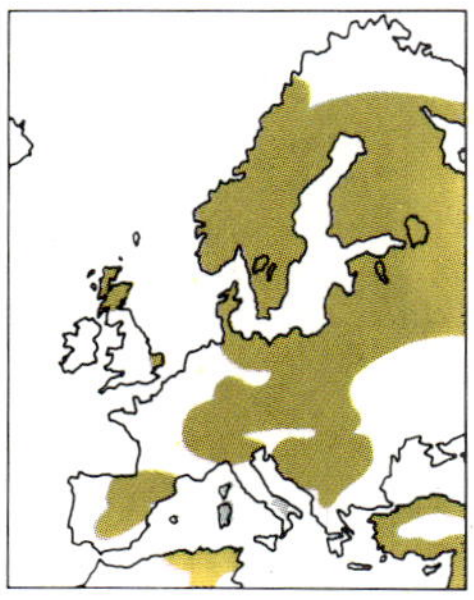

IDENTIFICATION Un oiseau trapu, avec une tête assez grosse, un bec massif dont les mandibules se croisent. Mâle rouge brique avec les ailes sombres, femelle plutôt verte, plus jaune sur le croupion et le ventre. Immature strié.
VOIX Appels : des « tchip-tchip-tchip » bruyants. Le chant combine des trilles avec des gazouillis et des « tchip ».
HABITAT Bois et forêts de conifères, alignements de conifères, etc.
NOURRITURE Essentiellement graines de conifères, qu'il extrait des cônes à l'aide de ses mandibules croisées.
NIDIFICATION Nid dans un conifère. Ponte de 3 ou 4 œufs couvés 14 à 16 jours par la femelle. Départ des jeunes du nid à 17-22 jours.

Durbec des sapins

Pinicola enucleator

IDENTIFICATION Un fringille de grande taille, à la queue longue, facile à approcher. Mâle

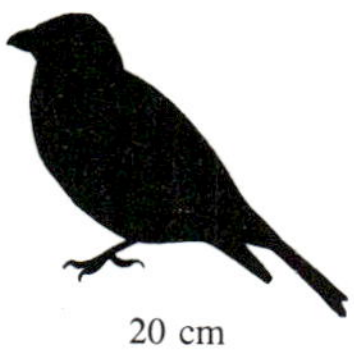

20 cm

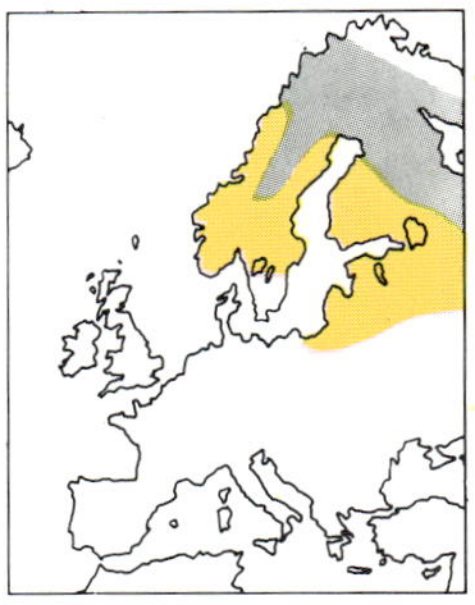

surtout rose franc avec ventre gris, double barre alaire blanche et ailes sombres. Le rose est remplacé par un vert mordoré chez la femelle.
VOIX Un « tii-tii-tiou » flûté et un chant longuement sifflé, ponctué çà et là de notes nasillardes.
HABITAT Bois mixtes et de conifères des régions nordiques.
NOURRITURE Nid dans un conifère. La femelle couve généralement 4 œufs 2 semaines environ. Les deux parents nourrissent les jeunes, comme chez tous les fringilles.

Femelle

Bruant proyer

Emberiza calandra

18 cm

IDENTIFICATION Un gros bruant trapu, sans caractère particulier, brun strié dessus, plus clair dessous avec la poitrine striée. Bec pâle. Se perche de manière très visible sur une barrière ou un fil télégraphique, au sommet d'un buisson, etc.
VOIX Un « tchip » bref. Le chant est une ritournelle précipitée caractéristique.
HABITAT Campagne découverte, cultures.
NOURRITURE Graines surtout, baies, quelques insectes et petits invertébrés.
NIDIFICATION Nid au sol ou bas dans un buisson ou une haie. La femelle couve 4 à 6 œufs 12 à 14 jours et assure l'essentiel du nourrissage des jeunes qui peuvent voler à 9-12 jours.

Mâle

Bruant jaune

Emberiza citrinella

IDENTIFICATION Mâle avec le dos châtain, jusqu'au croupion, et la tête et le dessous

16,5 cm

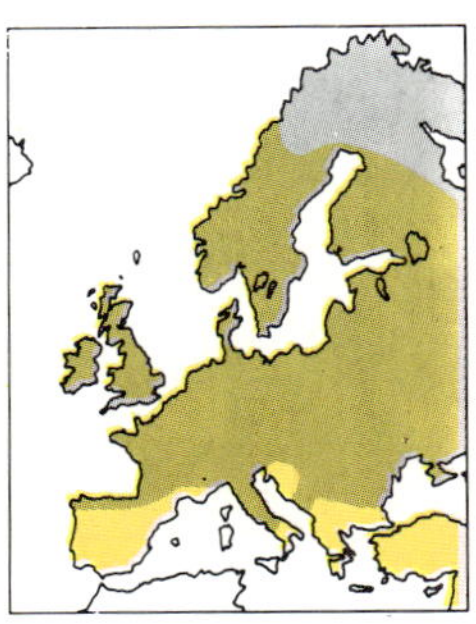

jaune vif. Rectrices externes blanches. Femelle plus marron, plus striée et moins nettement jaune, avec le croupion également châtain.
VOIX Appels brefs, variés et précis. Chant : un cliquetis caractéristique, à la dernière syllabe accentuée.
HABITAT Terrains découverts : friches, landes, cultures, bord des routes, etc.
NOURRITURE Graines principalement, fruits et autres végétaux, plus quelques insectes.
NIDIFICATION Nid au sol ou dans le bas d'un buisson ou d'une haie. La femelle couve près de 14 jours 3 à 5 œufs. Vol des jeunes à 12-13 jours.

Femelle

Mâle en été

Femelle

Bruant des roseaux

Emberiza schoenicius

15 cm

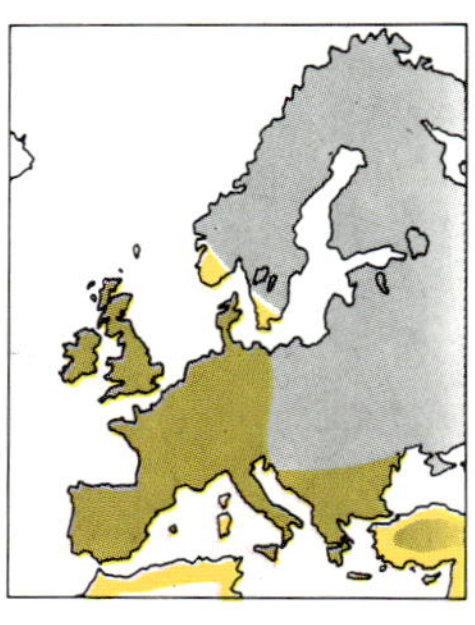

IDENTIFICATION Manteau brun strié, dessous blanchâtre, et rectrices externes blanches. Le mâle a la tête et la gorge noires et un collier blanc, brun l'hiver et moins net. La femelle a la tête brune, avec sourcil beige et « moustaches » noires et blanches.
VOIX Un « tsiik » plaintif et sonore. Chant : un simple « tsiik-tsiik-tsiik-tissississk » qui va en s'accélérant.
HABITAT Alentours des zones humides ou inondées, haies et cultures.
NOURRITURE Principalement graines, plus insectes et invertébrés.
NIDIFICATION Nid dans des plantes basses près de l'eau. 4 ou 5 œufs, couvés surtout par la femelle 12 à 14 jours. Départ des jeunes à 10-13 jours.

Bruant zizi

Emberiza cirlus

16,5 cm

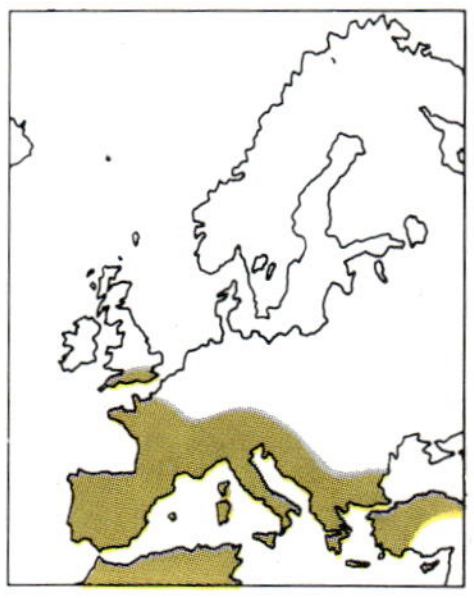

IDENTIFICATION Mâle châtain dessus avec tête verte, sourcils jaune et noir, gorge noire, bande pectorale verdâtre et dessous jaune. Femelle fort semblable au Bruant jaune, mais avec le croupion brun olive et non roux.
VOIX Chant : un cliquetis sur une seule note. Appels : un « sip » sourd et un « sissi-sissi-sip » en vol.
HABITAT Collines buissonnantes, cultures, halliers, souvent haies et rangées d'arbres.
NOURRITURE Graines surtout, plus baies et insectes.
NIDIFICATION Nid dans une haie ou un buisson. La femelle couve 3 ou 4 œufs 11 à 13 jours. Vol des jeunes à 11-13 jours.

Mâle. En médaillon : femelle

Bruant ortolan

Emberiza hortulana

IDENTIFICATION Mâle avec le dessus du corps brun strié, beige rosé dessous, avec tête et poitrine vert olive, gorge jaune, moustache

16,5 cm

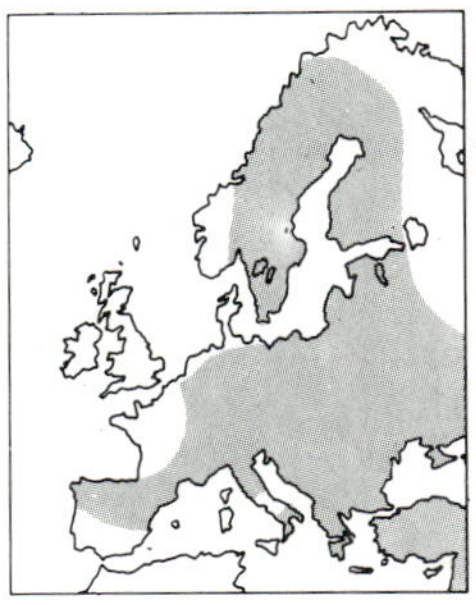

plutôt verte, cercle oculaire clair et bec rose. Femelle plus clair avec des bandes sombres sur la poitrine. Immature plus brun avec cercle orbital jaune et bec pâle.
VOIX Un chant simple et lent sur 6-7 notes. Les appels sont « tsii-ip » et « tseu ».
HABITAT Terrains découverts, étage collinéen ou plaine, broussailles, lisière de landes, jardins, etc.
NOURRITURE Graines, insectes.
NIDIFICATION Nid au sol ou juste au-dessus. La femelle couve 4 à 6 œufs près de 14 jours. Vol des jeunes à 10-15 jours.

Mâle. En médaillon : femelle

Mâle

Bruant mélanocéphale

Emberiza melanocephala

16,5 cm

IDENTIFICATION Mâle avec la tête noire, le dessous du corps jaune et le dos châtain, pas de blanc aux plumes externes de la queue. La femelle est nettement plus claire avec le ventre strié. Laisse pendre ses pattes en vol.
VOIX Un « tsitt » net, comme les autres bruants. Cri d'alarme : un « tsii » bas. Chant mélodieux qui rappelle la Fauvette, s'ouvrant sur un « tchi-tchit-tchit » râpeux pour s'achever en gazouillis.
HABITAT Garrigues et régions dégagées avec cultures : olivettes, jardins.
NOURRITURE Surtout graines, ainsi que des insectes l'été.
NIDIFICATION Nid dans un buisson épais, un roncier, etc. 4 ou 5 œufs, couvés 14 jours par la femelle.

Bruant fou

Emberiza cia

16 cm

IDENTIFICATION Mâle avec le dessus du corps châtain-roux, la gorge et la tête grises, étroites bandes noires sur la calotte et autour de l'œil. Femelle plus terne et plus brune, avec quelques raies sur la poitrine et les flancs, la gorge grise.
VOIX Un « seca » ténu. Chant : un simple « tsi-tsi-tsi-tsirr ».
HABITAT Collines et pentes rocheuses, ainsi que vignes et jardins avoisinants.
NOURRITURE Des graines surtout. Quelques insectes.
NIDIFICATION Nid dans la cavité d'une paroi ou dans les rochers. La femelle couve 4 à 6 œufs 12-13 jours. Vol des jeunes à 12-13 jours.

Mâle

Mâle en été

Femelle

Bruant lapon

Calcarius lapponicus

15 cm

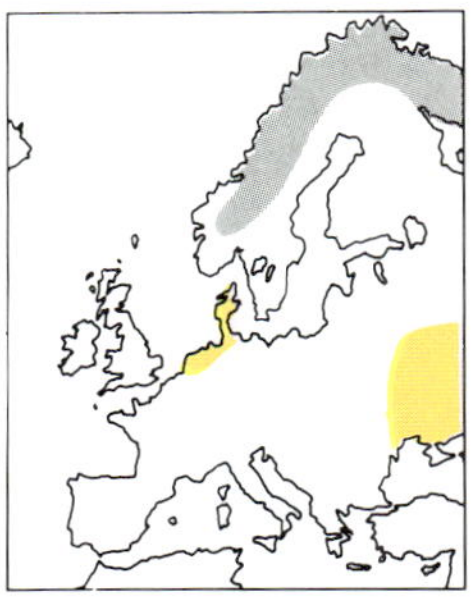

IDENTIFICATION Le mâle en plumage d'été est facile à reconnaître : brun strié dessus, avec face et poitrine noires et nuque châtaine. La femelle est dépourvue de noir. En hiver le plumage est brun strié, avec double barre alaire blanchâtre, raie pâle sur la calotte, trace châtaine sur les ailes et flancs striés. Se tient, le plus souvent, au sol où il court.
VOIX Un « tiiou » bref et un « tic-tic-tiiou » en vol, qui le distingue. Chant bref et mélodieux d'alouette, accompagnant généralement le vol.
HABITAT Toundra, régions désolées du Nord. Hiverne dans les chaumes et sur les côtes.
NOURRITURE Voir le Bruant des neiges.
NIDIFICATION Nid à terre. La femelle couve, presque seule, 5 ou 6 œufs 10 à 14 jours.Départ des jeunes du nid à 8-10 jours.

Bruant des neiges

Plectrophenax nivalis

16,5 cm

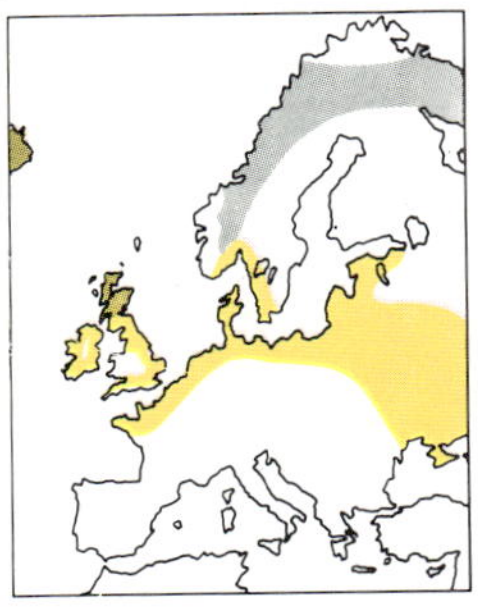

IDENTIFICATION Le mâle au printemps est entièrement blanc avec le dos, les rémiges primaires et les rectrices médianes noirs. En hiver, la tête est sable, le dos plus brun et le dessous plus crème avec des taches claires. Femelle davantage marron. Larges marques blanches aux ailes chez les deux sexes. Immature plus brun, avec ailes brunes, mais également blanchâtre dessous.
VOIX Appels forts et musicaux : « tsouiitt », « tii-ou », etc. Chant d'alouette haut et rapide, qu'il émet perché ou en vol descendant.
HABITAT Niche au nord, dans la toundra, sur les côtes ou les hauteurs rocheuses. Littoral plat et sablonneux l'hiver.
NOURRITURE Nid dans les rochers, les éboulis. La femelle couve 4 à 6 œufs 14 jours. Plumes de vol à 14 jours.

Mâle en été. En médaillon : mâle en hiver

Mâle

Femelle

Moineau domestique

Passer domesticus

14,5 cm

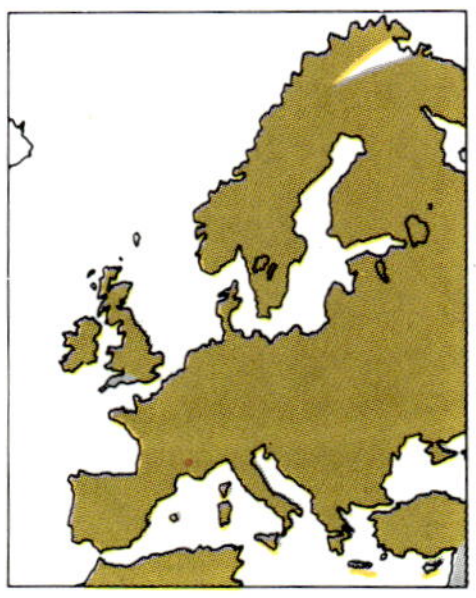

IDENTIFICATION Mâle brun strié dessus, blanc terreux dessous, avec joues claires, calotte et croupion grisâtres et bavette noire. Femelle plus claire et moins caractérisée. Est peut-être le plus familier des petits oiseaux d'Europe (voir les autres espèces de moineaux).
VOIX Tout un répertoire de pépiements, babillages etc. ; généralement peu mélodieux.
HABITAT Zones urbanisées de toutes sortes, ainsi que terrains découverts et cultures avoisinants. Généralement associé à l'homme.
NOURRITURE Surtout graines, végétaux et insectes.
NIDIFICATION Nid dans un bâtiment, souvent un buisson. 3 à 5 œufs, couvés surtout par la femelle 12-14 jours. Vol des jeunes à 15 jours environ.

Moineau friquet

Passer montanus

14 cm

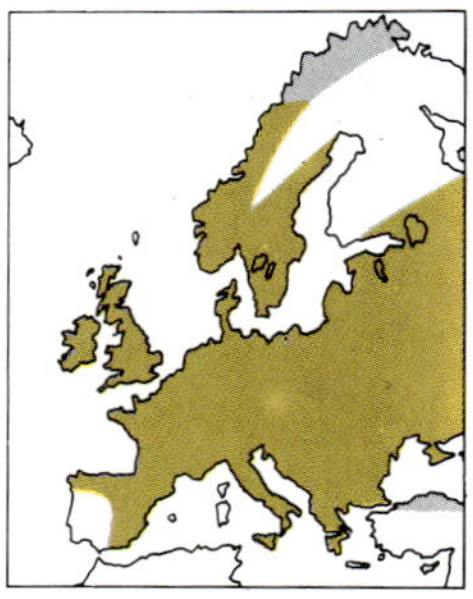

IDENTIFICATION Plus petit et plus délicat que le Moineau domestique, auquel il ressemble. Sexes identiques avec calotte brun-châtain, joues blanches tachées de noir et petite bavette noire.
VOIX Plus en staccato que le Moineau domestique. Pépiements et gazouillis brefs et durs et un « tek-tek » caractéristique en vol.
HABITAT Plus rural que le Moineau domestique. Autour des habitations dans certaines régions, et même sur la toundra dans le Grand Nord.
NOURRITURE Graines et quelques insectes.
NIDIFICATION Nid dans la cavité d'un arbre, d'une falaise, d'un bâtiment. Les adultes couvent 4 à 6 œufs 12-14 jours. Vol des jeunes à 12-14 jours.

INDEX
Noms français

INDEX
Noms latins